BERNARD
OLLIVIER

Dauerläufer

AUF DEM WEG
INS MORGENLAND

Delius Klasing Verlag

© 2000 Editions Phébus
Die französische Originalausgabe erschien unter dem Titel »Longue
Marche I, Traverser L'Anatolie«. In Abstimmung mit dem Autor wurde die
Originalausgabe für diese Sprachversion geringfügig gekürzt.

Bibliografische Information der Deutschen Nationalbibliothek
Die Deutsche Nationalbibliothek verzeichnet diese Publikation in der
Deutschen Nationalbibliografie; detaillierte bibliografische
Daten sind im Internet über http://dnb.d-nb.de abrufbar.

1. Auflage
ISBN 978-3-7688-3347-9
Die Rechte für die deutsche Ausgabe liegen beim Verlag
Delius, Klasing & Co. KG, Bielefeld

Aus dem Französischen von Nicola Volland
Lektorat: Birgit Radebold, Anja Ross
Fotos: Bernard Ollivier
Schutzumschlaggestaltung: Buchholz/Hinsch/Hensinger, Hamburg
Satz: Fotosatz Habeck, Hiddenhausen
Druck: CPI – Clausen & Bosse, Leck
Printed in Germany 2011

Delius Klasing Verlag, Siekerwall 21, D-33602 Bielefeld
Tel.: 0521/559-0, Fax: 0521/559-115
E-Mail: info@delius-klasing.de
www.delius-klasing.de

Inhalt

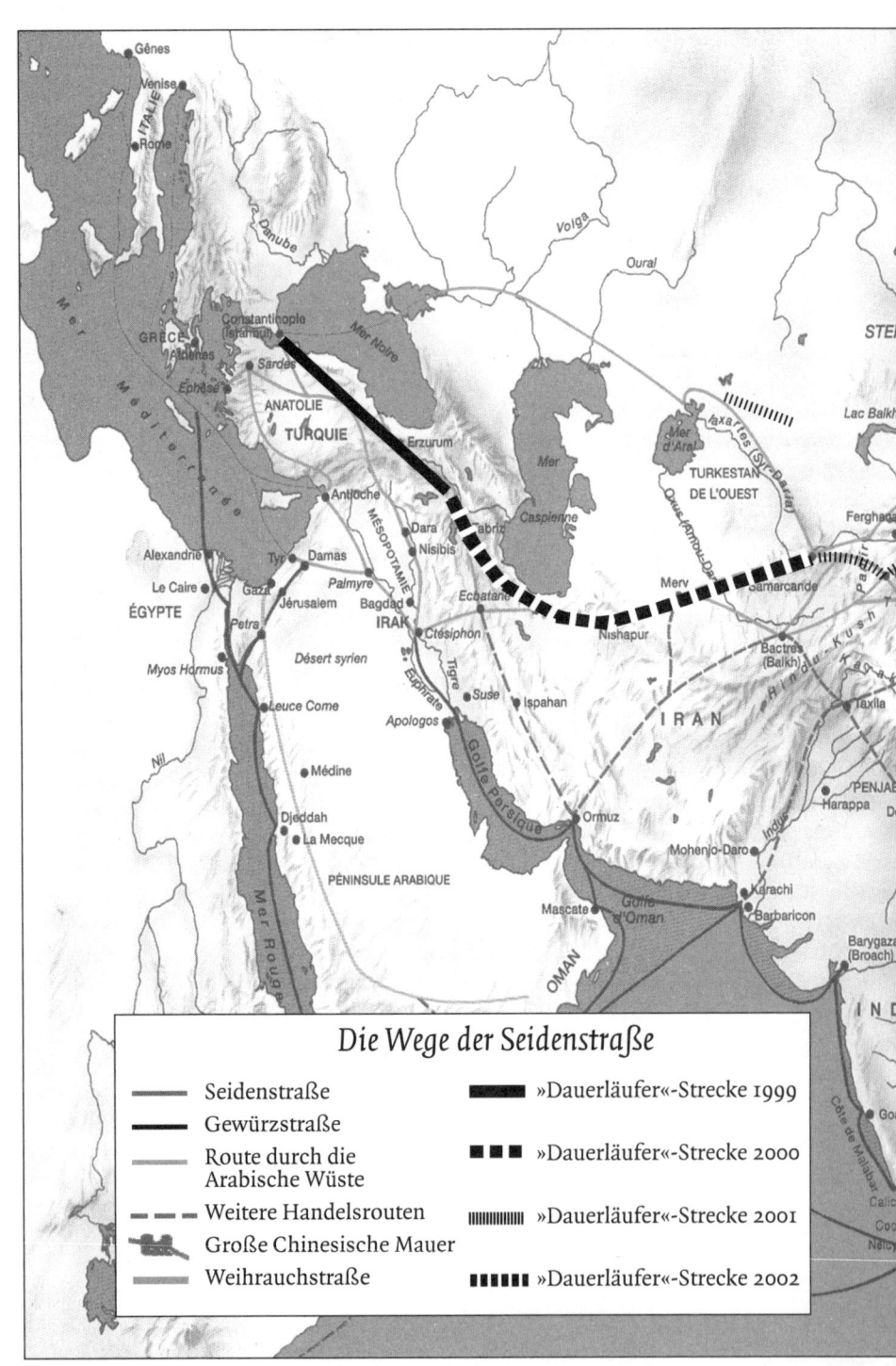

Die Wege der Seidenstraße

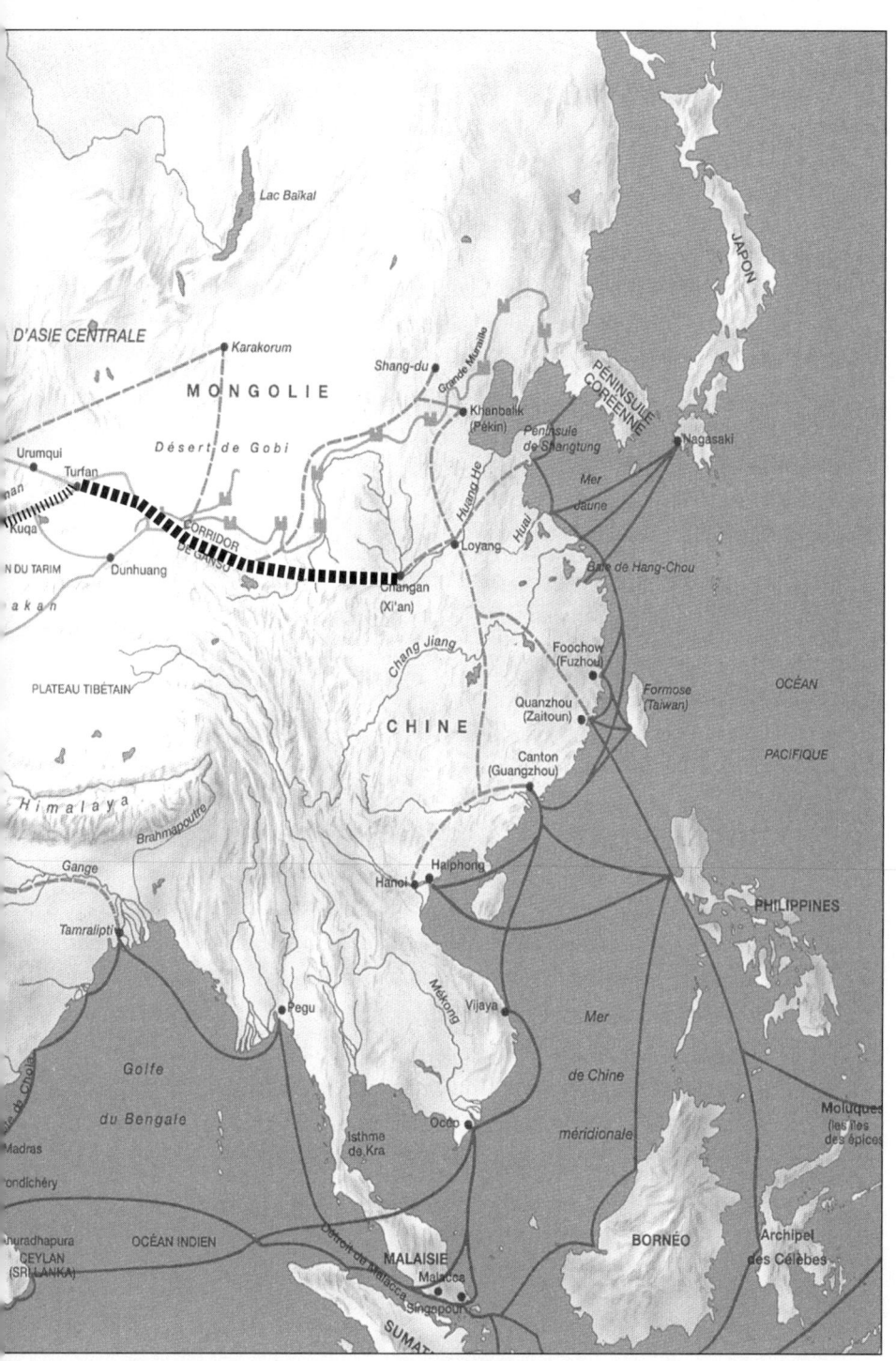

Die Städte am Ende des Weges

6. Mai 1999

Meine Kinder stehen auf dem Bahnsteig und winken mir noch einmal zu. Der Zeiger der großen Bahnhofsuhr rückt auf die Abfahrtszeit. Der Zug führt mich fort. Die Stadt, ihre Geräusche und Lichter entfernen sich. In den Wohnvierteln der Banlieue mit ihren Einfamilienhäusern herrscht zunächst noch Halbdunkel, auf dem Land dann tiefe, nur von vereinzelten Laternen erhellte Nacht. Endlich habe ich mich auf den Weg gemacht zu dieser langen Reise: zur Seidenstraße.

Während ich träume, mir die Nase an der Fensterscheibe platt drücke und mit den Augen den vorbeihuschenden Lichtern folge, machen sich meine Mitreisenden – drei Rentner – im Abteil zu schaffen. Zwei von ihnen gönnen sich eine späte Hochzeitsreise. 35 Jahre lang hatten sie keine Zeit dazu. Das Geschäft, ein Lebensmittelladen in der Bretagne, hat sie völlig in Beschlag genommen.

Ich gehe auf den Gang hinaus und bleibe eine Weile dort stehen. Ich habe keine Lust, zu reden. Ich bin unterwegs, bin schon auf dem Weg, von dem ich so viel geträumt habe. Ich glaube, es war gut, dass ich meine Freunde gebeten habe, nicht zum Bahnhof zu kommen. Die einen, die mich nicht fahren lassen wollten, hätten mich zum wiederholten Mal gefragt: Was soll diese Reise? Bei einem jungen Mann würden sie es als Abenteuerlust abtun und verstehen. Aber dass ein seriöser Herr im Ruhestand, statt die Pfingstrosen in seinem normannischen Garten zu pflegen, sich aufmacht, um 3000 km zu Fuß, Gepäck auf dem Rücken, durch eine als hochgefährlich geltende Gegend zu laufen, das ist unglaublich. Und die anderen, die mich bewundern oder mich um diese große Reise beneiden, wären auch keine Hilfe gewesen. Vielleicht werde ich sie ja enttäuschen?

Noch nie habe ich so wie jetzt, da ich in diese dunkle Nacht hinausblicke, am Erfolg meines Projektes gezweifelt. Aber das scheint klassisch zu sein, große Aufbrüche gehen angeblich immer mit einem kleinen seelischen Tief einher.

Gebetsmühlenartig habe ich meine Gründe immer wieder aufgezählt. Ich bin 61 Jahre alt, in einer Übergangsphase. Mein Berufsleben als Politik- und später Wirtschaftsjournalist ist vor über einem Jahr zu Ende gegangen. Und vor zehn Jahren hat nach mehr als 25 Jahren gemeinsamer Pläne und Unternehmungen das Herz meiner Frau aufgehört zu schlagen. Dabei ist das meine gebrochen. Meine Kinder sind erwachsen. Ebenso wie ich, blicken sie auf den Ozean des Lebens. Sie sehen im Moment nur eine nicht enden wollende Wasserfläche. In mein Blickfeld dagegen rückt bereits das Ufer, an dem jeder von uns einmal anlegen muss.

Nach einer glücklichen Kindheit und einer manchmal schwierigen Jugend hatte ich ein prallvolles Erwachsenenleben: Zwei fruchtbare, erfüllte Leben habe ich also schon gelebt. Aber muss deswegen Schluss sein? Nein, mich verlangt es immer noch nach Begegnungen, nach neuen Gesichtern, neuem Leben. Ich träume noch von fernen Steppen, vom Wind und Regen auf meinem Gesicht, vom Wandern unter anderen Sternen.

Außerdem habe ich mich bisher immer abhetzen müssen, hatte nie Zeit, musste mir meinen Platz erobern, arbeiten, studieren, mir meine Sporen verdienen. Immer getrieben von irgendwelchen Notwendigkeiten, immer mit dem Strom schwimmen, schneller und schneller, ständig in Bewegung, Gas geben. In diesem dritten Leben sehne ich mich nach Langsamkeit und Stille. Und danach, innezuhalten, um eines Blickes aus kajalumrandeten Augen willen, um traumverloren über eine nebelverhangene Ebene zu blicken, mir den Wind um die Nase wehen zu lassen, mich ins Gras zu setzen und ein Stück Brot und Käse zu essen. Und was eignet sich dafür besser als ein Fußmarsch? Die älteste Fortbewegungsart der Welt ist auch zugleich diejenige, bei der man mit Menschen und Dingen in Berührung kommt. Ich habe keine Lust mehr auf Kultur aus der Konserve. Mein Museum, das sind die Wege, die Menschen, die auf ihnen gehen, die Dorfplätze und eine Suppe an einem Tisch mit Unbekannten.

Zu Beginn meines Ruhestandes bin ich letztes Jahr einen der ältesten Wege der Welt gelaufen: den Jakobsweg, von Paris nach Galicien. 2300 km zu Fuß, Rucksack auf dem Rücken. Tag für Tag bin ich in die Fußstapfen der Pilger aus zwölf Jahrhunderten getreten. 76 Tage lang bin ich in dieser Landschaft aufgegangen, durch die auch sie gezogen sind, es sind mir dieselben Gerüche in die Nase gestiegen, ich habe auf denselben Hängen geschwitzt und in den Kirchen den Fuß auf die von ihren Schuhen abgewetzten Steinplatten gesetzt. Ich habe auf dem Camino zwar nicht den Glauben gefunden, aber am Ende des Weges habe ich mir – trunken von den Düften der galicischen Eukalyptuswälder – vorgenommen: Solange meine Kräfte reichen, will ich weiter auf den alten Wegen der Welt laufen. Und gibt es einen faszinierenderen, geschichtsträchtigeren Weg als die Seidenstraße?

So habe ich am Ende des Jakobsweges meinen eigenen neuen Weg gefunden: Den der Menschen und Kulturen. Ich werde der Seidenstraße folgen, von Venedig und dem alten Byzanz bis nach China. Zu Fuß und ohne Hast. Da ich die Verbindung zu meiner Familie, zu meinen Freunden, zu meinem gewohnten Leben nicht allzu lange unterbrechen möchte, habe ich die Strecke in große Etappen unterteilt. Jedes Jahr will ich drei bis vier Monate laufen, also 2500 bis 3000 km. Dieses Jahr, 1999, von Istanbul nach Teheran.

Aber bevor ich in Istanbul meine Last schultere, muss ich einfach die – wenn auch etwas moderige – Luft Venedigs schnuppern, einmal auf der austernfarbenen Lagune tief Atem holen. Morgen früh werde ich also in der Stadt sein, von der vor über sieben Jahrhunderten ein 17-jähriger Junge, Marco Polo, zum Ende der damals bekannten Welt aufgebrochen ist.

Als ich auf meine Liege schlüpfe, schlafen die anderen schon. Am

Kopfende liegt mein Rucksack. Er wird mein einziger Begleiter auf diesem Traumpfad der Stille sein. Seit drei Monaten denke ich an nichts anderes: Karten, Etappen, Ausrüstung, Visa, Bücher, Kleidung, Schuhe. So wenig Raum wie möglich für Überraschungen.

Endlich schlafe ich ein, vor meinen Augen ziehen Karawanen, Hunderte von Kamelen mit wolligem Fell in ihrem gemächlichen, wiegenden Gang durch die Steppe.

Es wird gerade Tag, als der Zug leise über die dämmernde Lagune gleitet. Das sanfte Frühlicht leuchtet auf den Spitzen der Campanile. Dann schluckt mich die Stadt – diese Stadt der Feen, Hexen, Fußgänger, Christen, Heiden, die Stadt, die ihre Größe dem Handel verdankte sowie einer Form von Demokratie, die allerdings schnell von den Patriziern wieder abgeschafft wurde.

Der Reichtum kam über die Seidenstraße nach Venedig. Anfang des 13. Jahrhundert, als das Goldene Zeitalter von Byzanz zu Ende ging, zog das der Serenissima Repubblica herauf. Dank ihrer Sonderstellung zwischen dem mythischen China und dem reichen Abendland mit seinem Hunger nach Gewürzen, Seidenstoffen, Papier und Edelsteinen, wurden neue Handelshäuser gegründet und Kontore entlang neuer Routen eingerichtet. Mit ihrer mächtigen Flotte beherrschte sie das Mittelmeer. Hinzu kam, dass der Weg nach Osten, der erst 600 Jahre später »Seidenstraße« getauft wurde, offen war. Die Nachfolger Dschingis Khans hatten mit ihrer Pax Mongolica für die stabilen Verhältnisse gesorgt, die diese Route sehr sicher machten. Es heißt, eine Jungfrau mit einer Schale voll Gold habe das Reich vom Kaspischen Meer bis zum heutigen Korea durchqueren können, ohne um ihren Besitz oder ihre Tugend fürchten zu müssen. Auf den von Alexander dem Großen angelegten und von den Tartaren gesicherten Wegen blühte der Handel, das Glück Venedigs lag auf dem Rücken der Kamele und Yaks.

Um die Stadt richtig kennenzulernen, sollte man nicht nur im Vaporetto über den Canal Grande fahren, sondern vor allem zu Fuß durch die kleinen dunklen Gassen laufen. Ich flaniere über eine Piazza und träume von den Abenteuern der Brüder Polo. Vielleicht haben sie genau diesen Platz überquert, bevor sie sich an einem Morgen des Jahres 1260 einschifften? Sie wollten ihr Glück hinter den Grenzen der bekannten Welt suchen.

Neun Jahre später waren sie wieder zurück. Sie hatten am Hof des großen Kublai Khan gelebt und den mongolischen Herrscher davon überzeugt, dass ihre Religion die bessere sei. Kublai garantierte ihnen sicheres Geleit. Kaum in den Schoß der Familie zurückgekehrt, wollten sie sich gleich wieder auf den Weg machen, um die mongolischen Barbaren zum Katholizismus zu bekehren und auch – wahrscheinlich vor allem – um ihr Vermögen zu vermehren. Sie wussten, was für unermessliche Reichtümer das Morgenland barg. 1271 brachen die beiden Männer also wieder auf, diesmal mit Nicolos 17-jährigem Sohn Marco, dessen Mutter gestorben war.

Erst 1295 kehrten die drei Männer nach Venedig zurück. Das Staunen war groß. Man hatte sie für tot gehalten und sich ihr Erbe geteilt. Marco, der Schwätzer, erzählte von den Herrlichkeiten, die es im fernen Orient gab, 12 000 km weit weg, er berichtete von Städten mit *milioni* von Einwohnern und brüstete sich, der Herrscher habe ihm *milioni* von Goldstücken gegeben. Das scheint so unglaublich, so übertrieben zu sein, dass man ihm den Spitznamen *Il milione* gibt.

Bei meinem Spaziergang durch die Stadt fällt mir auf, dass Venedig seine Dogen, seine Musiker, seine Maler und seine Dichter ehrt. Aber nicht ein *vicolo*, nicht ein *campo*, nicht eine einzige Tafel, die an den berühmtesten aller Venezianer erinnert. Zwar hat die Stadt vor ein paar Jahren den Flughafen nach ihm benannt, doch an der Stelle seines Geburtshauses unweit der Rialtobrücke steht heute nur ein einfacher mehrstöckiger Backsteinbau.

Jetzt, Anfang Mai, überschwemmen Touristen die Stadt. Sie tummeln sich zwischen den Tauben auf dem Markusplatz. Die meisten haben sicher keinen Sinn für die unglaubliche Balance dieses Platzes:

Die Balance zwischen der religiösen Macht, verkörpert von der Basilika, und der weltlichen Macht, verkörpert vom Dogenpalast. Wären wir wohl in unserer Kultur heute in der Lage, eine solche bipolare Machtstruktur so harmonisch darzustellen? Unbeschwert flaniere ich durch die Gassen, genieße diese glücklichen Augenblicke vor dem großen Start. Ich laufe durch das *Museo Correr*, dessen Schätze ich schon früher bewundert habe. Und dann besuche ich auch endlich das Marinemuseum, das ich bei meiner letzten Reise versäumt hatte. Doch die Magie dieser Stadt, die beim ersten Mal eine so starke Wirkung auf mich hatte, zieht mich jetzt nicht mehr in gleicher Weise in ihren Bann. Ich bin in Gedanken schon in der Steppe.

Die SAMSUN ist eine große türkische Fähre, die jede Woche zwischen Venedig und Izmir verkehrt. Sie liegt am Kai, ragt weiß und wuchtig über den Dächern Venedigs empor. In ihrem Bauch verschwindet eine lange Schlange bis unters Dach beladener, dicker deutscher Autos. Das sind die türkischen Arbeiter, die den Sommer in ihrer Heimat verbringen und ihr Auto nicht in einer Stuttgarter oder Frankfurter Garage lassen wollen. In ihrem Dorf ist es nämlich der deutlich sichtbare Beweis dafür, dass sie es geschafft haben.

Die Kabine teile ich mit zwei Armeniern, die zwei große, in Frankreich gekaufte Mercedes nach Hause überführen. Während der dreitägigen Überfahrt stehen sie nur zum Essen auf, und im Waschbecken liegen immer ein paar Bierdosen zum Kühlen. Warum holen sie ihre Autos von so weit her? Der Jüngere radebrecht ein bisschen französischen Jargon und empört sich: Ich solle bloß nicht glauben, er verschiebe geklaute Autos. Am nächsten Tag rutscht ihm heraus, dass er Französisch in Lille gelernt hat – im Gefängnis.

Vom Heck des Schiffes aus versuche ich, einen Blick auf die nahe jugoslawische Küste zu werfen. Dort bringt der Kosovokrieg jeden Tag neue Gräuel hervor. Während des Abendessens schreit ein Kellner plötzlich auf. Wir folgen seinem Blick: am Nachthimmel eine lange

13

Feuerspur, dann eine Rauchsäule – eine von einem NATO-Schiff abgefeuerte Rakete auf ihrer tödlichen Mission nach Serbien.

An Bord lerne ich drei Franzosen kennen, Rentner, weißhaarige Abenteurer wie ich. Louis war früher Wirtschaftsboss und Éric Zahnklempner. Sie kennen sich schon lang und machen sich jedes Jahr mit einer Gruppe Freunden zu neuen Abenteuern auf, von den Tropen bis in den hohen Norden. Dieses Jahr setzen sie ihre Fahrradtour von Gaillac im Südwesten Frankreichs nach Jerusalem fort, wo sie nächstes Jahr ankommen wollen. Sie kennen die halbe Welt, und träumen davon, die andere Hälfte zu durchstreifen. Während sie viele anschauliche Anekdoten erzählen, kommen meine ganzen Ängste wieder hoch. Wie viele Reisende, erinnern Louis und Éric sich vor allem an Schwierigkeiten, Missgeschicke und Unfälle. Als ob es bei einer Reise nur um Qual und Sorge ginge, nach dem Motto: »Meine Reise war fantastisch, denn dreimal wäre ich beinahe ums Leben gekommen.« Vor einigen Jahren hatte Éric eine schlimme Entzündung an einem Fuß. (Im Stillen denke ich: Wenn meine Füße das bloß packen.) Ein andermal waren die beiden Schlauköpfe im Nebel auf einem Gletscher herumgetappt und bei jedem Schritt Gefahr gelaufen, in eine Gletscherspalte zu stürzen. (Im Stillen stelle ich mir vor, wie ich mich in den zentralasiatischen Wüsten verirre; und was die Abgründe angeht, so halten Anatolien und der Pamir Tausende davon für mich bereit – mit dem kleinen, aber feinen Unterschied, dass ich ganz auf mich allein gestellt sein werde.)

Der dritte Franzose, Yvon, ein stämmiger, etwas gedrungener Bretone mit kantigem Kinn, läuft wie ein Wiesel mit Kennermiene auf dem Schiff hin und her. Sein ganzes Leben hat er auf Bohrinseln gearbeitet. Er fährt in die Türkei, um endlich sein eigenes 16-Meter-Segelboot in Besitz zu nehmen, der Traum, für den er sich 40 Jahre lang abgerackert hat. Dieser unvernünftige Bruder im Geiste, der – ebenfalls allein – über das Mittelmeer und dann an der Atlantikküste entlang, bis in seine bretonische Heimat fahren wird, gefällt mir.

Auch ich erzähle von meinem Traum, von Istanbul zu Fuß bis nach

Xi'an zu laufen – Xi'an, die alte chinesische Kaiserstadt, in deren Nähe 1974 eine ganze Armee lebensgroßer Tonsoldaten entdeckt wurde. Als echter Bretone ist Yvon eher wortkarg und hört mir kommentarlos zu, aber die beiden anderen gestehen, dass sie mein Vorhaben in Erstaunen versetzt. Damit geben sie meinen Befürchtungen neue Nahrung, denn wenn zwei solche Haudegen wie sie den Weg so gewagt finden, dann sollte ich das Ganze vielleicht noch einmal überdenken, nicht einfach unbeschwert die Nase in den Wind strecken mit dem Gefühl, gegen alle Gaunereien der Welt gefeit zu sein.

Früher waren die abendländischen Reisenden meistens junge Leute aus reichem Hause, die sich die Hörner abstoßen mussten. Heute haben die höhere Lebenserwartung und die Rente mit 60 eine neue Art von Abenteurern hervorgebracht. Abenteurer mit Falten auf der Stirn und weißen Haaren, die die Träume ihrer Kindheit in die Tat umsetzen wollen. Bisher hatten Familienleben, berufliche Pflichten oder Geldsorgen sie daran gehindert, zur Tat zu schreiten. Jetzt sind sie frei.

Die SAMSUN ist nicht nur ein Ort der Begegnung, sondern bietet mit ihren vielen Ecken und Nischen auch Horte der Einsamkeit. Oft ziehe ich mich zurück und denke über den bevorstehenden, einsamen Marsch nach. Die Strecke ist mir in großen Zügen klar. Meine Muskeln sind auf das Programm eingestellt. Aber was ist mit meinem Kopf? In welche Richtung werden meinen Gedanken gehen? Soll ich sie lenken oder treiben lassen? Bevor ich nach Santiago de Compostela aufgebrochen bin, hatte ich mir verschiedene Denkaufgaben gestellt: Wer bin ich heute? Wie bin ich zu dem geworden, der ich heute bin? Hatte ich das so gewollt? Habe ich Kurs gehalten oder meine Träume verraten? Welche Kompromisse habe ich im Laufe der Zeit geschlossen, welche Ansprüche an mich selbst aufgegeben? Was will ich noch bewirken, bevor ich abtrete? Diese furchterregende Aufgabe war noch Anzeichen für unseren vermaledeiten Hang, Bilanz zu ziehen. Doch der Jakobsweg hat mich verändert. Der Weg zur Weisheit mag noch weit sein, aber ich bin unbeschwerter, freier, gelöster.

Beim Wandern verfällt man ins Träumen, es eignet sich weniger zum konzentrierten Nachdenken. Wandern bedeutet Tätigkeit, Bewegung. Ständig in Anspruch genommen von der unmerklichen Veränderung der Landschaft, den ziehenden Wolken, dem Umschlagen des Windes, dem Säuseln des Korns, dem Purpur der Kirschen, dem Duft frischen Heus oder blühender Mimosen, verweigert der Geist sich kontinuierlicher Arbeit. Er sammelt Bilder, Empfindungen, Düfte, legt sie beiseite und später, wenn Ruhe eingekehrt ist, sortiert er sie.

Das Brummen der Motoren und das sanfte Auf und Ab des Schiffes könnten mich, zufrieden mit mir und der Welt, in den Schlaf wiegen. Aber nein, heimtückisch schleichen sich untergründige Ängste und tausend Fragen ein, die ich pausenlos wälze, anstatt in den Tag hineinzuträumen. Werde ich am Ende dieses Weges verstanden haben, was für eine Kraft mich dazu treibt, ganz allein drei, vier Monate lang ins Unbekannte zu laufen? Ich ahne zwar, warum ich laufe, aber ich weiß nicht, warum gerade auf diesem unsicheren Weg, wo es doch so viele markierte, bewährte und sichere Wege zwischen den Alpen und meiner geliebten Normandie gibt. Laufe ich etwa meiner entschwundenen Jugend hinterher? Und die Einsamkeit, die mich erwartet, werde ich ihre schwarzen Abgründe bekämpfen und ihre Freuden im Zaum halten können? Vor allem: Werde ich sie richtig zu nutzen wissen? Denn diese Einsamkeit ist keine Flucht, sie ist frei gewählt. Sie ist das Beet, in das ich meine – dornigen oder dornenlosen – Gedanken setzen werde, Gedanken, die erst bei meiner Rückkehr ganz aufblühen werden.

Und ist diese Rückkehr überhaupt sicher? Ich stürze mich durchaus mit dem Gedanken an meinen Tod in dieses Abenteuer. Bis vor Kurzem noch war der Tod für mich nur eine ferne Möglichkeit. Heute sehe ich das anders. Doch wird der Tod mich bis zum Ende dieser Reise in Ruhe lassen? Ich weiß um die lauernden Gefahren: Krankheit, Unfälle, Gewalttaten. Zu zweit oder mit mehreren hilft, tröstet, unterstützt und trägt man sich gegenseitig. Allein bekommt man nur selten eine zweite Chance.

In der dunklen Ecke einer Bar, an die Reling gelehnt oder in einem Liegestuhl auf dem Vorderdeck der SAMSUN – ich lasse diese verworrenen Ängste zu, wehre mich nicht gegen sie. Ich weiß, dass sie beim ersten Schritt auf meinem Weg ihren Griff lockern werden, selbst wenn sie nur auf eine passende Gelegenheit warten, um mich erneut anzuspringen. Und wenn diese für den Abend vor einer Schlacht so typische Depression zu stark wird, dann wandere ich durch die Gänge und über die Decks, um neue Bekanntschaften zu schließen oder mit den Leuten zu reden, die ich schon kennengelernt habe.

Als es Abend wird, stehen wir vier weißhaarigen französischen Abenteurer nebeneinander an der Reling und bewundern, wie das Schiff durch den Kanal von Korinth fährt. Die beinahe senkrechten Wände und der äußerst enge Graben haben alle Leute an Deck gelockt. Die Türken haben sich bereits mit ihren Gewohnheiten auf dem Schiff eingerichtet. Sie unterhalten sich, reichen Teegläser herum. Es gibt wenig oder keinen Alkohol. Die, die gern starke Sachen trinken, haben sich in die beiden Bars der SAMSUN zurückgezogen.

Ich bin der einzige Fußgänger. Alle anderen Passagiere, ob allein oder mit Familie, haben ihr Auto auf der SAMSUN. Ich plaudere lange mit einem türkisch-schweizerischen Ehepaar, das die Ferien im Dorf des Mannes verbringen will. Nach seinem Studium in der Schweiz hat dieser inzwischen pensionierte Ingenieur sein Berufsleben damit zugebracht, den frankofonen Teil des Landes mit Brücken und Straßen zu verschandeln. Er hängt sehr an seinem Dorf. Die beiden leben in der Schweiz, doch es gibt nicht ein Jahr, nicht einen Sommer ohne einen Besuch in der Heimat.

Ein junger Geschäftsmann, Yarup, bringt sein Auto in die Heimat. Seine Familie betreibt im Großraum Paris ein Bekleidungsunternehmen, doch angesichts der starken Konkurrenz in Frankreich wurden die Werkstätten in die Türkei verlegt, natürlich in sein Dorf. Er selbst wird nach Paris zurückfliegen, wegen seiner Arbeit und wegen seiner Familie, die dort ihr Dorf in gewisser Weise wieder hat erstehen lassen:

Damit sie zusammenbleiben können, haben alle Brüder und Cousins eine Wohnung im selben Haus gekauft, das ihnen jetzt vom Keller bis zum Dach gehört.

In Izmir wünschen Yvon, Éric, Louis und ich uns gegenseitig viel Glück. Noch am selben Abend steige ich in einen Bus, der mich früh am nächsten Morgen in Istanbul am Taksim-Platz absetzt, wo sich das Geschäftsviertel befindet. Ich statte der türkischen Bank, bei der ich in Paris ein Konto eröffnet habe, einen kurzen Besuch ab. Als ich eintrete, stoßen sich die Mädchen hinter den Schaltern mit dem Ellbogen an und kichern verstohlen. Sie haben alle von dem verrückten Franzosen gehört, der zu Fuß über die Seidenstraße gehen will. Da ich damit rechnen muss, bestohlen zu werden, möchte ich keine größeren Geldbeträge bei mir haben. Ich bekomme also eine Plastikkarte, mit der ich in größeren Städten an den Geldautomaten türkische Lira abheben kann. Djan, der Direktor der Bank, und Mehmet, sein Assistent, haben beide in den französischen Schulen der Stadt meine Sprache gelernt. Meine Unternehmung erstaunt sie, bereitet ihnen aber vor allem Sorge.

»Sie werden sehr viel Glück brauchen«, sagt Djan und drückt mir zum Abschied fest die Hand. An diesen Satz werde ich unterwegs noch oft denken.

Ich überquere den Platz und lasse mich beim nahe gelegenen französischen Konsulat registrieren. Wenn mir etwas zustoßen sollte, was ich ganz und gar nicht ausschließe, wissen die französischen Behörden wenigstens, wer ich bin und was ich in der Türkei mache. Sind die Konsulatsangestellten so kleinmütig, oder haben sie so oft mit solchen Problemen zu tun? Wenn man sie reden hört, könnte man meinen, höchstens eine Reise an die sehr touristischen Küsten im Süden oder nach Kappadokien sei halbwegs vertretbar. Jede einzelne Gefahr, die mir auflauern könnte, zählen sie auf: die für Fußgänger äußerst bedrohlichen türkischen Autofahrer; Diebe; Heckenschützen aus dem Umkreis der PKK (der marxistisch-leninistischen revolutionären

Kurdenpartei); nicht zu vergessen die Kangals, jene furchterregenden Hirtenhunde im Osten der Türkei. Wenn ich diesen Warnungen Glauben schenken würde, müsste ich sofort auf dem Absatz kehrtmachen und mit der SAMSUN zurückfahren. In Venedig läuft man höchstens Gefahr, seinen Cappuccino zu teuer zu bezahlen.

Dies ist mein zweiter Aufenthalt in Istanbul. Anfang des Jahres hatte ich einige Nachforschungen über die Seidenstraße angestellt und dabei Stefanos Yerasimos, einen in Frankreich sehr bekannten Türkeispezialisten, kennengelernt. Er hat mehrere alte Werke über die Seidenstraße neu herausgegeben und mit Anmerkungen versehen, so zum Beispiel die Reisebeschreibungen von Marco Polo und Ibn Battuta.[1] Ebenso die beiden Erinnerungsbände des französischen Juwelenhändlers Jean-Baptiste Tavernier,[2] der sehr ausführlich Tagebuch über seine Reisen in die Türkei und das Persien des 17. Jahrhundert geführt und gewissenhaft alle Städte und Karawansereien aufgelistet hatte, in denen er abgestiegen war. Bis Erzurum werde ich der Karawanenstraße folgen, die er am genauesten beschrieben hat. Diese Strecke, einer der Haupthandelswege mit dem Orient, führte von Istanbul aus nach Osten über Erzurum bis nach Armenien und dann nach Süden in Richtung Täbris in Persien. Von dort aus ging dann eine Route nach Bagdad und eine andere im Süden um das Kaspische Meer herum über Buchara und Samarkand nach China. Das ist die Strecke, die ich mir für nächstes Jahr vorgenommen habe.

Vor dem großen Aufbruch gönne ich mir noch 24 Stunden. Um mich innerlich vorzubereiten oder um die Stadt zu besichtigen? Ich weiß nicht recht. Istanbul ist heute eine riesige Metropole mit 13 Millionen Einwohnern, die wirtschaftliche und kulturelle Hauptstadt des Landes, die nur widerstrebend die politische Hauptrolle an Ankara abgegeben hat. Sie ist immer noch die europäischste aller türkischen

---

1 Deutschsprachige Ausgaben: Marco Polo, *Die Wunder der Welt*, Frankfurt 2004; Ibn Battuta, *Die Wunder des Morgenlandes*, München 2010
2 Jean-Baptiste Tavernier, *Six voyages en Turquie et en Perse*, Paris 1981

Städte. An diesen ersten Maitagen ist es mild und regnerisch. Zu Mittag esse ich im Restaurant Lades in Beyoglu, gegenüber der kleinen Moschee von Galatasaray. So wie hier werde ich es immer wieder auf meinem Weg erleben: zuerst der Gang in die Küche. Hier brauche ich kein Türkisch zu können und auch nicht zu wissen, wie die Gerichte heißen. Ich zeige einfach auf eine Auswahl warmer und kalter Mezze sowie auf die eingelegten Auberginen, lauter Dinge, die ich für mein Leben gern esse. Kaum habe ich mich gesetzt, wird das Essen auch schon gebracht.

Nach dem Mittagessen gehe ich in der Altstadt spazieren. Ich muss ja meine neuen Schuhe so gut wie möglich einlaufen. Eine Sekretärin im Konsulat hat mich vor aalglatten jungen Leuten gewarnt, die perfekt Französisch sprechen und es hauptsächlich auf einsame Reisende abgesehen haben. Sie sprechen einen auf der Straße, in Bus oder Bahn an und wirken sehr sympathisch. Dann spendieren sie ihrem Opfer ein Getränk oder eine Süßigkeit, die mit Drogen versetzt sind. Das Opfer schläft sofort ein, und wenn es aufwacht, ist es seiner ganzen Habe beraubt. Dieser Trick ist nicht neu. Die Banditen der Seidenstraße wendeten ihn regelmäßig an, um die Händler auszurauben. Meistens war das Getränk mit Tarantelgift versetzt, und dann wachten die Händler nie mehr auf.

In den kleinen Straßen hinter dem Basar, in denen eine arme Bevölkerung unter höchst zweifelhaften hygienischen Bedingungen lebt, laufe ich sicher nicht Gefahr, Touristen oder Straßenräubern zu begegnen. Ich stelle fest, dass endlich die Renovierung einiger alter osmanischer Holzhäuser in Angriff genommen wird, was auch dringend nötig ist. Bis jetzt wurde diese Gunst nur religiösen Gebäuden oder Denkmälern wie dem Topkapı-Palast zuteil.[3]

Istanbul, oder besser gesagt Konstantinopel, hatte nie eine Mono-

---

3 Das heutige Türkisch wird mit dem lateinischen Alphabet geschrieben, allerdings gibt es einige Besonderheiten. So wird beispielsweise das ı ohne Punkt ö ausgesprochen, das c dsch wie in Dschungel, das ç tsch wie in Kutsche und das ş sch wie in Schule.

polstellung an der Seidenstraße, die Stadt war immer nur ein Glied in der Kette. Warenlager und Zollstelle sozusagen. Byzanz dagegen kontrollierte politisch die Städte des Mittelmeers, die, von Antiochia bis Alexandria, Ausgangspunkte für Karawanen waren. Es gab also nicht nur eine, sondern ein ganzes Geflecht von Seidenstraßen.

Ein wenig Zeit bleibt mir noch für meine Freunde: Dilara und Rabia, zwei junge Frauen, die auf die französischen Schulen in Istanbul gegangen sind und meine Sprache mit einem wunderbar gerollten R sprechen; sowie für Max, einen Pariser Musiker, der nach Istanbul gekommen ist, um orientalische Instrumente kennen und spielen zu lernen, insbesondere die Saz, die türkische Laute. Er ist seit zwei Jahren hier und kann sich nur schwer vorstellen, nach Frankreich zurückzukehren. Beim Abendessen zu viert fühle ich mich wie am Vorabend einer Schlacht. Zum letzten Mal unter Freunden vor dem großen Sprung ins Abenteuer und in die Einsamkeit des Wanderers. Wir sprechen von allem Möglichen, nur nicht von meiner Reise. So kurz vor dem Start sind die Würfel ohnehin gefallen, und ich bin meinen Freunden dankbar für die vielen anderen Themen.

In dieser Nacht vom 13. auf den 14. Mai schlafe ich äußerst wenig und äußerst schlecht. Auch ohne Wecker springe ich in aller Herrgottsfrühe aus dem Bett. Es wird gerade erst hell über dem Bosporus und dem Goldenen Horn, als ich mit geschultertem Rucksack durch die menschenleeren Gassen von Istanbul laufe. Ich gehe eine abschüssige Straße hinunter, die die Prachtstraße Istiklâl – die Champs-Élysées von Istanbul – mit dem Hafen verbindet. Im Vorübergehen grüße ich den alten Galata-Turm über der berühmten Bucht. Und dann bin ich auch schon fast an der Anlegestelle für die Fähren über den Bosporus. Wenn ich das Schiff wieder verlasse, werde ich in Asien sein, bei Kilometer null meiner Tour. Bleiben noch knapp 3000 km bis Teheran.

Der philosophierende Holzfäller

D ie SUHADYNE, eine kleine Fähre über den Bosporus, entfernt
sich rasch von der europäischen Küste und gleitet geschickt
zwischen den zahlreichen Fischerbooten hindurch. Um diese
Uhrzeit sind nur wenige Passagiere an Bord. Ein dicker Mann nutzt die
zehnminütige Überfahrt für ein kleines Nickerchen. Die Sonne dringt
mühsam durch den Morgennebel. Das europäische Ufer rückt immer
mehr in die Ferne, und ich mache ein paar grüne Flecken aus, die der
wilden, in der ganzen Stadt grassierenden Bauwut entgangen sind.

Über uns, auf der riesigen Hängebrücke, die die beiden Kontinente
verbindet, eine endlose Prozession von Autos und Lastwagen. Für
Fußgänger ist die Brücke gesperrt. Offiziell, weil einige Lebensmüde
auf die Brüstung geklettert sind und sich in den Bosporus gestürzt
haben. In Wirklichkeit, weil die Armee, die an beiden Enden der
Brücke Posten aufgestellt hat, kurdische Sabotageakte gegen dieses
Symbol türkischer Modernität befürchtet.

Als die Fähre in Üsküdar anlegt, sind der prächtige Topkapı-Palast
und die Moscheen am anderen Ufer im Nebel verschwunden. Üsküdar ist ein einziger riesiger Busbahnhof. Das zeugt von einer gewissen
Kontinuität, denn in diesem Stadtviertel haben sich seit Menschenge-
denken und bis ins 20. Jahrhundert hinein die Karawanen nach Zentralasien gesammelt.

Von hier aus also will ich mich zu Fuß auf den Weg machen, allerdings gleich mit einer kleinen Abweichung von der alten Karawanenstraße. Die ursprüngliche Kamelroute, die von diesem Vorort auf
der asiatischen Seite Istanbuls aus am Marmarameer entlang nach
Osten in Richtung Adapazarı führte, wurde Anfang des 20. Jahrhunderts zu einer Straße und inzwischen zu einer Autobahn ausgebaut.

Da ich wenig Lust habe, meine Wanderung mitten im Lärm der Motoren und im Gestank der Abgase aufzunehmen, habe mich für einen Umweg nach Norden, am Bosporus entlang, entschieden. Ich habe mir zwar vorgenommen, der Karawanenstraße zu folgen, aber natürlich geht es mir mehr darum, ihrem Geist nachzuspüren, als auf den Meter genau ihrem Verlauf zu folgen. Ich möchte während meiner Wanderschaft die Gedanken, Empfindungen und auch die Gefahren teilen, die den Alltag jener Kameltreiber und Händler bestimmten. Und ich bin überzeugt, dass ich in den Dörfern dieser Atmosphäre, den Traditionen, der Lebensweise der damaligen Reisenden näher bin als in den Städten. Darum will ich die großen Überlandstraßen meiden. Doch an den traditionellen Rastplätzen werde ich nach Spuren des alten Weges suchen, vor allem nach Karawansereien, jenen Herbergen, die Menschen, Waren und Tiere aufnahmen und ihnen Ruhe, Nahrung und Sicherheit boten.

Die Straße entlang des Bosporus ist zwar nicht als Autobahn ausgewiesen, doch leider Gottes sind die Verkehrsverhältnisse ziemlich ähnlich. Ich verstehe schnell, wie der Hase läuft. Die türkischen Autofahrer sind ziemlich wüst. Sie stellen eine beständige Gefahr dar, weil sie zu schnell fahren, mit den Armen fuchteln, hupen, in Schlangenlinien um die Schlaglöcher herumfahren und sogar Schlangenlinien fahren, wenn es gar keine Schlaglöcher gibt. Es herrscht eine Art Konsens in diesem Land: Fußgänger überleben nur, weil sie ein für allemal akzeptiert haben, dass ein Mann am Steuer immer und überall Vorrang hat. Er ist König, und der Fußgänger ist immer im Unrecht. Natürlich sind Straßen nicht der richtige Aufenthaltsort für Fußgänger. Aber die engen und schlechten Bürgersteige in Istanbul ebenso wenig. Wo also hin?

Fürs Erste beschließe ich, der Gefahr lieber ins Auge zu sehen und dem Verkehr entgegenzugehen. Mit kleinen Schritten laufe ich über eine Art Brüstung, unter mir plätschern die Wellen. Ich bin wild entschlossen, ins Wasser zu springen, wenn ein Fahrzeug mir zu nahe

kommt. Unter den beiden Hängebrücken darf ich nicht hindurchgehen: Militärgebiet, bewacht von Stacheldraht und Soldaten mit
steinernen Gesichtern, Sturmgewehr im Anschlag. Schilder weisen
darauf hin, dass fotografieren verboten ist. Solche Kriegsbilder werde
ich noch tausendmal sehen. Gelegentlich, wenn prächtige Häuser
das Ufer säumen, entfernt sich die Straße etwas vom Wasser. Mauern
und Schilder, die jeder Wanderer auch ohne Übersetzung versteht –
Vorsicht! Bissiger Hund – schirmen diese Villen ab. Die Bewohner müssen
taub sein, denn das Heulen der Motoren ist unerträglich. Umzingelt
und bedroht von Autos und Lastern, bringe ich wenig Sinn dafür auf,
meine Umgebung genauer zu betrachten. Ich gehe langsam, an diesem
ersten Tag sehr auf meine Füße bedacht, denen es gut geht, sowie auf
meine Schultern, die ein bisschen unter der Reibung der Tragriemen
leiden. Aber das ist alles normal und abzusehen, mein Leder muss erst
noch gegerbt werden.

Ich weiß, dass mein Gepäck etwas zu schwer ist. In Paris bin ich es
mindestens zehnmal durchgegangen und habe immer wieder etwas
herausgenommen. Aber irgendwann war Schluss, der Rucksack selbst
wiegt schon 2,5 Kilo, und ich habe ungefähr 3 Kilo Bücher und Karten
dabei. Mit dem Rest war ich sehr sparsam. Außer den Kleidern, die ich
am Leib trage, habe ich noch zwei T-Shirts, eine Unterhose und ein
Paar Socken zum Wechseln sowie eine lange Hose. Wegen der Hitze
habe ich eine dünne ausgesucht, und ich werde erst zu spät merken,
dass sie in trockenem Zustand leicht, aber schweißnass vollkommen
durchsichtig ist. Ich werde sie also nur abends anziehen, wenn ich
Station mache. Hinzu kommen ein Schlafsack, ein Biwaksack und
eine Rettungsdecke. Taschenmesser, Zahnbürste und ein ultraleichter
Fotoapparat. Trotz allem bin ich nicht unter 12 Kilo gekommen, unge-
rechnet der Zweilitertrinkflasche und einer Notration Brot, Käse und
Obst. Insgesamt 15 Kilo.

Auf der anderen Seite des Bosporus, den große Frachtschiffe dröh-
nend durchschneiden, sind die gut erhaltenen Befestigungsanlagen

der Stadt zu sehen. Doch der Blick zurück über die Meeresstraße – deren Name »Rinderfurt« bedeutet – wird empfindlich gestört durch die beiden Hängebrücken und eine Hochspannungsleitung.

Jetzt, nach etwa 15 km am Wasser entlang, muss ich nach rechts in das Dorf Paşabahçe. Kein Schild, kein Wegweiser, nichts. Ich muss mich auf die Auskünfte der Einwohner verlassen. Um 13 Uhr kehre ich in eine einfache kleine Gastwirtschaft ein, eine *lokanta*. Der erste Austausch auf Türkisch ohne meine Istanbuler Übersetzer. Er scheint nicht sonderlich überzeugend auszufallen, denn der Wirt unterbricht mich mit einer Handbewegung und geht den Tellerwäscher holen – einen ganz kleinen Mann, der in Anzug, blütenweißem Hemd und Krawatte das Geschirr spült. Auf Englisch erzählt er mir, dass er früher Mathematiklehrer in Albanien war. Er hatte nach Frankreich auswandern wollen, aber kein Visum bekommen. Als Tellerwäscher verdient er hier wesentlich mehr als ein Lehrer in seiner Heimat. Der Wirt spendiert noch einen Tee – in der Türkei wird der Tee am Ende einer Mahlzeit nie berechnet – und dann mache ich mich wieder auf den Weg.

Wie viele Sportler vor einem wichtigen Wettkampf, so konzentriere ich mich ganz auf meinen Körper. Ein Krampf im Fuß, ein kurzes Stechen in der Seite oder im Knie versetzen mich sofort in Unruhe, obwohl ich ganz genau weiß: Das alles sind nur Anzeichen dafür, dass ich gut in Form bin. Auf der samsun habe ich fast jeden Tag meine Füße inspiziert. Alles perfekt. Doch das beruhigt mich keineswegs. Ich bin zwar erst wenige Stunden gelaufen, doch als ich mich wieder auf den Weg mache, achte ich aufmerksam auf das kleinste Anzeichen von Müdigkeit, insbesondere meiner Füße, dem Kapital für meinen langen Marsch. In Paris, bei der Planung, hatte ich mir für die ersten Tage nur kurze Etappen vorgenommen. Jetzt bleiben mir für den Nachmittag noch 6 oder 7 km, denn in Gümüşsuyu will ich Station machen, nach 22 km. Angemessen für einen ersten Tag.

Aber wo ist die verflixte Straße nach rechts? Ich erkundige mich bei zwei Spaziergängern, die mich freundlicherweise 500 m begleiten ...

zur Bushaltestelle. Obwohl ich ausdrücklich nach der Straße gefragt habe und nicht nach dem Bus. Doch nicht im Traum können sie sich vorstellen, dass ich diese 7 km zu Fuß laufen möchte. Etwas provokativ erkläre ich in meinem schlechten Türkisch, dass mein Endziel Teheran ist. Sie sind sprachlos. Aber ich weiß nicht recht, ob das an meinem begrenzten Vokabular liegt oder an dem Vorhaben selbst. Ich wiederhole mit etwas anderen Worten noch einmal, was ich gesagt habe, und ich glaube, dieses Mal haben sie es verstanden. Sie zweifeln keine Sekunde daran, dass sie es mit einem Verrückten zu tun haben. Ihnen steht eine solche Ungläubigkeit auf die Stirn geschrieben und zugleich so viel Mitleid und Misstrauen, dass ich mir vornehme, nicht mehr so ohne Weiteres von meiner Unternehmung zu erzählen.

Immer noch irre ich herum. Niemand scheint das Dorf Gümüşsuyu zu kennen. Ähnlich wie in der Pariser Vorstadt, wenn ich Straßen suche, die auch nie jemand kennt. Meine Durchschnittsgeschwindigkeit befindet sich in freiem Fall. Endlich, da ist er, der Weg, zwischen einem Warenlager und einer Flaschenfabrik. Die Straße führt aus dem Graben, den der Bosporus bildet, heraus und steigt steil an. Auf halber Höhe merke ich, dass ich meinen Schrittzähler verloren habe. Egal. Dann werde ich die Entfernungen halt einfach schätzen. Das Ticken ist mir sowieso auf die Nerven gegangen, und außerdem war das Gerät wohl nicht richtig eingestellt, jedenfalls war es nicht sehr genau.

Auf beiden Seiten der Straße werden Hunderte von Einfamilienhäusern gebaut. Umgeben von Mauern und Gittern ähneln sie jenen »goldenen« Gettos, jenen Inseln für die Reichen, die in den USA oder in Afrika die feinen Leute vor dem Pöbel schützen. Hier wie dort stehen an der Einfahrt Schilderhäuschen mit Wachleuten, deren Kleidung in Farbe und Schnitt an Polizeiuniformen erinnert. Oben auf der Höhe Betonrohbauten, in denen bald die kleinen Leute wohnen werden. Großraum und Provinz Istanbul mit ihren heute insgesamt 13 Millionen Einwohnern wachsen immer weiter, und die Baulöwen reiben sich die Hände.

Manche Häuser sind noch nicht ganz fertig. Ihre Besitzer wohnen meist im Parterre oder im ersten Stock. Darüber ragen angefangene Mauern und Betonpfeiler mit verrosteten Eisenstäben in den Himmel. Später erfahre ich, dass das mit Absicht geschieht: Die Grundsteuer wird erst fällig, wenn der Bau abgeschlossen ist.

Endlich ist der lange Aufstieg geschafft. Der Bosporus ist nicht mehr zu sehen. Am Straßenrand betreiben ein kleiner Alter und seine Frau ein *büfe*, eine bescheidene Imbissbude: eine an vier Holzpflöcken befestigte Plastikplane und ein Kühlschrank, für den ein Strommast in der Nähe angezapft wurde. Ich trinke die erste Cola meines Lebens, denn es gibt nichts anderes, und meine Feldflasche ist leer. Um 15.30 Uhr erreiche ich Gümüşsuyu. Kein Hotel im Ort. Mir wird aber zugesichert, dass es im 10 km entfernten Polonez eines gibt. Da ich keinerlei Müdigkeit verspüre, mache ich mich auf den Weg.

Gleich am ersten Tag tritt also schon eine der Schwierigkeiten auf, die ich bei der Vorbereitung meiner Reise befürchtet hatte. Anhand der Karte hatte ich theoretisch die Etappen geplant und dabei Entfernung, Höhenunterschiede sowie Orte von vermutlich historischem Interesse berücksichtigt. Aber in den türkischen Dörfern gibt es keine Hotels, nur entlang der Überlandstraßen befinden sich in großen Abständen Unterkünfte für motorisierte Reisende. Da ich mich für den Weg über die Dörfer entschieden habe, werde ich also mit Unwägbarkeiten rechnen müssen.

Die Häuser werden allmählich weniger, und ich gelange in einen düsteren Tannenwald, der wiederum einem lichteren Eichenwald weicht. Die Straße führt direkt nach Osten und über Hügel, die den Blick auf eine endlose grüne Weite freigeben. In Polonez bleibe ich verblüfft vor einem Portal mit einem Kreuz stehen. Ein christliches Kreuz in muslimischem Gebiet? Es ist ein Friedhof.

Das Hotel *Polska* ist ausgebucht, aber es gibt mehrere Familien, die bereit sind, Reisende gegen bare Münze zu beherbergen. Krisha, eine junge blonde Frau mit jadegrünen Augen, betreibt die *Lora Pansyon* und bietet Abendessen, Übernachtung und Frühstück für zehn Millionen türkische Lira an. Ich muss gestehen, dass die Fünf-Millionen-Scheine mir noch großen Eindruck machen. Doch in einem Land, in dem eine Tasse Kaffee 400 000 Lira kostet, gewöhnt man sich schnell an diese Wahnsinnszahlen, die durch eine seit vielen Jahren zweistellige Inflationsrate entstanden sind. Die zehn Millionen entsprechen der bescheidenen Summe von 160 französischen Francs, also heute etwa 25 Euro. An diesem ersten Tag bin ich 32 km gelaufen. Zehn mehr als ursprünglich geplant. Ich fühle mich ein bisschen müde, aber über Nacht werde ich mich schon erholen.

An Krishas Hals glänzt ein goldenes Kreuz. Sie trägt weder Kopftuch noch çarşaf – die türkische Entsprechung des iranischen Tschador –, und ihr luftiges Kleid ist leicht dekolletiert. Auf meiner ganzen weiteren Reise durch die Türkei werde ich nie mehr eine so leger gekleidete Frau sehen. Sie spricht Türkisch, aber ihre Muttersprache ist – wie die fast aller Einwohner des Ortes – Polnisch. Sie erzählt mir die Geschichte ihrer Stadt. 1842 erteilte Sultan Abdülmecid nach einem Krieg mit Russland einer Gruppe von Polen die Genehmigung, in diesem zu Istanbul gehörenden Wald ein Dorf zu bauen. Mehr als ein Jahrhundert lebten sie abgeschottet und in Erinnerung an ihre Heimat. Die Einwohner waren katholisch und sprachen die Sprache ihrer Vorfahren. Seit Mitte der 1980er-Jahre lassen sich gelegentlich auch muslimische Türken hier nieder. Die Polen haben weiterhin das Recht, ihre Religion auszuüben. Sie haben ihre eigene Kirche. Aber seit Einführung der Schulpflicht wird in der Dorfschule nur noch türkisch unterrichtet.

Das Bett ist bequem und das polnisch-türkische Frühstück reichhaltig. Es gibt Brot, Tomaten, Gurken, ein hartes Ei und eine Art sehr salzigen Quark. Dazu Tee, der in kleinen, tulpenförmigen Gläsern serviert wird und von dem die Türken Unmengen trinken – überall und zu jeder Tageszeit. Ich schaue zu, wie Krisha ihn zubereitet. Sie verwendet dazu einen çaydanlık, eine zweiteilige Teekanne, die nach dem gleichen Prinzip funktioniert wie ein Samowar. Der größere, untere Teil enthält kochendes Wasser, der obere, *demlik*, viele Teeblätter, aber nur sehr wenig Wasser. Der Wasserdampf der unteren Kanne hält den Tee heiß. Man dosiert beides nach Belieben und bereitet sich seinen eigenen Tee je nach Geschmack zu, aber das will gekonnt sein. Mit leisem Bedauern verlasse ich Krisha. Es fällt mir immer schwer, einen Ort zu verlassen, an dem ich so herzlich aufgenommen worden bin. Ich muss an die Händler denken, die lange vor mir über diese Straßen gezogen sind. Sie hatten nicht solche Seelenzustände wie ich. Die Zwischenstationen hatten kaum eine Bedeutung für sie. Sie wollten an ihr Ziel gelangen, lukrative Geschäfte machen und dann so schnell wie möglich und wohlbehalten zurückkehren – das war das Einzige, was sie im Sinn hatten.

Und meine zweite Etappe? Wird sie wohl schwer? Meine Muskeln sind noch ganz steif von den vielen Kilometern gestern. Aber bei dem herrlichen Wetter werden sie schnell warm. Vergnügt marschiere ich über die schnurgerade Straße, vorsichtshalber auf der linken Straßenseite, obwohl weniger Verkehr ist als gestern und die Autos sich durch ihren Motorenlärm von Weitem ankündigen. Die Fahrer sind sichtlich überrascht angesichts dieses Wanderers, der obendrein noch bepackt ist wie ein Esel. Die meisten bremsen ab und gestikulieren heftig, was ich als Zeichen der Freundschaft deute und erwidere. Andere, allerdings weit weniger, winken mich herrisch auf den Grünstreifen, aufgebracht darüber, dass ein ordinärer Fußgänger in ihr Revier eingedrungen ist. Sie geben sich nicht die geringste Mühe, ein wenig auszuscheren, und da ich keine Lust habe, es mit diesen zehn oder zwanzig Tonnen schweren Kolossen aufzunehmen, trete ich höflich zur Seite. Dennoch werde ich im Laufe des Tages mehrere Mitfahrangebote freundlich ablehnen. Unter gar keinen Umständen will ich mein Vergnügen schmälern, diesen Weg, von dem ich seit Monaten träume, Schritt für Schritt abzulaufen. Dann begegne ich drei Reitern. Und etwas weiter einem alten Bauern mit weißem Schnauzbart und schwarzem Hut. Er sitzt zusammengesunken auf einem Karren, den sein Sohn voller Stolz lenkt. Wir grüßen uns, wir Langsamen, wir Schlenderer und Bummler. Vater und Sohn verzehren sich sichtlich vor Neugierde, trauen sich aber nicht, anzuhalten und mir Fragen zu stellen. Und mein Türkisch ist so rudimentär, dass ich im Moment noch keine Gespräche anknüpfen möchte.

Nachdem ich zwei Stunden gelaufen bin, sind meine Muskeln warm, und ich spüre sie nicht mehr, doch Oberschenkel und Hintern sind wund gerieben und brennen. Immer noch zu viel Fett an den falschen Stellen. Gewöhnlich lasse ich meinem Körper Zeit, sich allmählich an die Situation, der ich ihn aussetze, anzupassen, und dabei bin ich nicht besonders zimperlich. Die erste Woche wird wohl schwer, aber wenn ich erst ein paar Kilo weniger drauf habe und ein paar Kilometer mehr gelaufen bin, wird mein Leder schon zäher sein. Noch ist es nicht so weit. Die Muskeln, die bei solchen Gewaltmärschen am meisten beansprucht werden, die Füße in den Schuhen, die dem Rucksack ausgesetzten Stellen an Schultern, Hüften und Rücken, werden mir erst einmal ganz schöne Qualen bereiten. Ein Tag wie gestern bedeutet etwa 45 000 Schritte, und bei jedem Schritt scheuert es irgendwo. Bei dem sesshaften Leben, das wir führen, ist unsere Haut solche Belastungen nicht mehr gewohnt. Die Freuden des Wanderns werden einem nicht geschenkt. Man muss sie sich erst erobern, und dazu sollte man ein paar einfache Regeln einhalten. Man muss den Körper so sanft wie möglich auf die Anstrengung vorbereiten. Wenn man es zu eilig hat, entstehen Schmerzen, Muskelkater und Wunden, die nur schwer heilen, weil der Körper jeden Tag wieder den gleichen Belastungen ausgesetzt ist. Doch wenn wir in den ersten Tagen vernünftig sind, jammert er nicht, sondern beginnt zu arbeiten. Ist dieser oder jener Muskel verkümmert, verkrampft, zu schwach? Der Körper nährt ihn, macht ihn geschmeidig, versorgt ihn mit Sauerstoff, bis er in Form ist. Wenn dieser Zustand eintritt, dann fühlt man sich frei, genießt die physische Anstrengung. Das Laufen bringt einen in Einklang mit sich selbst.

In Paris hatte ich für den zweiten Tag geplant, nach einem »Spaziergang« von 18 km in Sırapınar haltzumachen. Aber die zehn zusätzlichen Kilometer von gestern haben meinen Zeitplan durcheinandergebracht, und ich bin schon mittags dort. Am Ortsausgang entdecke ich ein Restaurant mit Tischen unter Eichen. Glühende Kohlen verheißen Gegrilltes. Ich gehe auf einen Tisch zu, aber der Wirt findet mich so sonderbar, dass er mich abfängt und weit abseits der anderen Kunden platziert.

Na ja, mit meinem roten Rucksack, meinem blauen Stoffhut mit der breiten Krempe, meiner unförmigen, mit allem möglichen Zeug vollgestopften Jacke und meinen Wandershorts mit den aufgesetzten Taschen bin ich eine zumindest ungewöhnliche Erscheinung. In diesem Land, in dem man so viel Wert auf korrekte Kleidung legt, wirke ich exotisch, fast schon schockierend, und das wird von dem Stock in meiner Hand noch gesteigert. Gestern habe ich mir im Wald einen Haselzweig zurechtgeschnitten. Er ist weniger Wanderstab als Schutz gegen die Hunde, den Schrecken der Wanderer. Und ich habe viel von den Kangals in der Türkei gehört, jenen wilden Hunden, mit deren Hilfe die Hirten ihre Herden gegen Wölfe und Bären verteidigen. Die Gäste, die an den Tischen im Freien sitzen, tragen alle eine Art Uniform: dunkle Hose, weißes Hemd und meistens Krawatte. Die Mutigsten, die dem zögerlichen Sommer angesichts des strahlenden Sonnenscheins bereits vorgreifen, haben kurzärmelige Hemden angezogen. Alle diese Menschen hier sind konform, normal, so wie es sich gehört. Jeder von ihnen hat ein Auto im Schatten des benachbarten Parkplatzes stehen.

Als ich mit meinen gegrillten Hammelkoteletts fast fertig bin, kommt der Wirt, um sich ein wenig mit mir zu unterhalten. Einige Gäste haben eindringlich zu mir herübergestarrt, und jetzt will er wohl ihre Neugierde befriedigen. Ich räche mich genüsslich für seine anfängliche Verachtung und tue so, als verstünde ich seine Fragen nicht. Dabei sind die wenigen Worte, die er sagt, wie *nereden?* (woher?)

oder *nereye?* (wohin?) leicht zu verstehen. Mein Türkisch wird erst wieder besser bei der Frage, ob es in einem der Dörfer, die ich ihm auf der Karte zeige, ein Hotel gibt. »Ja, in Kömürlük«, sagt er.

Zufrieden schultere ich mein Bündel und verlasse die große Straße Istanbul-Şile, die ich 7 oder 8 km entlanggelaufen bin. Ohne jeden Wegweiser und fast auf Anhieb finde ich den kleinen Waldweg nach Osten. Bald fällt mir ein verborgenes Grasstück ins Auge, und ich ziehe mich dorthin zurück. Heilfroh setze ich meinen Rucksack ab, denn die Tragriemen drücken auf meine Schultern, und die Haut an meinen Hüften ist vom Schweiß und vom Reiben des breiten Gurtes aufgescheuert. Nach einer Stunde Mittagsschlaf breche ich wieder auf. Die Hüften tun zwar immer noch weh, aber ich verstelle die Gurte so, dass die empfindlichen Stellen nicht weiter in Mitleidenschaft gezogen werden.

Ich gehe einen Hügel hinab. So weit das Auge reicht, ein Meer von dunklem Gestrüpp. Weiter unten auf einem Querweg ein Armeejeep. Er will nach rechts abbiegen, hält aber plötzlich an. Alles, was ich seit Monaten gelesen und gehört habe, die vielen Militärgebiete und Kasernen, an denen ich auf meinem Weg aus Istanbul heraus vorbeigekommen bin, all das nährt die Vorstellung, dass die türkische Armee mächtig und allgegenwärtig ist. Es kann durchaus sein, dass sie mir bestimmte Strecken verbietet und mich oft kontrolliert.

Der Motor des Jeeps wird ausgeschaltet. Der Beifahrer steigt aus, stellt sich vor den Wagen und lässt mich nicht aus den Augen. Seine Armhaltung lässt vermuten, dass er seine Waffe auf mich gerichtet hat. Wahrscheinlich mit dem Finger am Abzug. Ich bemühe mich, so locker wie möglich zu wirken. Sie sind zu sechst, alle mit angespannten Mienen. Ich lächele und wende mich wie selbstverständlich der anderen Straßenseite zu, um so weit wie möglich an den Soldaten vorbeizugehen. Doch der, der hinter dem Fahrer sitzt, macht seine Tür auf und winkt mich heran. Er ist der Einzige, der keinen Helm trägt, in seinem Gürtel steckt eine Pistole. Alle Männer haben Tarnuniformen an. Und eine Maschinenpistole oder ein Sturmgewehr in der Hand. Ich überquere die Straße also wieder. Der Chef verlangt eisig *kimlik*, meine Papiere, und da ich ganz offensichtlich Ausländer bin, setzt er das internationalere *pasaport* hinzu. Ich ziehe das Dokument aus meiner Tasche und reiche es ihm.

Einer der Soldaten fragt:

»Do you speak English?«

Ich bejahe und fange an zu erklären, woher ich komme. Aber mit dieser einen englischen Frage war sein Pulver auch schon verschossen. Er versteht meine Antwort nicht. Es ist also an mir, mein türkisches Vokabular zu mobilisieren.

»Ich bin Franzose«, sage ich in Atatürks Sprache, »und ich laufe über die Seidenstraße von Istanbul nach Erzurum.« Die Überraschung siegt über das Misstrauen. Von wo bin ich am Morgen aufgebrochen, wo will ich heute noch hin, sie wollen alles wissen. »Polonez, Kömürlük.« Das kennen sie, und das beruhigt sie. Als der Chef in meinem Pass auch noch liest, dass ich in Paris wohne, lächelt er ganz offen. Hingerissen sagt einer der Soldaten immer wieder »Paris, Paris«. Auf ein Zeichen des Unteroffiziers hin, rutscht einer der Männer hinten ein wenig zur Seite. Sie bieten mir den frei gewordenen Platz an. Sie fahren nach Kömürlük. Lachend lehne ich die Einladung ab.

»Ich gehe zu Fuß!«

Völliges Unverständnis. Sie fahren weiter. Ich blicke ihnen hinterher und setze mich an den Straßenrand. Die Maisonne tut gut, und meine erste Berührung mit der furchterregenden türkischen Armee war nicht allzu schlimm. Noch zweimal sehe ich im Laufe des Nachmittags den patrouillierenden Jeep, die Soldaten winken mir verschwörerisch zu, und ich winke zurück.

Um 17 Uhr bin ich in Kömürlük. Das Dorf liegt mitten im Wald, die niedrigen Häuser haben triste Farben und Dächer aus blassroten Ziegeln. Auf den Lehmstraßen getrocknete Kuhfladen mit den Spuren von Traktorreifen. Hier und da rinnt ein bisschen Wasser. Nur die weiße Moschee sticht aus dieser Eintönigkeit heraus. Kinder scharen sich um mich und staunen hin- und hergerissen zwischen Neugierde und Angst diesen komischen Fremden an. Auf dem kleinen Platz hinter der Moschee ein armseliger kleiner Laden: ein Brett mit ein paar Flaschen Obstsaft und ein paar Gurken. Dahinter ein Mann mit einem Dreitagebart, der ebenso schmutzig ist wie sein Laden und mich beobachtet. Über der Tür steht in krakeligen weißen Buchstaben das Wort *bakkal*: Lebensmittelgeschäft. Misstrauisch erwidert der Mann meinen Gruß.

»Wo ist das Hotel?«

»*Otel yok*, es gibt kein Hotel.«

Der Wirt von heute Mittag hat sich gerächt und mir Märchen erzählt. Da stehe ich jetzt, einsam und allein in diesem Dorf, mit schweren Beinen nach 30 km Marsch und ohne Unterkunft für die Nacht. Auch wenn ich auf einen solchen Fall vorbereitet bin, trifft mich das hart. Wo soll ich essen, wo schlafen? Ich habe weder ein Zelt noch Kochgeschirr dabei: eine Frage des Gewichts. Mit dem Wörterbuch in der Hand und umringt von immer mehr Kindern, die wie Fliegen an mir kleben, frage ich:

»Gibt es in einem Dorf in der Nähe ein Hotel?«

»*Hayır*, nein.«

Zwei oder drei Männer kommen mir zu Hilfe. Einer von ihnen befiehlt den Kindern, den Kreis um mich ein wenig zu lockern. Sie weichen anderthalb Millimeter zurück. Alle reden durcheinander. Schließlich sagt ein Mann, in Şile, an der Schwarzmeerküste, gebe es ein Hotel.

»Ist das weit?«

»Nein, ganz in der Nähe.«

Ein Blick auf die Karte: Şile liegt im Norden, 30 km entfernt, also ein Tagesmarsch. Aber als erfahrenen Wanderer wundert mich das nicht. Mit dem Siegeszug des Autos hat sich das Gefühl für Entfernungen verändert. Wer zu Fuß läuft, muss Äußerungen wie »nicht weit« oder

»um die Ecke« interpretieren können. Das sind oft Einschätzungen von Autofahrern. »Zehn Minuten« beispielsweise können 10 oder 12 km, also zwei Stunden Fußweg bedeuten. Dass in Frankreich die Leute so denken, verstehe ich ja noch, aber hier in der Türkei, wo Privatautos noch eher die Ausnahme sind?

Als ich erkläre, dass Şile für mich nicht infrage kommt, wächst die Ratlosigkeit meiner Gesprächspartner. Wie werden sie mich nur wieder los? Der Ladenbesitzer widmet sich eingehend dem Verkauf einer Handvoll Kirschen. Die anderen Erwachsenen schlagen mir vor, ins nächste Dorf zu laufen.

»Gibt es dort ein Hotel?«

»*Otel yok.*«

Die Kinder bombardieren mich mit:

»What is your name« und: »My name is Mehmet« oder: »Mustafa«.

Die Erwachsenen wenden sich wieder ihren Gesprächen zu. Was sollen sie mit mir bloß machen? Ein Mann, der kurz verschwunden war, zupft mich lächelnd am Ärmel. Er hat die sonnenverbrannte Haut eines Feldarbeiters, einen kurzen weißen Bart und buschige, so schwarze Augenbrauen, dass man denken könnte, sie seien mit Khol gefärbt. Ein Scheitelkäppchen aus Spitze versucht kokett, seinen kahlen Schädel zu bedecken. Er stellt sich vor – Zeki – und fordert mich auf, mitzukommen. Ich verstehe nicht viel von dem, was er sagt, außer, dass er mein Problem gelöst hat. Also laufe ich hinter seiner schwerfälligen Gestalt her, gefolgt von dem ganzen Dorf, Jung und Alt, in einem wilden Durcheinander. In aller Bescheidenheit darf ich wohl sagen, dass ich die Attraktion des Tages bin. Bei der Moschee kommt mir ein Mann mit ausgestreckter Hand und strahlendem Lächeln entgegen.

»*Welcome*«, sagt er mit warmherziger Stimme.

Ibrahim ist der Imam der Moschee, ein ziemlich kräftiger Mann mit pechschwarzen Haaren, Augenbrauen und Bart, dunklem Teint und einer Haut wie der eines gesunden Babys. Er führt mich zur Treppe, vor der das versammelte Dorf stehen bleibt und lautstark seine Kommentare abgibt. Ibrahim, ein alter Mann und ich steigen zum ersten Stock hinauf. Die beiden streifen mühelos ihre Schuhe ab, denn die Leute hier tragen alle Mokassins oder Schuhe, deren Fersen ganz abgetreten und die eine Art Pantoffel geworden sind. Ich dagegen muss unter den Blicken meiner neuen Freunde umständlich die Wanderstiefel aufschnüren. Mit dem schweren Gepäck auf dem Rücken ist das keine leichte Übung.

Wir betreten ein geräumiges Zimmer mit großen Glasfenstern zum Dorfplatz hin. Es ist nur karg möbliert: ein Teppich auf dem Boden, auf den Regalen ein paar Bücher, ein Tisch und ein Klappsofa. Das ist, erklärt Ibrahim mir in einem Kauderwelsch aus Englisch und Türkisch, der Raum, in dem er den Kindern Religionsunterricht erteilt. Und hier kann ich heute Nacht schlafen.

Zeki bringt mit kaltem Fleisch gefüllte Teigtaschen, Tomaten, eine Gurke und eine große Schale Joghurt. Ich bedanke mich überschwänglich und hole meine Millionen hervor, doch niemand will sie haben. Ibrahim wird eines jener angeblich so praktischen türkisch-englischen Werke gebracht, die internationale Unterhaltungen erleichtern sollen. Während ich esse, blättert er darin herum, findet aber nur solche Standardsätze wie: »Wie lange brauchen Sie, um mein Auto zu reparieren?« Oder: »Ich hätte gern noch etwas von diesem köstlichen Dessert.« Sie sind kaum geeignet, ein Gespräch zwischen dem Imam und mir in Gang zu bringen. Wir geben es auf und versuchen es mit Zeichensprache und meinem kleinen Wörterbuch.

Ich würde gern die Moschee besichtigen. Ibrahim ist einverstanden. Auf ein Zeichen von ihm verschwindet ein junger Mann und kehrt kurz darauf mit einer Trainingshose zurück. Ich verstehe nicht. Da deutet Ibrahim auf meine nackten Beine. Ausgeschlossen, in diesem Aufzug das religiöse Gebäude zu betreten. Also ziehe ich aus meinem Rucksack die Hosenbeine hervor, mit denen ich per Reißverschluss meine Shorts verlängern kann.

Die Moschee ist weiträumig und ganz mit Teppichboden ausgelegt. Kleine Rechtecke darauf weisen für das Freitagsgebet, wenn der Gebetsraum voll ist, den Gläubigen ihren Platz zu. Die Frauen, die deutlich in der Minderzahl sind, beten oben auf einer kleinen Empore. Voller Stolz zeigt der Imam mir sein Reich: den Mihrab, eine Nische, die in Richtung Mekka weist und in der er fünfmal am Tag das Gebet leitet; und die Kanzel daneben, zu der er für die Freitagspredigt über eine lange Holztreppe hinaufsteigt. Da ich mich mit den religiösen Praktiken im Islam überhaupt nicht auskenne, wundere ich mich, dass die Frauen nicht auf derselben Ebene wie die Männer am Gottesdienst teilnehmen können. Geduldig erklärt Ibrahim mir, dass die Männer von ungebührlichen Gedanken abgelenkt werden könnten, wenn die Frauen sich direkt vor ihnen nach Mekka verbeugen. Mein Wortschatz ist zu kümmerlich, und darum vertage ich die Frage, die mir auf den Lippen brennt, auf ein andermal: Ob die Frauen von den unzähligen Hintern, die sie von ihrer luftigen Höhe aus sehen können, etwa nicht abgelenkt werden? In einem weiteren, winzigen Raum steht die Lautsprecheranlage, über die der Imam von Kömürlük fünfmal am Tag zum Gebet rufen kann, ohne jedes Mal die Stufen zum Minarett hinaufsteigen zu müssen.

Ibrahim verscheucht die letzten Kinder, die noch die Treppe vor dem Raum belagern, in dem ich heute als Gast des Dorfes übernachte. Ich breite meinen Schlafsack auf dem Sofa aus und gehe wieder hinunter zu dem Wasserhahn, an dem die Gläubigen vor dem Gebet ihre Waschungen verrichten. Unter den Augen einer ansehnlichen Zuschauerschar begnüge ich mich mit einer Katzenwäsche und wasche nur noch schnell T-Shirt, Unterhose und Strümpfe durch. Da ich mit meiner Kleidung so knauserig war, muss jetzt die ganze Reise lang der eine Satz Kleider trocknen, während ich den anderen nass schwitze. In meinem »Zimmer« unterziehe ich meine Hüften noch einmal einer Prüfung und betupfe sie mit einer Jodtinktur, damit die Wunde schneller trocknet. Meine Füße tun etwas weh. Eine Rötung an den Zehen scheint mir aber harmlos – möglicherweise zu Unrecht. Ich lege mich hin und schlafe auf der Stelle ein.

Die Segnungen des Laufens: In Paris brauche ich zwei Stunden, bis ich zur Ruhe komme. Hier schlafe ich nach Ibrahims lautsprecherverstärktem Gebetsruf, der gegen 23 Uhr erschallt, sofort wieder ein. Um 5.30 Uhr wecken mich die islamischen Lautsprecher erneut. Ich ziehe mich an und gehe hinunter zum Wasserhahn, wo ich mich einmal schüttele und mit kaltem Wasser rasiere. Das T-Shirt, das ich gestern Abend gewaschen habe, ist noch feucht und eiskalt. Ich hänge es an meinen Rucksack, sodass es unterwegs trocknen kann.

Als ich losgehe, ist es 5.45 Uhr, und es wird gerade hell. Ein alter Mann kommt aus der Moschee. Ich verstehe nicht alles, was er sagt, aber sein Wortschwall und seine Gesten sprechen für sich, und ich glaube, seine Rede lautet in etwa:

»Was soll das? Wenn du wirklich reisen willst, dann kauf dir ein Auto, so wie ich. Du bist doch zu alt zum Laufen. Komm, wir trinken einen Tee.«

Ich schenke ihm ein freundliches Lächeln und marschiere der aufgehenden Sonne entgegen, die das Aluminiumdach des Minaretts rot erglühen lässt. Das erste, noch schlafende Dorf, durch das ich komme, heißt Kervansaray, aber es gibt nicht – oder nicht mehr – die geringste Spur einer Karawanserei.

Am Ortsausgang auf einer Brache am Straßenrand befindet sich ein behelfsmäßiges Lager. Etwa zehn Leute machen sich zwischen drei Zelten zu schaffen, von denen zwei aus einer zwischen Pfählen gespannten durchsichtigen Plastikfolie bestehen. In der Mitte schürt eine alte Frau ein Feuer. Einer der Männer entdeckt mich und ruft:

»*Gel çay!* Komm, Tee!«

Ich trete näher. Der Mann, der Chef der Gruppe, lacht mir mit all seinen kariösen Zähnen entgegen. Er holt ein Kissen, legt es auf ein altes, verrostetes Bettgestell und fordert mich feierlich auf, Platz zu nehmen. Sein Sohn hilft mir, den Rucksack abzusetzen. Etwas abseits liegen ein paar halb fertige Besen, die mir verraten, welcher Beschäftigung diese Sippe nachgeht, die aus drei Männern, vier Frauen und einem Baby besteht. Die drei jungen Frauen sind hübsch, sie tragen ein Kopftuch, das nur ihre Haare bedeckt, und sind trotz ihrer ärmlichen Lebensumstände ordentlich gekleidet. Sie scheinen auf gleicher Stufe mit den Männern zu stehen. Dem Familienoberhaupt – die Bruderschaft der fahrenden Leute verpflichtet – ist es eine Ehre, mich zu Gast zu haben. Ich verbringe eine angenehme Viertelstunde, trinke Tee und mache ein paar Fotos. Leider haben sie keine Adresse, wo ich sie ihnen hinschicken könnte.

Die Sonne steht jetzt schon hoch. Immer wieder habe ich Probleme, mich zu orientieren, da meine Karte nicht genau genug ist und an den Kreuzungen wie üblich keine Wegweiser stehen. Nachdem ich zwei Stunden durch einen dichten Wald gelaufen bin, weiß ich überhaupt nicht mehr, wo ich bin. Ich frage einen Bauern nach dem Weg nach Darlık, das ich irgendwo im Norden vermute. Doch er zeigt nach Süden und hält mir einen langen Vortrag, von dem ich kein Wort verstehe.

Aufs Geratewohl gehe ich in Richtung Norden und laufe noch eine gute Stunde, bis ich auf eine Gruppe aus Istanbul stoße, die gerade Picknick machen will und mich dazu einlädt. Die Frauen, die europäisch gekleidet sind und kein Kopftuch tragen, holen zwei große Tischdecken und Lebensmittel aus den Autos. Wir essen in zwei Gruppen, auf der einen Seite die Männer, auf der anderen die Frauen. Sie sind reizend, aber auch sie können mir weder unseren Standort auf der Karte, noch den Weg nach Darlık zeigen. Ich gehe also weiter blindlings in den Wald hinein.

Auf einer Lichtung arbeiten Holzfäller an zwei Kreissägen und laden die Scheite auf Lastwagen. »Der Weg nach Darlık, bitte?« Der Mann setzt zu einer Antwort an, merkt aber, dass ich nicht viel verstehe und geht einen anderen Waldarbeiter holen. Der wischt sich den Schweiß von seiner kahlen Stirn und stellt sich vor: Selim, und der

Freund, der ihn geholt hat, heißt Mustafa. Als echte Türken, denen eine Unterhaltung über alles geht, halten sie erst einmal die kreischende Säge an. Wir setzen uns in den Schatten der Buchen, und Mustafa reißt ein paar Farne aus, aus denen er einen bequemen Sitz für mich fabriziert.

Selim spricht leidlich Englisch, mit sanfter, ruhiger Stimme. Nach einem Blick auf meine Karte lacht er lautlos und entblößt dabei seinen einzigen großen, faulen Zahn. Meine Karte sei sehr alt, sagt er. Mittlerweile wurde in dieser Gegend ein großes Trinkwasserreservoir für Istanbul angelegt. Und die drei im Norden eingezeichneten Dörfer wurden 15 km nach Süden versetzt, haben aber ihre Namen beibehalten. Das also ist des Rätsels Lösung. Was ich dann erfahre, ist nicht mehr so lustig. Auch die Straßen verlaufen nämlich jetzt anders. Die, die nach Osten führte, hört irgendwann einfach auf. Das bedeutet einen nördlichen oder südlichen Umweg von etwa 50 km, um zu dem Dorf Değirmençayırı zu gelangen, wo ich heute Abend sein wollte. Keine besonders erfreuliche Aussicht.

»Es gibt auch noch den Weg durch den Wald«, meint Mustafa, »aber da wirst du dich verirren, er ist riesig.«

»Gibt es im Dorf vielleicht jemanden, der mich – gegen Bezahlung – führen könnte?«

Die beiden Männer wechseln ein paar Worte, dann schlägt Mustafa sich mit seiner Pranke auf die Brust.

»Ich werde dich führen, und ohne Bezahlung. Aber zuerst muss ich meinen Lkw fertig laden, das dauert mindestens noch eine Stunde.«

Er trinkt einen kräftigen Schluck Wasser und macht sich wieder an die Arbeit. Ich unterhalte mich mit Selim, und er erstaunt mich immer mehr. Er ist 40 und war zehn Jahre lang bei der Armee. Dann wollte er Waldarbeiter werden. Er hat eine kahle Stirn, eine kräftige Nase, einen spärlichen Schnurrbart und strahlt Ruhe, Herzlichkeit und eine ansteckende Heiterkeit aus. Bevor er auf eine Frage antwortet, schweigt er erst einmal einen Moment. Er nimmt sich selbst nicht allzu ernst und bricht bei jeder Gelegenheit in ein leises Lachen aus, das seinen einzigen, gelben Zahnstummel freilegt.

»Ich liebe das Leben als Waldarbeiter: weil ich die Natur liebe, aber vor allem, weil ich in den Wintermonaten lesen kann. Meine Leidenschaft ist die Philosophie. Also lese ich von Januar bis März nach Herzenslust, und abends gehe ich in die Teestube und versuche, meine Freunde von den Freuden der Ästhetik und der Logik zu überzeugen.« Seine Augen glänzen.

Jetzt ist er in Fahrt und redet kunterbunt durcheinander über Nietzsche, Descartes, Platon, Hegel und Heidegger. Ich ziehe ihn ein bisschen auf:

»Aber es gibt doch im Leben nicht nur die Philosophie. Es gibt auch die Frauen ...«

»Ja, zum Beispiel Jeanne d'Arc. Sie ist mein weibliches Ideal. Ich möchte gern Französisch lernen, um alles über sie lesen zu können, alle Filme über sie zu sehen und auch um Aragon im Original zu lesen.«

Ich bin perplex.

»Haben Sie Kinder?«

»Nein, ich bin nicht verheiratet. Ich bin der einzige Junggeselle im Dorf.«

»Warum?«

Er lacht.

»Vielleicht, weil ich meiner Jeanne d'Arc nicht begegnet bin.«

Mustafa ist fertig mit dem Beladen. Voller Bedauern verlasse ich Selim. Er nimmt seine Arbeit wieder auf und winkt mir zum Abschied. Diese kurze Pause mit den beiden Männern, die ein so einfaches Glück ausstrahlen, hat mich wieder auf die Beine gebracht. Der Wald ist unbeschreiblich schön. Der Weg schlängelt sich zwischen endlosen grünen Hügeln hindurch. Manchmal bleibt mein Führer stehen und weist auf die Landschaft. Sie ist sein Reich, und er ist stolz darauf. An der Furt eines kleinen Flusses genießen ein paar Leute die Sonntagsruhe im Schatten der Pappeln und laden uns zu einer Erfrischung ein.

Ein magischer Moment. Ich schließe die Augen, und die Zeit bleibt stehen.

Endlich gelangen wir zum südlichen Ende des Wasserreservoirs. Mustafa will sich gerade von mir verabschieden, als Soldaten in einem Jeep auftauchen. Diesmal sind es *jandarmas*, eine auf den Antiterrorkampf spezialisierte Einheit der Polizei. Der junge Unteroffizier, der sie befehligt, stellt viele Fragen. Er will alles genau wissen. Mustafa beschreibt ihm meine Route. Wir setzen uns ins Gras, und ich zeige ihm meinen Weg auch auf der Karte. Währenddessen stehen die anderen mit Maschinenpistole und Gewehr in der Hand Wache. Die bewaffneten Männer passen überhaupt nicht in diesen Abend, in diesen von lauer Frühlingsluft erfüllten friedlichen Wald. Als ich bei der nächsten Pause den Blick schweifen lasse, entdecke ich eine Schildkröte, die mich von einer Böschung herab mit ihren runden Augen anblickt.

Sei mir gegrüßt, Freundin. Halten wir es nicht beide mit Äsop? Wer langsam geht, geht weit.

Gastfreundschaft

Das Dorf Değirmençayırı hat zwar viele Silben, aber nur wenige Häuser, eine Moschee und einen Lebensmittelladen. Während ich in diesem *bakkal* ein paar Trockenfrüchte erstehe, frage ich den Lebensmittelhändler, wo ich übernachten könnte. Er überlegt lange, kratzt sich hingebungsvoll am Kopf und teilt mir schließlich mit, dass er es nicht weiß. Schicksalsergeben trinke ich erst einmal einen Tee in der angrenzenden Teestube. Ein junger Mann setzt sich zu mir an den Tisch, stellt sich als der Dorflehrer vor und sagt, er könne mir helfen. Wir durchqueren den Ort – unter den neugierigen Blicken der Einwohner und gefolgt von einer Meute johlender Kinder. Mich beschleicht das Gefühl, dass ich mich daran werde gewöhnen müssen.

In einer weiteren Teestube lerne ich Hüseyin kennen, Rentner und früher bei der Militärpolizei. Er ist etwa sechzig, hat einen grau melierten Schnurrbart und ist nicht besonders redselig. Mit einer Geste fordert er uns auf, neben ihm Platz zu nehmen. Der Dorflehrer erklärt ihm die Lage. Kann er mich heute Nacht beherbergen?

»*Evet*, ja.«

Die anderen Gäste, die nur abgewartet haben, bis sich eine Lösung für mein Problem fand, können ihrer Neugierde jetzt freien Lauf lassen und mich mit Fragen bombardieren. Und mir unzählige Gläser Tee spendieren, was ich mangels Worten mit deutlicher Mimik und wohligen Seufzern quittiere. Hüseyin kommt mich holen und zeigt mir das Bad, wo ich duschen und den Schweiß von zwei Tagen abspülen kann. Eine wahre Wonne. Das Abendessen mit Hüseyin, dem Lehrer, und einem seiner Kollegen ist sehr fröhlich. Die beiden jungen Leute bringen dem alten Mann große Achtung entgegen. Nachdem sie gegangen sind, führt mein Gastgeber mich trotz meines Protests in sein eigenes Zimmer. Er wird auf dem Sofa schlafen.

Am nächsten Morgen mache ich mich fertig, packe meinen Rucksack und klopfe an seine Tür. Er ist fortgegangen. Darum kritzele ich ein paar Dankesworte auf einen Zettel, den ich mit einem Fünf-Millionen-Lire-Schein für die Unterkunft unter der Tür hindurchschiebe.

Am gleichen Nachmittag erklärt mir ein Türke, dass ich damit einen groben Fehler gemacht habe und dass Hüseyin sicher sehr gekränkt war. Was ich getan habe, läuft der türkischen Tradition der Gastfreundschaft völlig zuwider. In islamischen Gegenden ist es die Pflicht der Gläubigen, einen Reisenden bei sich aufzunehmen und nach Kräften zu bewirten. Gastfreundschaft, *misafirperverlik*, bedeutet für jeden guten Muslim, dass der Gast, *misafir*, der Reisende, ein Recht auf alle deine Bemühungen hat. Dein Haus ist sein Haus, und du musst dein Essen mit ihm teilen. Den Lohn dafür gibt es im Reich Allahs. Seine Tür vor einem Reisenden zu verschließen, ist für einen Gläubigen das schlimmste Verbrechen. Wir täten nicht schlecht daran, uns in unseren gemäßigten Klimazonen davon inspirieren zu lassen.

Ein feiner, wohltuender Regen fällt vom Himmel. Meine Füße schmerzen. Die Rötung von gestern Morgen ist schlimmer geworden: gestern Abend Hautabschürfungen, heute Morgen eine kleine Eiterblase auf beiden großen Zehen. Wenn die Entzündung fortschreitet, werde ich mit meiner Wanderung ernsthaft in Verzug geraten. Aber ich habe nur Salbenverbände gegen Blasen, nichts, um die Wunden zu behandeln. Eine Stunde lang spüre ich einen leichten Schmerz, dann verschwindet er.

Die Landschaft erinnert mich an das Quellgebiet der Loire im Massif Central. Der Weg führt hinab in schwindelerregende Schluchten mit schimmernden Flüssen. Wenn der Weg zu steil ist, drücken die Schuhe, und der Schmerz kehrt zurück. Gegen Mittag ziehe ich im Schatten einiger Haselnusssträucher meine Schuhe aus und muss feststellen, dass die beiden kleinen Eiterblasen aufgegangen sind.

Auch die Haut um sie herum ist rot und geschwollen. Ich versorge die Wunden mit dem, was ich habe: zwei Lappen, die als Kompresse herhalten müssen, und ein wenig Jodtinktur.

Wieder habe ich große Schwierigkeiten, den Weg zu finden. Meine Karte im Maßstab 1:500000 ist sehr ungenau. Obwohl sie laut den Angaben auf der Legende in Zusammenarbeit einer deutschen Firma mit dem türkischen Verteidigungsministerium entstanden ist. Zweifellos eine Kriegslist der türkischen Armee, um von jedem Versuch einer Invasion abzuschrecken. Manche Angaben sind schlichtweg falsch. So laufe ich zum Beispiel zu einem kleinen Dorf, durch das der Weg meiner Karte zufolge führt, und zu dem es – eine besondere Auszeichnung – sogar einen Wegweiser gibt. In Wirklichkeit hört die Straße dort auf. 2 km umsonst, mir bleibt nichts anderes übrig, als umzukehren. Aber ich werde entschädigt, denn ich kann mich eine Weile mit Ahmed, dem Tischler, unterhalten. Er hat einen verschmitzten Blick und erzählt mir, dass er seinen Lebensunterhalt mit der Herstellung von Löffeln und Gabeln aus Holz verdient. Während er mit mir spricht, schleift er eine Art kleiner Dechsel[4] und lässt ab und zu seinen Daumen über die Klinge gleiten, um zu prüfen, ob sie schon scharf genug ist.

Im Wald stoße ich auf riesige, zur Verkohlung bestimmte Holzhaufen. Aber sooft ich auch um sie herumlaufe, ich finde keinen Köhler. Dabei hätte ich gern etwas über den Herstellungsprozess erfahren. Mittlerweile regnet es so stark, dass ich meinen Poncho überziehen muss. In einem kleinen Dorf kommt ein junger Mann auf mich zu, spricht mich an und geht mit mir. Auch am Dorfausgang bleibt er an meiner Seite, ein Kilometer, zwei Kilometer, fünf Kilometer lang. Er spricht kaum. Wir kommen durch den nächsten Ort, und er ist immer noch neben mir, obwohl seine Jacke klatschnass sein muss. Ganz beiläufig fragt er, was ich in meinem Rucksack habe.

Als er aus seiner Tasche ein kleines Fläschchen zieht, das angeblich

---

4 Eine Dechsel ist ein beilähnliches Werkzeug.

ein Wundermittel enthält, verstehe ich besser, worauf er hinauswill. Nur ein paar Tropfen, und ich würde keine Müdigkeit mehr verspüren. Da er offensichtlich Schwierigkeiten hat, mit mir Schritt zu halten – auch ohne einen obendrein noch nassen Rucksack –, schlage ich ihm vor, doch selbst ein Schlückchen zu trinken. Mir fällt wieder ein, dass man mir in Istanbul von Leuten erzählt hat, die Touristen unter Drogen setzen. Ich werde sein Fläschchen also um keinen Preis anrühren. Zum einen, weil ich diesem Typ nicht über den Weg traue, aber auch, weil ich jede Art von Aufputschmittel verabscheue, sie sind ein einziger Schwindel. Als wir in die kleine Stadt Karagöllü kommen und ich eine Apotheke entdecke, schlage ich ihm vor, mitzukommen. Den Apotheker wird seine Phiole mit dem Wundermittel sicher interessieren. Wohnt jetzt meinen Worten etwa Zauberkraft inne? Der Kerl löst sich wie ein Dschinn in Luft auf.

Der Herr der Salben ist entsetzt, als er den Zustand meiner Füße sieht. Am rechten Fuß eitern jetzt noch zwei weitere Zehen. Zu zweit versorgen sie mich, und das Ergebnis fällt zu meiner vollen Zufriedenheit aus: Meine Zehen sind jetzt keine zerlumpten Kerle mehr, sondern hübsch nebeneinander aufgereihte, ordentlich bandagierte kleine Puppen. Ich bedanke mich überschwänglich und möchte jetzt nur noch 90 %igen Alkohol kaufen, von dem der Apotheker allerdings nur Halbliterflaschen hat. Ich hätte aber gern ein kleineres, leichteres Fläschchen für meinen Rucksack. Das gibt es bei einem benachbarten Händler. Als der meine Geschichte hört, will er mir einen riesigen Laib Brot schenken sowie ein großes Stück Käse und einen Topf Honig, die beide je mindestens ein Kilo wiegen. Ich schlage das Geschenk aus. Das versteht er nicht. Da mir die Argumente ausgehen, fordere ich ihn auf, meinen Rucksack einmal anzuheben. Überzeugt! Jetzt begnügt er sich damit, mir ein großes Sandwich und ein Viertel des Käses mitzugeben. Der Apotheker hat mir ein Fläschchen mit Alkohol, ein anderes mit Jodtinktur und ein paar Kompressen zurechtgemacht. Er weigert sich nicht nur, Geld anzunehmen, sondern zeichnet mir sogar noch genau den Weg bis zu dem Dorf auf, in dem ich übernachten möchte.

Mit meinen so gut wie neuen Zehen laufe ich durch die Frühlingssonne. In einem hübschen grünen Tal mache ich bei einem See eine kleine Pause und treffe auf einen uralten Bauern, Ahmed, mit runzeliger, wettergegerbter Haut. Tagein, tagaus führt er seine Kuh – sie ist alles, was er besitzt – spazieren, damit sie sich am Wegesrand satt fressen kann. Wir wechseln ein paar Worte, und er lässt sich fotografieren.

Doğancılar ist ein armseliges Nest, dessen Häuser dicht zusammengedrängt entlang der einzigen Straße stehen. Die Regenschauer haben den Boden in eine Art zähen Brei aus Erde und Kuhfladen verwandelt. Ich mache ein paar Aufnahmen von einem verfallenen Haus, einem Stampflehmbau mit Auskragungen, dessen Baumaterialien – Holz, Stroh und Lehm – dieselben sind wie bei den traditionellen Fachwerkhäusern in der Normandie. Sobald die Bauern meine Kamera entdeckt haben, wollen sie, dass ich ihre Scheune oder sie selbst fotografiere. In diesen Dörfern ist ein Fotoapparat eine Seltenheit und fotografiert zu werden ein besonderes Ereignis. Genau darum habe ich mir übrigens auch fest vorgenommen, den Menschen, die mich beherbergen, ihre Porträts zu schicken. Das ist die einzige Art, wie ich mich erkenntlich zeigen kann, denn Geld wollen sie nicht, und Geschenke würden meinen Rucksack zu schwer machen. Nur für die Kinder habe ich eine kleine Tüte mit etwa 100 Anstecknadeln. Das erste Mal habe ich sie für ein halbes Dutzend Kinder herausgeholt und den »Schatz« auf dem Tisch ausgebreitet, damit sie sich etwas aussuchen konnten. Zwölf Hände fielen darüber her, und ich hatte die größte Mühe, wenigstens einen Teil wieder zu ergattern. Inzwischen verteile ich sie einzeln und gebe nur den her, der gerade an meiner Jacke steckt.

Am Ortsausgang betrete ich ein Tankstellen-Shop-Café. An einem Tisch sitzt ein Mann mit Kappe und dicker Brille und liest Zeitung. Kennt er vielleicht jemanden im Dorf, bei dem ich übernachten könnte?

Er blickt auf, mustert mich kurz, sagt »bei mir« und vertieft sich wieder in seine Lektüre. Angesichts dieser raschen, aber nicht sehr herzlichen Aufnahme, bin ich ein bisschen verunsichert. Ich setze mich auch an einen Tisch und bestelle einen Tee, der mir von einem jungen Mann gebracht wird. Mein Gastgeber für heute Abend steht auf und verlässt wortlos den Raum. Ich bin immer perplexer. Ist er nach Hause gegangen? War seine »Einladung« ernst gemeint? Der Cafetier setzt sich mit einem anderen, etwas älteren Mann zu mir an den Tisch. Sie stellen mir 1000 Fragen, auf die ich bereitwillig antworte, denn sie sind sehr nett und freundlich, sie wollen meinen Pass sehen und die Karte, auf der ich meine Etappen verzeichnet habe.

»Wer ist der Mann, der eben Zeitung gelesen hat und gerade weggegangen ist?«

»Unser Vater, Zekai. Ich bin Redjai und das ist mein jüngerer Bruder Sezai. Zekai macht jetzt das Abendessen für uns und für dich.«

Dann kommt ein dritter, noch jüngerer Bruder namens Mehmet dazu. Als der Vater das Abendessen bringt, berichten seine Kinder ihm, worüber wir gesprochen haben. Wobei ich das Gefühl habe, dass sie etwas hinzudichten. Auf einmal verstehe ich. Zekai findet es unhöflich, einem Reisenden, den er bei sich aufnimmt, allzu viele Fragen zu stellen. Er ist aber dennoch ein wenig misstrauisch, also hat er seine Söhne beauftragt, etwas über diesen seltsamen Pilger herauszufinden, der ihm da von der Straße hereingeschneit ist. Er ist sehr zugeknöpft, lacht nicht. Aber das Abendessen ist trotzdem fröhlich. Vor dem Schlafen versorge ich die Wunden, die wieder größer geworden sind. Ich lasse so viel Luft wie möglich an meine armen Füße, um die Heilung zu beschleunigen. Am Morgen überzieht zwar eine Art durchsichtiger Schleier die Wunden, aber darunter haben sich erneut Eiterblasen gebildet. Ich steche sie auf, benetze sie mit dem 90 %igen Alkohol, verbinde sie wieder und mache mich im Regen auf den Weg.

Bei jedem Schritt drücken die Schuhe auf die entzündeten Stellen, umso mehr, als die Gaze, die meine Füße schützen soll, den Innenraum des Schuhs verkleinert. Um das Leder geschmeidiger zu machen, habe ich es mit Maschinenfett von einem Traktor im Hof eingeschmiert. Der Schmerz nimmt mich völlig in Anspruch, ich bin blind für die Umgebung. Trotzdem merke ich, dass die Sonne wieder hervorkommt und der aufgeweichte, glitschige Boden allmählich trocknet. Endlich, nach etwa anderthalb Stunden, lässt der Schmerz nach, neutralisiert von den Endorphinen, die mein Körper wahrscheinlich in phänomenalen Mengen ausschüttet. Mein Kopf ist wieder frei für die sich verändernde Umgebung: gestern rote Erde und eine spärliche Vegetation, heute eine weitläufige, bewirtschaftete Hügellandschaft. Von einer Anhöhe aus bis zum Horizont geometrische Parzellen mit schwarzer, frisch gepflügter Erde oder dem jungen Grün von Weizen und Roggen. Und seit dem Morgen auch immer mehr Haselnussplantagen.

Zweimal verlaufe ich mich. Wieder gibt es kaum Wegweiser, und wenn, dann sind sie unleserlich. Die türkischen Straßenschilder sind aus weiß bemaltem Blech, auf dem in blauer Schrift die Städtenamen stehen. Oder, besser gesagt, standen. Denn offensichtlich dienen sie Jägern, von denen es hier ziemlich viele geben muss, als Zielscheibe. Sie sind durchsiebt wie Maronipfannen, und der Rost hat das, was an Information zwischen den Einschusslöchern noch übrig geblieben war, weggefressen. Auf die Dorfbewohner kann ich auch kaum zählen. Heute Morgen musste ich feststellen, dass zwei etwa zwölfjährige Jungen einen 8 km von ihrem eigenen Dorf entfernten Ort gar nicht kannten.

Von einem unbefestigten Weg gelange ich auf eine kleine Straße. Ich gebe eine so ungewohnte Figur ab, dass Traktor- und Autofahrer neugierig werden und anhalten. Das Unverständnis steht ihnen ins Gesicht geschrieben. Sie heben die Hände zum Himmel, vielleicht in der Hoffnung auf Erleuchtung von dort oben, und fragen mich über meine Reise aus. Dann schlagen sie mir vor, mich ein Stück mitzunehmen. Da ich das nicht annehme, suchen sie im Kofferraum nach Äpfeln, Kirschen, Cola- oder Fruchtsaftdosen und Schokoriegeln, die ich sofort esse oder wegwerfe, damit sie nicht in meiner Hosentasche schmelzen.

Gegen 17 Uhr erreiche ich mein heutiges Etappenziel: Ambarcı. Der Karte zufolge habe ich 35 km zurückgelegt, aber in Wirklichkeit bin ich mit den beiden Umwegen sicher mehr als 40 gelaufen. Das ist wohl der Grund, warum meine Endorphinzentrale kurz vor der Ankunft in Streik tritt. Ich hinke und komme kaum mehr vorwärts. Zu allem Überfluss macht sich auch die wunde Stelle unter dem Hüftgurt des Rucksacks wieder bemerkbar. Ich trage es mit Gelassenheit. Auf eine Anlaufzeit für so einen langen Marsch hatte ich mich ja eingestellt. Denn in den ersten Tagen kräftigt der Körper die überstrapazierten Muskeln, und nach jeder Pause macht heftiger Muskelkater das Weitergehen mühsam. Und Füße, Oberschenkel, Hintern, die Stellen, die mit dem Rucksack in Berührung kommen – alles, was einer Reibung ausgesetzt ist – fängt an zu brennen und kann sich zu offenen Wunden oder Blasen weiterentwickeln.

Doch das ist oberflächlich und verschwindet nach etwa zehn Tagen von allein wieder. Meine Blessuren sind auch der Preis dafür, dass ich die Etappen, die ich in Paris mit so viel Bedacht geplant hatte, nicht einhalte. Vorgesehen hatte ich kurze Tagesetappen von 18 bis 25 km. Leichtsinnigerweise bin ich aber gleich mit etwa 30 km pro Tag losgeprescht. Morgen Abend werde ich in Sakarya sein, 200 km von meinem Ausgangspunkt entfernt, nach nur sechs Tagen statt der eingeplanten acht.

Ich sollte weniger laufen, weniger in der prallen Sonne, weniger im Regen. Beim Wandern kann man nicht mogeln. Niemand außer mir selbst trägt meinen Körper, meine Erinnerung, meine Medikamente, meine Kleider, mein Essen, meinen Schlafsack. Jeder Fehler rächt sich, wenn nicht heute, dann morgen. Ich laufe allein, kann auf nichts und niemanden zählen. Und bin zusätzlich noch isoliert durch die Sprache, durch meine schlechte Karte, durch den Weg, für den ich mich entschieden habe. Die einzigen Attribute der Zivilisation sind zwei kleine Rechtecke aus Plastik. Das eine, eine Telefonkarte, ist meine Verbindung zur Welt. Mit dem anderen komme ich an Geld. Aber beide helfen mir nur in den Städten weiter. Zwischen Wiesen, Haselnusssträuchern und auf Passhöhen sind sie ziemlich unbrauchbar. Hier hängen Versorgung, Schlaf und Sicherheit nicht von internationaler Kommunikation oder von Papiergeld ab. Sie liegen einzig und allein in den Händen meiner Menschenbrüder, die so ähnlich und doch so anders sind.

Ambarcı ist wie ausgestorben. Nur auf dem kleinen Platz vor der Moschee spielt ein Junge mit einem alten, verrosteten Fahrradrad. Der Dorfladen ist geschlossen. Ich setze mich auf die Bank davor. Es hat aufgehört zu regnen, und die Sonne scheint jetzt warm. Der Junge – Recep – setzt sich neben mich. Da der Ladenbesitzer nicht kommt, mache ich einen Rundgang durch das Dorf. Hinter dem Haus heizt eine alte Frau einen Brotbackofen an. Der unbekannte Mann in Shorts, der ihr bei der Arbeit zusieht, scheint sie nicht allzu sehr zu überraschen. Doch sobald ich wieder auf der Bank sitze, kommt sie, tut, als ginge sie spazieren, und beobachtet mich aus dem Augenwinkel. So wie sie waren die Frauen hier wahrscheinlich schon vor 1000 Jahren gekleidet: knöchellanger schwarzer Rock, Schulter- und Kopftuch, die Haare und Hals bedecken.

Auf den Regalen hinter dem Ladenfenster stapeln sich staubige Packungen mit Keksen und Bonbons. Dazwischen, auf den Zeitungen, mit denen die groben Bretter abgedeckt sind, kunstvoll angeordnet kleine Häufchen Mäusekötel. Recep zeigt auf einen dürren alten Mann, der mit einer Sichel in der Hand zielsicher über den Platz kommt: der Ladenbesitzer. Er hat ein sonnengebräuntes Gesicht, einen kurzen weißen Bart, und unter dichten, sehr schwarzen Augenbrauen blitzen die Augen hervor. Auf seinem Kopf sitzt ein knallblaues, gestricktes Scheitelkäppchen, und er trägt ein Karohemd.

Er entschuldigt sich für die Verspätung, schließt sein Geschäft auf, holt einen Fruchtsaft aus einer Kiste und bietet mir einen Platz auf einer der beiden Bänke an, die den größten Teil des Raumes einnehmen. Mustafa scheint mehr Zeit für Gespräche als für das Geschäft aufzubieten und mehr Energie für das Geschäft als für das Putzen. Als er erfährt, woher ich komme, ist er bass erstaunt. Ein paar mutige, gackernde Hühner drängen sich durch die offene Tür und picken die Reiskörner vor einem der vielen Säcke auf, in die die Mäuse Löcher genagt haben. Voller Sorge, dass das Federvieh mich stören könnte, versucht Mustafa immer wieder wild fuchtelnd, es zu verscheuchen, aber vergebens. Mein Wohlbefinden liegt ihm wirklich am Herzen. Während ich ihm von meiner Odyssee erzähle, unterbricht er mich zwei- oder dreimal, will wissen, ob es mir gut geht, ob mich die Sonne, die mich jetzt von der Seite an der Nase kitzelt, auch nicht stört, ob ich ein Kissen möchte. Die Müdigkeit ist mir wohl anzusehen.

Viel zu erschöpft, um die richtigen Worte zu finden, hole ich einen kleinen Text hervor, den meine beiden türkischen Freundinnen aus Istanbul für mich geschrieben haben. Höflich und klarer als in meinem üblichen Kauderwelsch wird darin mein Weg erklärt, mit der Bitte um eine Unterkunft für die Nacht. Mustafa liest ihn aufmerksam, nimmt sich Zeit, und sieht mich dann freundlich lächelnd an. Wie Mustafa, der Waldarbeiter, zeigt er auf sich selbst. Er wird mich beherbergen. Und das freut ihn offensichtlich sehr. Mich auch, denn der Mann gefällt mir wirklich.

Schon trudeln die ersten Leute ein, da Recep überall wie ein Marktschreier verkündet, ein Fremder in kurzen Hosen sei ins Dorf gekommen. Wahrscheinlich eine Premiere in diesem abgelegenen Nest, dessen einzige Verbindung zur Welt eine kleine Lehmstraße mit tiefen Traktorspuren und Schlammlöchern ist. Die Männer stellen sich in die Tür, wechseln ein paar Worte mit Mustafa, setzen sich auf eine Bank, stellen ein paar Fragen und gehen dann wieder. Mein Gastgeber kann vor Vergnügen kaum stillhalten. In den Augen des Dorfes ist es eine große Ehre für ihn, einen Ausländer zu beherbergen. Alle paar Minuten will er wissen, ob ich Hunger oder Durst habe, ob ich mich wohlfühle. Seine Wangen sind vor Aufregung ganz rot. Seine kleinen, tief liegenden Augen strahlen. Hin und wieder rennen Mäuse in der Zwischendecke herum, aber obwohl das ziemlich laut ist, scheine ich der Einzige zu sein, der es hört. In einem etwas ruhigeren Moment kommt eine Frau. Sie will zwei Eier kaufen. Mustafa wirft mir einen bedauernden Blick zu, er muss sich um sie kümmern. Es ist das einzige Mal, dass ich ihn arbeiten sehe.

Mehr als anderthalb Stunden werde ich jetzt schon bestaunt, und allmählich übermannt mich die Müdigkeit. Als Mustafa mich das nächste Mal fragt, ob alles in Ordnung sei, schlage ich ihm vor, meinen Rucksack schon einmal dorthin zu bringen, wo ich schlafen soll. Sofort spring Mustafa auf und greift nach meinem Rucksack, doch als er merkt wie schwer er ist, macht er eine erstaunte Miene und überlässt ihn mir. Mustafa ist mein Gastgeber, nicht mein Gepäckträger. Wir steigen eine steile Treppe mit wackeligen Stufen zum Speicher hinauf. Zwischen ein paar losen Ziegeln kann ich den Himmel sehen. In einer Ecke ist ein bequemes Zimmer eingerichtet: auf dem Boden ein großer Teppich, an der einen Wand ein Bett, an der anderen gegenüber ein Sofa, dazwischen ein Fenster, das den Blick auf ein paar Mädchen im çarşaf freigibt. Sie dürfen nicht in die Nähe des Ausländers unten im Laden und versuchen, wenigstens aus der Entfernung einen Blick auf ihn zu erhaschen. Ich zeige mich am Fenster und lächle ihnen zu. Kichernd laufen sie davon. Allmählich gewöhne ich mich an diesen Starkult, der mich in Kömürlük noch so gestört hatte. Mustafa nimmt ein Tablett, auf dem Kürbiskerne trocknen, vom Bett und stellt es auf einen Tisch. Mein Zimmer ist fertig. Er bittet mich noch einmal, Bescheid zu sagen, wenn ich irgendetwas brauche, und zieht sich zurück. An diesem Mann mag ich alles: sein Lächeln, seinen Blick, seine Stimme, die große Aufmerksamkeit, die er anderen entgegenbringt.

Endlich bin ich allein. Gerade will ich anfangen, meine Füße zu versorgen, als sich die Tür einen Spaltbreit öffnet. Vier Jungen kommen herein, gehen schweigend, ohne mich aus den Augen zu lassen, zum

Sofa und setzen sich gleichzeitig – synchron und anmutig wie Balletttänzer.

»Guten Abend, ich heiße Bernard.«

Sie nennen ebenfalls ihre Vornamen, dann tritt wieder Stille ein. Wie Statuen sitzen sie da, leicht nach vorn gebeugt, die Arme auf die Schenkel gestützt und die Hände zwischen den Beinen. Ihre vor Staunen kugelrunden Augen wandern von meinen Füßen zum Rucksack und weiter über die auf dem Bett ausgebreiteten Kleidungsstücke zu den Sandalen, zu den Salben und Tinkturen. Ich widme mich der Behandlung meiner Füße. Hier sind die Verhältnisse stabil, die Wunden sind nicht größer geworden, eitern aber stark.

Nach etwa zehn Minuten gehen die Jungen wieder, mit einem schüchternen Lächeln und einer kleinen stummen Verbeugung. Gleich darauf kommen drei junge Männer um die 20 herein. Ich könnte wetten, dass Mustafa unten an der Treppe steht und die Nachzügler gruppenweise heraufschickt. Dass man Leuten allein schon durch seine Existenz eine Freude bereiten kann! Die neuen Besucher sind etwas gesprächiger. Und mein Türkisch wird immer besser. Der eine ist Automechaniker im Nachbardorf, der zweite leistet seinen Militärdienst, und der dritte ist Student. Sie schauen mir zu, antworten auf meine Fragen und verschwinden nach ein paar Minuten wieder. Zwischen zwei Besuchergruppen schaffe ich es, mich umzuziehen. Das ist gar nicht so leicht, denn hier klopft niemand an, bevor er ein Zimmer betritt. Und da ich bereits festgestellt habe, wie schamhaft die Türken sind, möchte ich keinen Anstoß erregen. Bei manchen Gruppen kommt Mustafa mit. Er wirkt jünger, aufgekratzt, beflügelt von dieser unerwarteten Ehre. Diese ganzen jungen Leute bewundern ihn sichtlich, und er genießt sein Glück.

Endlich ebben die Besuche ab, und mein Gastgeber kommt mit einem Speisetablett. Wir essen zu zweit im Schneidersitz auf dem Teppich. In dieser so ungewohnten Stellung still sitzen zu bleiben fällt mir schwer, und mein Rückgrat und meine Beine rebellieren.

Mithilfe des Wörterbuches erkundigt Mustafa sich nach meiner Tätigkeit in Frankreich. Wie zuvor, gebe ich mich als pensionierten Grundschullehrer aus. Aber mein Beruf ist ihm herzlich egal. Er will etwas über meine Familie wissen, über meinen Wohnort. Ich zeige ihm ein Foto von meinen Kindern, von den seinen hat er keines. Damit er wenigstens ein Bild von sich selbst hat, nehme ich ihn auf.

Nach dem Abendessen bummle ich noch ein wenig durch das völlig ausgestorbene Dorf. In einer kleinen Hütte knistert und rauscht ein Gemeinschaftsfernseher vor sich hin. Es ist ein Schwarz-Weiß-Gerät, und das Bild flimmert wie bei einem verschlüsselten Programm. Den einsamen Zuschauer auf einem Stuhl im Dunkeln scheint das aber nicht zu stören. Der Fernseher steht in einem Eisenkäfig, und wer als Letzter nach Hause geht, muss die Tür mit einem Vorhängeschloss verschließen. Da mein kleiner Verdauungsspaziergang nicht sehr spannend ist, humple ich zurück und lege mich schlafen.

Es ist eine geräuschvolle Nacht. Um 3.30 Uhr kräht ein Hahn. Zwei Stunden später ruft der Imam über seinen Lautsprecher zum Gebet. Danach fangen die Vögel an zu singen. In dieses ländliche Konzert stimmen dann die Schafe ein. Sie blöken so laut, dass die Kühe davon wach werden und ungeduldig muhen. Um 6.30 Uhr stehe auch ich auf. Mustafa scheint nur darauf gewartet zu haben, denn kaum habe ich einen Fuß auf den Boden gesetzt, steht er schon mit dem Frühstück vor der Tür. Der Joghurt mit Milch und Honig erinnert mich an meine Kindheit. Unter dem Vorwand, dass ich heute weit laufen muss, mästet mein Gastgeber mich regelrecht und möchte, dass ich alles aufesse.

Als ich gestiefelt und gespornt vor die Tür trete, besteht er darauf, mich zu begleiten und mich auf den richtigen Weg zu bringen. Jetzt, bei Tag, hat man vom Dorf aus einen herrlichen Blick. Es liegt oben auf einem Hügel, und in jede Richtung reicht das Auge weit in die Ferne.

»Ist das nicht schön?« Mustafa liebt sein Dorf. Zweimal ist er fortgefahren. Einmal nach İzmit zu seinen drei Söhnen, von denen zwei verheiratet sind. Und das zweite Mal nach Sakarya, in die Stadt, in der ich heute Abend schlafen werde. Zwei Reisen von jeweils 40 km in 71 Lebensjahren. Der alte Mann, dessen nackte Füße in einer Art Gummipantoffeln stecken, geht langsam und ein bisschen wie Charlie Chaplin. Bei diesem gemächlichen Tempo und dem Vergnügen, mich mit ihm zu unterhalten, achte ich gar nicht auf den Schmerz der ersten morgendlichen Schritte. Nach einem Kilometer bleiben wir stehen. Wir müssen auseinandergehen. Ich glaube, wir sind beide ganz gerührt. Ich reiche ihm die Hand, er nimmt sie, zieht mich an sich und umarmt mich. Ein Traktor kommt auf dem Weg ins Dorf an uns vorbei. Mustafa steigt auf und ich blicke ihm, der für einen Tag mein Freund war, noch eine ganze Weile nach.

Heute Abend werde ich in einer Stadt sein. Der Weg ist leicht. Ausnahmsweise sind sich Kompass und Karte einmal einig. Auf geht's, ich spüre, dass es ein guter Tag werden wird. Am späten Vormittag komme ich an zwei Männern vorbei, die draußen vor einer Teestube sitzen und reden. Sie winken mich heran:

»Gel, çay, çay!«

Warum nicht einen Tee? Das Wetter ist schön, das Laufen fällt mir dank der Endorphine, die ihren Dienst wieder aufgenommen haben, nicht schwer. Der Kellner kann seine Neugier kaum bezähmen:

»Wo kommst du her?«

»Aus Istanbul.«

»Aber nicht zu Fuß?«

»Doch, zu Fuß.«

Er geht wieder hinein und posaunt die Neuigkeit in die Runde. Auf einen Schlag kommen die etwa 20 Gäste heraus und scharen sich um mich. Eine Lawine von Fragen geht auf mich nieder.

»Aus welchem Land kommst du?«

»Bist du wirklich in Istanbul losgelaufen?«

»Und wohin gehst du?«

»Was hast du für einen Beruf?«

»Bist du verheiratet?«

»Wie viele Kinder hast du?«

Einer der Gäste, ein großer, stattlicher Typ im Dreiteiler, mit schmalem Schnurrbart und einer gewissen Körperfülle, stellt sich vor. Er war früher einmal Lehrer, aber da das nicht viel einbrachte, hat er seinen Beruf aufgegeben und sich selbstständig gemacht. Er stellt Schachfiguren her, die er in Europa verkauft.

»Möchten Sie meine Fabrik sehen? Sie ist direkt gegenüber.«

Wir überqueren die Straße. An den Maschinen stehen lauter Kinder. Zehn, zwölf Jahre alt. Doch der »Industrielle« hat ein gutes Gewissen.

»Sie lernen bei mir einen Beruf«, sagt er, ganz Pädagoge.

Ich schultere mein Gepäck wieder und lehne mit letzter Kraft das Schachspiel ab, das der Industriellen-Lehrer mir unbedingt schenken will.

In Sakarya, das auch Adapazarı heißt, genieße ich die Anonymität einer großen Stadt. Endlich kann ich beobachten, ohne selbst Gegenstand der Neugierde zu sein. Auf den Straßen viele Soldaten. Die Mädchen, immer mindestens zu zweit, sind größtenteils westlich gekleidet und tragen keinen çarşaf. Allerdings auch keine Miniröcke, ihre Beine verstecken sie unter langen Kleidern oder Hosen.

Ich sehne mich nach ein bisschen Komfort und steige in einem Dreisternehotel ab. Genüsslich tauche ich in das heiße Bad, nachdem ich einige Kleider zum Waschen gegeben habe. Da ich mich leichtsinnigerweise nicht nach dem Preis für diesen Service erkundigt habe, berechnen sie mir denselben Betrag wie für das Zimmer. Fazit: In den Dörfern werde ich mit großer Gastfreundschaft aufgenommen, hier, wo ich nur ein Tourist bin, werde ich übers Ohr gehauen.

Die Stadt Sakarya ist ziemlich reizlos. Der gleichnamige Fluss weiter im Süden war während des türkischen Befreiungskrieges Schauplatz einer erbitterten Schlacht gegen die Griechen. Vor einer großen Gegenoffensive griff Mustafa Kemal, der zukünftige Atatürk, zu einer List. Er musste seinen Generalstab einberufen, hatte aber Angst, dass die Spione Wind von den Vorbereitungen bekämen. Damit das nicht passierte, erteilte er seinen Generälen die Befehle während eines Fußballspiels. Der Feind wurde überrascht, die Schlacht gewonnen und die Hälfte der griechischen Armee gefangen genommen.

Ausgeruht, mit frischen Kräften und frisch gewaschenen Kleidern, mache ich mich wieder auf den Weg. Hinter Sakarya ändert sich die Landschaft: Eine endlose Ebene mit Gemüseanbau liegt vor mir, in der Ferne eine blass violette Bergkette, die in der heißen Luft flimmert. Meine nächste Etappe ist Hendek. Dort hoffe ich, einige Überreste der alten Karawanentradition zu finden. Auf der kleinen Straße neben der Autobahn von Istanbul nach Ankara überholt mich ein Getränkehändler. Kurz darauf bleibt er stehen und wartet auf Kunden. Er überholt mich wieder und bleibt dann wieder stehen. Das geht noch zwei- oder dreimal so. Als ich in ein kleines Dorf komme, steht er mitten auf der Straße und hat Frauen, Männer, Kinder und rüstige Alte aus dem Ort zusammengetrommelt. Freundlich und neugierig bestürmen sie mich mit Fragen. Die kenne ich mittlerweile auswendig, und die Antworten kommen mir mühelos über die Lippen.

Danach esse ich in einem kleinen Restaurant zu Mittag. Der Wirt, der meine Geschichte gehört hat, erlässt mir ein Drittel des Preises. Etwas später trinke ich Tee mit einem wunderlichen 80-Jährigen, der untröstlich ist über den Tod seiner vor Kurzem verstorbenen, über 100-jährigen Mutter. Im Kopf ist er zwar alt, aber körperlich ist er so fit, dass er ohne Weiteres mit mir mithalten könnte. Kurz vor Hendek entdecke ich ein Denkmal für die Verkehrstoten. Ein nicht unerheblicher Teil der Bevölkerung dürfte das sein, so wie die Türken fahren.

Etymologisch leitet Hendek sich von dem Wort für Herberge her. Es ist die erste Stadt, in der ich Chancen habe, auf Spuren der Seidenstraße zu stoßen. Im 17. Jahrhundert war es eine wichtige Station mit vier Karawansereien. Der Arzt Ahmet Muhtar Kirval, der eine Monografie über die kaufmännische Vergangenheit der Stadt geschrieben hat, erzählt mir, dass von den einstigen Gebäuden nichts mehr übrig ist. Das Letzte wurde 1928 abgerissen, heute steht dort eine Bank. Vor einigen Jahren fand ein Deutscher den genauen Verlauf der damals von den Karawanen benutzten Route wieder. Der Forscher legte die Steine, die die Piste gesäumt hatten, wieder frei, doch sie wurden bald gestohlen. Abgesehen von Moscheen oder anderen religiösen Gebäuden interessieren sich die Türken nicht im Geringsten für die architektonischen Überreste ihrer großartigen Geschichte. Ebenso wie die Karawansereien, sind auch die schönen osmanischen Häuser von der Abrissbirne bedroht.

Obwohl ich mich nicht wirklich erschöpft fühle, verordne ich mir einen Ruhetag in einem ordentlichen Hotel. Junge Männer, die gerade erfahren haben, dass sie wehrdiensttauglich sind, tanzen zum Klang einer Trommel und eines Horns. In der Türkei genießt die Armee ein sehr hohes Ansehen. Militärdienst zu leisten ist eine Ehre. Wer mit über 30 seinen militärischen Pflichten nicht nachgekommen ist, findet nur schwer eine Arbeit.

Der Tag Pause hat mir gutgetan, und meine Wunden heilen allmählich. In bester Stimmung gehe ich also am nächsten Morgen die üblichen Schwierigkeiten an. Über eine Stunde suche ich die kleine Straße nach Yeşilyayla, die auf meiner Karte verzeichnet ist. Mehrmals finde ich mich in Innenhöfen von Häusern oder mitten auf den Feldern wieder. Da bin ich es leid und nehme die Nationalstraße 100, die die Türkei von Westen nach Osten durchquert. Röhrende Laster und Autos zwingen mich 10 km lang, fast im Straßengraben zu laufen. Dann erst stoße ich auf eine kleine Straße, die nach Süden und in die ländliche Stille führt.

Gegen Mittag bietet mir ein Bauer ein Glas Wasser an. Eine Pause kommt mir jetzt sehr gelegen. Wir gehen zu ihm nach Hause. Er erzählt, dass er Haselnüsse anbaut und 100 Tonnen pro Jahr erntet. Er erzählt noch viel mehr, aber schon bald höre ich nicht mehr richtig zu. Unterdessen hat sein Bruder eine Mahlzeit zubereitet. Wir essen auf der Terrasse. Das Wetter ist herrlich, wenn auch ein bisschen zu warm für meinen Geschmack. Ich danke meinen Gastgebern für diesen ländlich idyllischen Empfang, aber ich muss weiter. Keine Ahnung, warum, aber ich verlaufe mich schon wieder. 5 km zu viel. Kehrtwende.

Um mein schweißnasses T-Shirt zu wechseln, bleibe ich einen Augenblick im Schatten einer Eisenbahnunterführung stehen. Plötzlich taucht ein Minibus mit sechs Soldaten auf. Sie sehen mich erst, als sie schon 50 m weiter sind, und legen ruckartig den Rückwärtsgang ein. Drei Kerle mit kugelsicheren Westen und Waffen in der Hand steigen aus und umstellen mich. Ihre Maschinenpistolen sind auf meine Füße gerichtet, die Finger am Abzug, und ganz offensichtlich sind sie nicht zum Scherzen aufgelegt. Ich auch nicht. Ein junger, aufgedunsener, nach billigem Rasierwasser stinkender Mann in Zivil kommt hinter ihnen her gestolpert.

»Papiere«, schnauzt er.

Fassungslos, verdutzt, schockiert reiche ich ihm meinen Pass.

»Mitkommen«, sagt er, bevor er überhaupt einen Blick auf das Dokument geworfen hat.

Er wirkt sehr nervös, unangenehm. Ich werde wütend und protestiere.

»Ich bin ein Tourist, meine Papiere sind in Ordnung, Sie haben kein Recht, mich zu verhaften.«

Er geht zum Wagen und ruft seine Vorgesetzten an. Lang und breit gibt er die Angaben auf meinem Passierschein durch. Man scheint ihn zu beruhigen. Ich verstehe zwar kein Wort von dem, was er sagt, aber das Verhalten der Soldaten spricht für sich. Zwei gehen zum Auto zurück, der Dritte bleibt vor mir stehen, legt seine Maschinenpistole aber auf den Unterarm und nimmt den Finger vom Abzug. Endlich bringt der Chef mir den Pass zurück und erkundigt sich nach meinem Ziel. Er meint, ich sei als verdächtiges Subjekt gemeldet worden. In diesem Land, das sich im Kriegszustand befindet, haben Zivilisten und Soldaten gleichermaßen Angst. Jeder verdächtigt jeden.

Zuverlässiger Indikator für meine Stimmung: Alle meine Wehwehchen machen sich wieder bemerkbar. Der Weg kommt mir lang vor, und ich schleppe mich mühsam dahin. Auf einem Feld sitzt eine Mutter mit einem Kind auf dem Schoß. Ihre zwei mageren Kühe fressen das spärliche Gras am Straßenrand. Das kleine Mädchen lehnt sich an die Mutter, die ihr das lange schwarze Haar entlaust. Am liebsten würde ich heimlich ein Foto von dieser hübschen Szene machen, nehme aber Abstand davon und schwenke stattdessen meinen Apparat, um sie darauf aufmerksam zu machen, dass ich fotografieren möchte. Lächelnd gibt die Frau mir mit einer hübschen Kopfbewegung zu verstehen, dass sie es nicht will. Schade um das Foto, aber noch heute steht mir das Bild dieser charmanten Szene klar und deutlich vor Augen, vielleicht sogar umso lebendiger, gerade weil es keine Aufnahme gibt.

Etwas weiter sehe ich zwei Männer, die eine Wiese mähen. Sie gehen leicht versetzt hintereinander her und schwingen ihre Sensen mit derselben Bewegung. Seit meiner Kindheit habe ich niemanden mehr von Hand mähen sehen. Ein bisschen abseits sitzt ein dritter Mann im Gras und schärft eine Klinge. Diese beiden friedlichen, ländlichen Szenen, die mich in eine ferne Vergangenheit versetzen, geben mir wieder etwas Kraft.

Weit und breit kein Restaurant zum Mittagessen auf diesen kleinen Landstraßen. Ich kaue auf einem Stückchen Brot von vorgestern herum und verlaufe mich wieder einmal. Die Sonne brennt. Füße und Hüften tun mir weh, und der Schweiß rinnt über meinen Rücken. Zu allem Überfluss bin ich auf Schotterwegen gelandet, die sich unendlich oft verzweigen, aber nur zu den Haselnussplantagen führen. Ich laufe aufs Geratewohl in Richtung Osten. Endlich gelange ich zu einem Dorf. Ein alter Mann kommt auf mich zu.

»Aus welchem Land bist du?«

»Aus Frankreich.«

»Unsere beiden Länder sind Freunde. Komm etwas trinken. Wo willst du hin?«

»Nach Hacıyakup.«

»Dann bist du falsch, mein Sohn wird dich auf den richtigen Weg bringen.« Ich bekomme Ayran, ein kaltes Getränk aus Joghurt und Wasser. Dann wirft der Sohn, Hassan, einen Einachsschlepper mit einem kleinen Anhänger daran an. Begeistert von der Aussicht auf eine kleine Spazierfahrt springen auch noch drei Jungen hinein, und so fahren wir durch die Haselnussplantagen. Bei jedem Schlagloch hüpft der Anhänger. Die Kinder lachen. Dann geht es einen Hügel mit kurzem Gras und leuchtend bunten wilden Rhododendren hinauf. Hassan setzt mich oben auf einem Hügel ab und zeigt mir weiter unten den Weg, dem ich folgen muss. Man hat mir abgeraten, nach 17 oder 18 Uhr noch zu laufen, aber es wird immer später, und ich bin noch weit von der nächsten Übernachtungsmöglichkeit entfernt.

Ich komme in ein sehr feuchtes Tal mit Tausenden von Pappeln. Erschöpft und schmerzgeplagt überlege ich, ob ich vielleicht mehrere Tage Pause machen sollte, bis meine Wunden ganz verheilt sind. Es ist schon nach 19 Uhr, als ich eine kleine Stadt namens Gölyaka erreiche. Es gibt kein Hotel. Laut meiner Karte sind es noch 6 oder 7 km bis Hacıyakup. Ich will versuchen, bis dorthin zu laufen, auch wenn jetzt vielleicht schon die Stunde der Bösewichte geschlagen hat. Am Ortsausgang von Gölyaka gabelt sich die Straße. Muss ich nun nach rechts oder nach links? Ein paar junge Leute, die in einem Hof Fußball spielen, kommen auf mich zu.

»Sie wollen noch bis Hacıyakup? Aber das ist weit, mindestens 15 km.«

»Auf meiner Karte sind es 7 km.«

»Die ist falsch.«

Das überrascht mich nicht wirklich.

»Gibt es in Hacıyakup ein Hotel?«

»Nein, ich glaube nicht. Aber es ist sowieso schon spät, und wir würden uns sehr freuen, wenn Sie unser *misafir*, unser Gast sein wollen.«

Bei diesem Gedanken sehen sie so glücklich aus, und ich bin so müde und niedergeschlagen, dass ich das Angebot annehme. Sie wohnen in einem Heim für Studenten aller möglichen Fachrichtungen. Das Haus wird von einer religiösen Stiftung finanziert. Die Studenten sind alle tief gläubig. Der Tagesablauf ist spartanisch: während der Vorlesungszeit jeden Morgen um 5.30 Uhr aufstehen und jeden Abend bis 22 Uhr lernen. Jetzt, während der Ferien, sind viele Studenten nach Hause gefahren. Hocherfreut bringen meine Gastgeber mich in einem freien Zimmer unter.

Während ich dusche, macht der Koch, der bereits seine Töpfe weggeräumt hatte, mir noch etwas zu essen. Die jungen Leute bombardieren mich mit Fragen. Es gibt zwar eine Reihe von Missverständnissen, aber mit meinem schlechten Türkisch und ihrem nicht viel besseren Englisch kommen wir doch ganz gut zurecht. Sie verwöhnen mich, lesen mir jeden Wunsch von den Augen ab, und ich lasse sie gewähren. Der Aufmerksamste, Hikmet, studiert Management und ist Hauspräfekt. Er ist 24, muss noch drei Jahre studieren und wird dann seinen zweijährigen Militärdienst antreten.

Hikmet ist genauso fürsorglich wie Mustafa in Ambarcı und sieht zu, dass ich rechtzeitig zur Ruhe komme. Am nächsten Morgen frühstücken wir alle zusammen. Hikmet begleitet mich in die Stadt und erklärt dem Apotheker, dass ich ein Wundpuder haben möchte, damit meine Füße schneller heilen. Dann schultere ich mein Gepäck, und mein Gastgeber begleitet mich zur Stadt hinaus. Er ist rührend. Als wir auseinandergehen, umarmt er mich und sagt auf Englisch:

»Vielen Dank, Onkel Bernard.«

Vielen Dank wofür? Das ist die Türkei. Stellen Sie sich diese Szene einmal in Frankreich oder Deutschland vor. Glauben Sie, dass man dort hören würde: »Vielen Dank, Onkel Hikmet?«

Das erinnert mich an Ibn Battuta, den berühmten arabischen Reisenden, der von den Akhíya erzählt, einer Bruderschaft, die sich vor 600 Jahren darauf verlegt hatte, Reisende in Empfang zu nehmen. »Niemand auf der Welt«, schreibt er, »bemüht sich aufmerksamer um Fremde, niemand ist so schnell bereit, sie zu bewirten und ihren Wünschen nachzukommen.« Er berichtet, dass in einer Stadt kurz vor Antalya zwei Gruppen von Türken leben, die Fremde beherbergen. Sie greifen sogar zu ihren Säbeln und kämpfen um die Ehre, den Reisenden und sein Gefolge aufnehmen zu dürfen.[5] Eine Schlichtung und eine Auslosung führen schließlich dazu, dass die Reisenden vier Tage bei der einen und vier Tage bei der anderen Gruppe verbringen.

Hinter Çırçır, einem Dorf, in dem ich auch wieder sehr gastfreundlich aufgenommen werde, erzählt mir ein Lehrer, dass früher einmal in jedem Dorf ein Haus oder ein Zimmer für Reisende bereitgehalten wurde.

Diese Tradition wurde zwar nicht beibehalten, doch seit meinem Aufbruch in Istanbul bin ich in den Dörfern auf eine Art und Weise aufgenommen worden, die diesen Legenden ganz und gar nicht unwürdig ist.

5 *Voyageurs arabes*, hrsg. u. ins Französische übersetzt von Paule Charles-Dominique, Paris 1995

Zweifel

ch komme zu einer Gabelung. Ich hasse Gabelungen. In der Nähe einer Bushaltestelle sitzen zwei Männer auf einer Bank.

»Die Straße nach Beyköy, ist das die rechte oder die linke?«
Prompt und gleichzeitig deuten beide voller Überzeugung auf eine Straße – jeder auf eine andere.

»Führen beide Straßen nach Beyköy?«

»Nein«, antworten sie wieder gleichzeitig. Und dann streiten sie sich, jeder behauptet, den richtigen Weg zu kennen. Zwei Fahrradfahrer kommen hinzu und vermitteln – in der Türkei steigt die Teilnehmerzahl immer rasch, sobald irgendwo ein Gespräch in Gang kommt.

»Wir wollen nach Beyköy«, sagen sie, »du kannst mit uns kommen.«
Der linke Weg ist der richtige. Die Radfahrer sind sehr liebenswürdig. Einer von ihnen nimmt meinen Rucksack auf seinen Gepäckträger. Mit einem Schlag fühle ich mich ganz leicht, und die Sonne scheint mir zuzulachen. In einem Dorf werden wir von den Klängen einer Bauernhochzeit angelockt. Etwa ein Dutzend Männer tanzt im Kreis zur Musik einer kleinen Band. Sie sind nur zu dritt, aber was für Künstler! Ein schweißtriefender Dicker mit Schnauzbart entlockt seiner Zurna leidvolle Klänge, die ein kleiner, quecksilbriger Akkordeonist auffängt und zu einer Tanzmelodie ausschmückt, welche wiederum von einer wehmütigen Geige gedämpft wird. Ich bin ganz ergriffen. Ist das Stück nur für Hochzeiten? Ich finde diese Musik weniger orientalisch als universal, sie verleiht all dem Ausdruck, was sich an dem Tag abspielt, an dem zwei Lebenswege sich miteinander verbinden. Die Unbekümmertheit der Jugend wird einem Leben voller Verantwortung und Arbeit weichen. Doch es ist nicht nur ein ernster Moment, sondern auch ein fröhlicher, denn was gibt es Schöneres als

zwei Herzen, die zueinanderfinden? Etwas abseits von den Männern drehen sich ein paar Mädchen mit hoch zum Himmel erhobenen Händen im Kreis. Die Braut – ein sehr junges, sanftes Mädchen – hat man auf einen Stuhl gesetzt, und dort thront sie nun wie eine Kaiserin über einem Gefolge von dunkel gekleideten Alten, die wahrscheinlich gekommen sind, um ihr noch ein paar letzte Ratschläge zukommen zu lassen. Die übrige Gesellschaft haut sich den Bauch mit Süßigkeiten voll.

Am Ortseingang von Beyköy schlagen die Radfahrer einen anderen Weg ein. Es ist Sonntag, und wie an allen Sonntagen, besuchen sie nach ihrer Fahrradtour die Familie. Der Rucksack wechselt vom Gepäckträger wieder auf meine Schultern. Ich trinke erst einmal einen Tee und überlege: Soll ich weiterlaufen oder hier übernachten? Hinter Beyköy liegt ein riesiger, sehr hügeliger Wald. Der Nachmittag ist schon weit fortgeschritten, und es ist vielleicht nicht ganz ungefährlich, jetzt noch weiterzulaufen. Zwei Taxifahrer am Nebentisch meinen, der Weg sei nicht anstrengend. Sie zeichnen mir einen Plan. Dreimal muss ich die Richtung wechseln. Jede Teilstrecke wird abgeschätzt: zuerst 5 km, dann 2 km und zum Schluss noch einmal 3 km. Danach wird es ein bisschen komplizierter, aber die Leute dort werden es mir schon erklären. Mit so vielen Angaben gewappnet, gehe ich beruhigt weiter.

Ich bin immer noch müde von gestern Abend, und meine Stimmung ist nicht sonderlich. Vor allem meine Füße machen mir Sorge. Entweder werden sich die Schuhe meinen Füßen anpassen müssen oder umgekehrt, meine Füße sich den Schuhen. Im Moment sieht es so aus, als würden die Schuhe die Oberhand gewinnen. Mein Martyrium rührt von einer Innennaht her, die bei jedem Schritt in meine Zehen schneidet. Wenn möglich, laufe ich durch Wasser, um das Leder geschmeidiger zu machen.

An diesem Sonntag sind viele Familien zum Picknick in ein Tal gekommen, das ein Gebirgsbach tief in den Berg geschnitten hat. Die Kinder fangen mit der Hand Krebse, die dann von den Erwachsenen auf kleinen, zwischen ein paar Steinen entfachten Feuern zubereitet werden. Der Himmel hat sich bezogen. Ich schleppe mich dahin. Die Taxifahrer haben mir den Weg zwar gut beschrieben, aber die Entfernungen sind völlig aus der Luft gegriffen. Auf dem letzten, angeblich 3 km langen Teilstück, für das ich normalerweise eine Dreiviertelstunde brauchen würde, laufe ich seit mehr als anderthalb Stunden. Plötzlich stößt der Weg auf den Bach, zweigt nach rechts ab und führt zwischen den Hügeln steil bergauf. Nachdem ich ihm eine gute halbe Stunde gefolgt bin, treffe ich auf ein paar Holzfäller. Sie sagen, ich hätte bei der Furt über den Bach hinübergemusst. Dieses kleine Detail hatten meine Taxifahrer leider vergessen. Also wieder zurück, Schuhe ausziehen, durch den Bach, Füße trocknen, Verbände erneuern und weiter. Allmählich bereue ich es, nicht in Beyköy geblieben zu sein.

Was treibt mich nur immer weiter? Umsicht und gesunder Menschenverstand hätten geboten, Station zu machen. Ich bin sauer auf mich. Aber ich komme nicht dagegen an. Noch ein kleines Stück, ich kann mich nicht bremsen. Woher kommt dieser unbändige Drang, immer weiterzulaufen? Eitelkeit, Stolz, der Wunsch, mein Durchhaltevermögen auszutesten, irgendeinen Rekord zu brechen? Ich habe noch keine befriedigende Antwort gefunden, aber ich kenne dieses Gefühl seit ich laufe, also seit etwa 20 Jahren.

Beim Langstreckenlauf kommt es – außer für ein paar Spitzensportler – nicht darauf an, die anderen zu schlagen. Nach 35 km beginnt der Körper, um Gnade zu flehen. Dann verwandeln komplizierte chemische Vorgänge Fett in Nahrung für die ausgelaugten und schmerzenden Muskeln. Doch auch der Kopf muss mitmachen, denn von Kopf und Bauch hängen jene wenigen kostbaren Sekunden ab, die der Läufer herausschlagen kann. Nach 42 km, hinter der Ziellinie, schaut er auf die Stoppuhr. Und da liegt das Glück, in den wenigen Augenblicken, die er schneller war als das letzte Mal. Für den Marathonläufer gibt es nur einen einzigen Gegner, der sich mit ihm messen kann: er selbst.

Doch beim Wandern erklärt das Bedürfnis, mich selbst zu übertreffen, nicht alles. Zwar glaube ich immer, dass das Gras hinter dem Hügel, nach dem nächsten Dorf, auf der anderen Seite eines Passes ein bisschen grüner ist. Aber zu diesem unkontrollierbaren Zwang, der mich vorantreibt, kommt auch eine Angst, die ich kaum unterdrücken kann: die Angst, nicht ans Ziel zu gelangen. Ich horte Kilometer wie ein Geizhals Geld, aus Angst, es nicht zu schaffen. Das ist vollkommen unsinnig, denn die einzigen Auflagen, die ich habe, sind meine eigenen. Ich brauche keine Fristen einzuhalten, kein Tagesziel zu erreichen, keine Mindeststrecke zu bewältigen. Klar, ich habe mir vorgenommen in vier Jahresetappen bis Xi'an zu laufen. Aber was macht es schon, wenn ich ein Jahr mehr brauche? Im Moment muss ich nur auf eines achten: die Grenze zu erreichen, bevor mein Visum für den Iran abläuft. Und bisher bin ich noch nicht hinter meinen in Paris ausgearbeiteten Plan zurückgefallen. Ganz im Gegenteil.

Auf dem zwischen Tannen ansteigenden Forstweg begegne ich eine Stunde lang keiner Menschenseele. Dann versichert mir ein Paar mit einem Kind, das auf einem seltsamen, von seinem Vater gebastelten Holzwägelchen sitzt, dass ich auf dem richtigen Weg bin. Nach einer Viertelstunde komme ich wieder einmal an eine Gabelung. Rechts oder links? Verdammt! Meine Karte nützt mir überhaupt nichts, der Weg ist nicht darauf. Meinem Kompass zufolge geht es in Richtung Osten eher nach rechts. Also entscheide ich mich für den rechten Weg. Es wird schon dunkel. 500 m weiter ein Sägewerk und ein weißer Hund, der vor seiner Hütte wütend bellt. Hinter den Fenstern brennt Licht. Ich rufe. Ein Mann kommt heraus. Er ist ein Albino. Ich muss gestehen, dass der milchige Hund und der durchscheinende Mann in der Abenddämmerung irgendwie unwirklich sind und ich einen Augenblick lang das Gefühl habe, zu träumen.

Ich bin schon wieder falsch gelaufen. An der Gabelung hätte ich links gehen müssen. Das nächste Dorf, in 2 oder 3 km, ist Sazköy.

Inzwischen hinke ich und quäle mich nur noch weiter. Es ist jetzt ganz dunkel. Die Nacht bricht hier früh herein, so gegen 20.30 Uhr, und die Luft kühlt schnell ab. Nach einer weiteren Stunde und ohne auch nur ein einziges Dorf in Sicht, finde ich mich resigniert damit ab, dass ich wohl im Freien übernachten muss. Mir ist nicht ganz wohl bei dem Gedanken, in der Kälte und schutzlos in diesem feindlichen Wald zu schlafen. Das habe ich jetzt von meiner Eigensinnigkeit! Auf einer Lichtung, die mir zum Schlafen geeignet erscheint, erschallt plötzlich zu meiner Linken der Lautsprecherruf eines Muezzins. Gerettet! Eine Viertelstunde später erreiche ich die ersten Häuser – nach mindestens elf Stunden auf den Beinen.

Beim größten und schönsten Haus klopfe ich an die Tür. Der alte Mann, der mir aufmacht, sieht mich misstrauisch an. Ich möchte ihm erklären, wer ich bin und wohin ich gehe, aber ich bin wohl zu müde, jedenfalls hat mein türkisches Vokabular sich aus dem Staub gemacht. Verzweifelt halte ich ihm meinen kleinen Sesam-öffne-dich-Zettel hin. Er liest ihn, mustert mich von oben bis unten und tippt sich mehrmals an die Stirn: Spinner! Das kommt so unerwartet, und ich bin so froh, hier zu sein und meine Ängste vergessen zu können, dass ich keinerlei Anstoß daran nehme, im Gegenteil, ich fange plötzlich an zu lachen. Da lächelt er, tritt zur Seite und lässt mich herein.

Nevzat ist Bauer. Er ist 70 Jahre alt und lebt hier mit seiner kranken Frau und seiner Tochter Shukran. Sie kommen ursprünglich aus dem Kaukasus, wie alle hier im Dorf, und haben Sprache und Kultur ihrer Vorfahren bewahrt. Das große zweigeschossige Haus ist gut ausgestattet, und nach einer Dusche fühle ich mich nicht mehr ganz so müde. Da ich, wie gesagt, Kilometer sammle, möchte ich jetzt die von heute verbuchen, meine Erschöpfung in Zahlen ausgedrückt sehen. Mithilfe von Nevzats Angaben und meiner groben Karte kann ich die Strecke ungefähr berechnen: Ich muss zwischen 38 und 40 km gelaufen sein, nicht gerechnet die Umwege.

Nach dem Essen nimmt der Hausherr mich mit in ein großes Zimmer und geht das Rätsel an, das ich für ihn darstelle und das er um jeden Preis lösen will. Warum habe ich mich in dieses Abenteuer gestürzt? Wie er es auch dreht und wendet, er versteht es nicht. Plötzlich reibt er Daumen und Zeigefinger gegeneinander und lächelt siegessicher:

»*Para*! Geld! Es geht um Geld, oder? *Çok para*? Viel Geld?«

Aber nein! Ich versuche, sein Interesse zu entfachen für die *Geschichte* der Seidenstraße, die *unvergleichlichen* Freuden des Wanderns, das *Wunderbare* neuer Begegnungen. Mein Gastgeber glaubt mir nicht ein Wort. In seinen Augen ist und bleibt Geld die Antriebskraft. Er bittet mich, hinauszugehen, damit er sein Abendgebet verrichten kann, und dann gehen wir schlafen.

Ich kann lange nicht einschlafen, heftige Zweifel plagen mich. Werde ich weitergehen können? Werden meine Wunden sich dazu bequemen, zu heilen? Brauche ich eine längere Pause, damit sie heilen? Wie soll ich in diesem Land den richtigen Weg finden? Ich hätte ein GPS mitnehmen sollen. Und wie wäre es mit anderen Schuhen? Nein, das hieße den Teufel mit dem Beelzebub austreiben. Ich müsste die neuen Schuhe mit meinen entzündeten Füßen einlaufen, müsste hier in dieser Gegend überhaupt erst mal die richtigen finden, was ja höchst unwahrscheinlich ist. Dann übermannt mich die Müdigkeit.

Ein köstlicher Duft weckt mich. In der Küche macht Shukran gerade *börek*, hübsche dreieckige Teigtaschen. Sie erzählt mir, dass sie Designerin in einem Unternehmen in Deutschland war. Sie ist nach Hause zurückgekehrt, um ihre Mutter zu pflegen. Sie gibt mir ein herrlich knuspriges *börek* und schickt mich hinaus, um ihren Garten zu bewundern, auf den sie sehr stolz ist. Ich setze mich auf eine Bank, strecke meine nackten Füße in die Morgensonne und sehe zu, wie die Welt um mich herum erwacht. Die Rosenstöcke blühen und erfüllen die Luft mit ihrem Duft. Hat die Schöne mich aus der Küche geschickt, weil sie in Ruhe arbeiten will oder damit kein Gerede aufkommt? Können in diesen kleinen Dörfern mit ihren religiösen und gesellschaftlichen

Regeln ein Mann und eine Frau, die nicht miteinander verheiratet sind, allein sein, ohne dass man sich das Maul zerreißt?

Shukran stopft ein Päckchen sorgfältig geschichteter Teigtaschen, die sie extra für mich gemacht hat, in meinen Rucksack. Bevor ich mich auf den Weg mache, bin ich einen Augenblick mit Nevzat allein. Ich möchte ihm meine Dankbarkeit bezeigen und biete ihm etwas Geld an. Das lehnt er natürlich ab, denn auch wenn er mich nicht versteht, würde er das nie ausnutzen und gegen die heiligen Prinzipien der Gastfreundschaft verstoßen.

Sazköy ist wie Polonez, meine erste Station, eine nicht türkische Enklave im Landesinnern. Ebenso wie in den mitteleuropäischen Ländern und Russland, haben die Minoritäten hier ihre Besonderheiten bewahrt. Anders als in Frankreich, dessen Politik auf die Integration der Einwanderer abzielt, die in vielen verschiedenen Wellen ins Land gekommen sind. In Rumänien war ich in Dörfern, in denen die Deutschen seit Jahrhunderten ihre Sprache und ihre Kultur bewahrt hatten. Nevzat und Shukran sind stolz auf ihre Herkunft. Und in Hendek hatte Doktor Kirval mir sofort verkündet, sein Vater sei Georgier und seine Mutter Lasin, Angehörige einer kleinen Volksgruppe von der Schwarzmeerküste.

Im Schneckentempo gehe ich los, denn meine schmerzenden Füße setzen eine Leidensfähigkeit voraus, die eigentlich nur Heilige und Märtyrer aufbringen. Ich habe mir vorgenommen, heute nicht mehr als 20 km zu laufen. Um die Boluberge zu überqueren, die ich bereits vom Stadtrand von Sakarya aus gesehen habe, gibt es nur einen Weg: die Nationalstraße D 100. Die Türkei gleicht einer Treppe, die in Istanbul auf Meereshöhe beginnt und in Erzurum auf über 2000 m endet. Die Boluberge, über die ich heute hinübermuss, bilden die erste Stufe dieser Treppe. Am Fuße des Hangs zeigt mein Höhenmesser 300 m an. Oben, in weniger als 7 km, werden es 1000 sein.

Diese Kohorten von Lastwagen, Stoßstange an Stoßstange in beiden Richtungen, sind zweifellos ein Vorgeschmack auf die Hölle.

Bergauf ächzen die Motoren und stoßen dichte, schwarze Abgaswolken aus, bergab im zweiten Gang jaulen sie. Das Kreischen der Bremsen und das Zischen beim Ablassen der Druckluft sind ohrenbetäubend. Wolken von halb verbranntem Diesel verpesten die Luft. Zwischen diesen Stahlungeheuern mache ich mich unter einer bleiernen Sonne, den missbilligenden und erstaunten Blicken der Fahrer an den Aufstieg. Ich fühle mich winzig, verletzlich, bedroht. Gleich neben dem Fahrbahnrand gähnt der Abgrund, dort kann ich nicht gefahrlos laufen. Ich muss mich also zwischen Leitplanke und Laster zwängen, die äußerst dicht an mir vorbeifahren und von denen manche sogar meinen Rucksack streifen. Ich bekomme es ernsthaft mit der Angst zu tun.

Schon nach einem Kilometer bin ich klatschnass, rinnt mir der Schweiß den Rücken hinunter, über den Hintern, an den Beinen entlang in die Schuhe – ein im wahrsten Sinne des Wortes ätzendes Bad für meine Füße. Der Blick nach links ist prächtig. Ein schwindelerregender Steilhang, hier und dort völlig unerwartet blühende Rhododendrenbüsche in dieser Landschaft aus Eisen, Rauch und Fels. Aber auch verrostete Autowracks, und an mehreren Stellen verbogene oder platt gewalzte Leitplanken. Ein Ort eher für Titanen als für Menschen. Unten, tief im Tal, geradewegs zu meinen Füßen, fahren Bulldozer, Muldenkipper und andere Maschinen geschäftig hin und her. Hier wird seit fünf Jahren an dem letzten Teilstück der Autobahn Istanbul–Ankara gebaut. Es sind wahrhaft gigantische Arbeiten – Trassen müssen durch die Berge geschlagen und gewaltige Talbrücken über Schluchten gespannt werden.

Als ich endlich oben ankomme, klebt mir das T-Shirt auf der Haut, und auch meine Shorts triefen vor Schweiß. Auf einem Felsvorsprung steht ein Restaurant. Dort wechsle ich auf der Toilette meine Unterwäsche, den Rest lasse ich am Körper trocknen. Zum Mittagessen setze ich mich auf die Terrasse, von der aus ich das ganze Tal überblicken kann, und stärke mich mit einer großen Portion mercimek çorbası

– endlich habe ich den Namen behalten –, einer deftigen Suppe aus roten Linsen. Etwas abseits vom Dröhnen der Motoren träume ich von den Karawanen, die wohl einstmals still den Hang hinaufzogen, von den Tieren, die eines hinter dem anderen zwischen den Grasbüscheln einherschritten. Vor Zeiten, als es noch keine Bulldozer gab, waren manche Passagen so eng, dass die Tiere nur einzeln hindurchgehen konnten. Das waren die Stellen, an denen die Paschas (die Gebietsfürsten) ihre Beamten platzierten, um die Zölle auf die hoch beladenen Lasttiere einzutreiben. Der französische Reisende J. B. Tavernier aus dem 17. Jahrhundert hat Preise für die Passage notiert: einen halben Reichstaler für Kamele und einen Viertel Reichstaler für Packpferde. Auf Reittiere, von denen jeder Karawanenteilnehmer bis zu drei haben durfte, wurden keine Abgaben erhoben. Doch vergeblich versuche ich, die Jahrhunderte nebeneinanderzustellen, einen Lastwagen mit einem Dromedar zu vergleichen oder den heutigen Wert eines Reichstalers zu berechnen – die Verbindung ist gerissen.

Von meinem Aussichtspunkt hoch über dem Tal verstehe ich besser, dass die Türkei der Straße den Vorzug vor der Schiene gegeben hat. Seit jeher mussten die Völker entscheiden, ob sie ihre Waren ziehen oder tragen lassen wollten. Ziehen mit einem Wagen, Karren oder Fuhrwerk und heute mit dem Zug. Tragen mit einem Kamel, Dromedar oder Pferd und heute mit dem Lastwagen. Angesichts ihrer Geologie blieb der Türkei kaum eine Wahl. Durch ein treppenförmiges Land kann ein Zug nur schwer fahren. Auf den wenigen, meist eingleisigen Eisenbahnstrecken, die es gibt, kriechen die türkischen Züge im Schneckentempo daher, während überall im Land ultramoderne, bequeme Busse die Menschen rasch bis in die hintersten Winkel bringen und Tausende, bis unters Dach vollgestopfte Laster, alles, was das Herz begehrt, über die Straßen von einem Ort zum anderen transportieren.

Ich hatte mir fest vorgenommen, heute nicht mehr als 20 km zu laufen. Aber ich bin nicht sonderlich begeistert von der Aussicht, in diesem Hotel auf dem Bolu-Pass zu übernachten, an dieser Pforte zu einem dantesken Inferno, bei diesem höllischen Lärm der Lastwagen und Busse und dem Gebrüll aus den Lautsprechern, mit dem die Fahrgäste begrüßt werden. Also werde ich noch ein Stück weitergehen. Ich steige auf 900 m hinab. Der Wald ist einer Ebene gewichen, die sich endlos vor mir erstreckt. Weit hinten in der Ferne am Horizont eine Bergkette in den unterschiedlichsten Blautönen. Unterwegs weit und breit kein Hotel, und so erreiche ich schließlich die Stadt Bolu – 35 km seit heute Morgen.

Die Stadt ist von einem Gürtel aus Hochhäusern umgeben, in denen die einfachen Leute zusammengepfercht leben. Was bringt die Architekten nur dazu, in diesem Land, in dem es so viel Platz und so viele Erdbeben gibt, solche Wohntürme in die Höhe zu ziehen?

In Bolu lasse ich mir in dem wunderbaren Hamam *Tarihi Orta* gründlich den Schweiß von der Haut waschen. Der Bau ist aus dem Jahre 1321. Durch Glassteine in den Kuppeln fallen Sonnenstrahlen und erleuchten den in der Luft hängenden Dampf. Ich genieße diese goldenen Nebel, die mich zur Ruhe bringen. Endlich entspanne ich mich.

Dann beschließe ich, die Karawanserei zu besichtigen. Sie ist ein *taşhan* – *han* steht für eine Karawanserei in der Stadt, und *taş* bedeutet Stein. Sie wurde erst 1804 gebaut, denn in früheren Zeiten zogen die Karawanen weiter nördlich an der heutigen Stadt vorbei. Der *han* ist sehr gut erhalten, im Hof die obligatorische Teestube, die unter den kühlen Arkaden zum Verweilen und zu vertraulichen Gesprächen einlädt. In den Zellen, in denen die Reisenden übernachteten, sind heute Handwerker oder kleinen Geschäfte untergebracht. Ganz hinten eine Buchhandlung, geführt von einem sportlich wirkenden Mann mit blonden Locken und einer kleinen Brille mit dicken Gläsern. Mustafa Acikyildiz und seine Frau Emine haben 21 Jahre lang in Frankreich gelebt. Er war Fremdenlegionär. Als ich ihn nach seinem Leben in Frankreich und bei der Fremdenlegion frage, weicht er aus. Er will auch nicht, dass ich ein Foto von ihm mache. Wir gehen peinlich berührt auseinander.

Ich nutze meinen Aufenthalt in einer Stadt, um Verbindung mit der Zivilisation aufzunehmen, unter anderem per Internet, um zu hören, wie es Familie und Freunden geht, und von mir hören zu lassen. In fast allen türkischen Städten, selbst in den kleineren, gibt es Internetcafés, in denen sich alte und junge Computerfans drängen.

Am nächsten Morgen stelle ich fest, dass die Wunden langsam vernarben. Um die Heilung zu beschleunigen, plane ich nur eine ganz kleine Etappe. Aber ich schiebe mir selbst einen Riegel vor, denn ich will endlich einmal meine verteufelte Manie durchbrechen und nicht immer wieder die vernünftigen Entscheidungen, die mir ohnehin schwer genug fallen, über den Haufen werfen: Ich verlasse die Stadt erst gegen 15 Uhr, so kann ich bis zum Einbruch der Nacht, wenn es gefährlich wird, höchstens drei oder vier Stunden laufen.

Strahlender Sonnenschein. Ein Minibus hält neben mir, der Fahrer will mich mitnehmen. Er ist ganz enttäuscht, dass ich seine Einladung ablehne. Eine Stunde später kommt er aus einem zu einem Parkplatz umgewandelten Hof gelaufen und ruft:

»*Gel, çay!*«

Seine Kollegen und er machen viel Aufhebens um mich, denn sie haben mich alle gestern oder heute auf der Straße gesehen und platzen schier vor Neugierde.

Nationalität? Ausgangspunkt? Ziel?

Bereitwillig beantworte ich die übliche Litanei an Fragen, während ich genüsslich ein Glas süßen Tee nach dem anderen trinke. Es amüsiert mich, wie fasziniert diese Männer, deren einzige körperliche Betätigung darin besteht, Kupplung, Bremse oder Gas zu betätigen, von einem Wanderer sind, beinahe wie von einem Marsmenschen. In ihrem Blick mischen sich Bewunderung, herablassende Ironie und Ungläubigkeit. Warum laufen, wenn man fahren könnte? Liegt es an meinem mangelhaften Vokabular, oder will ich nur nicht oberlehrerhaft daherkommen? Jedenfalls erkläre ich es ihnen nicht. Im Übrigen ist die entspannte Unterhaltung bei einem Glas Tee ja eigentlich schon die Erklärung. Wenn ich mit dem Auto gekommen wäre oder selbst wenn ich als Fahrgast in ihren Bus gestiegen wäre, wäre es dann zu dieser Unterhaltung gekommen? Nein. Gehalten wird nur an bestimmten Stellen, gesprochen ausschließlich über den Fahrpreis. Und die anderen Fahrgäste haben vielleicht nicht unbedingt Lust zu reden oder steigen schon an der nächsten Haltestelle wieder aus und halten es nicht für lohnend, ein Gespräch zu beginnen. Zu Fuß gehen bedeutet Freiheit und Austausch; Autos dagegen sind Gefängnisse aus Stahl und Lärm, Orte unerwünschter Nähe. Diese Nachfahren von Nomaden – deren Tugenden sie so gern beschwören – sind motorisierte Faultiere geworden.

Beim Laufen denke ich weiter über Nomadentum und Seidenstraße nach. In der arabischen Kultur hängen Reise und Handel eng zusammen. Auch Muhammad, der einem Nomadenstamm angehörte, nahm an mehreren Handelsreisen teil. Nachdem die islamische Religion die Steppen Zentralasiens geeint hatte, blühten die Geschäfte. Die muslimischen Kaufleute genossen großes Ansehen und häuften große Reichtümer an. Über Jahrhunderte hinweg wurde entlang der zentralasiatischen und chinesischen Karawanenstraßen Handel getrieben.

Die Araber sind zweifelsohne auch die Erfinder der literarischen Reiseberichte. Ende des 9. Jahrhunderts berichtet Abu Dulaf Mis'ar von seinen Reisen nach Zentralasien, Malaysia und Indien. Im 12. Jahrhundert – 100 Jahre vor Marco Polo – erzählt ein weiterer großer Reisender, Abu Hamid al-Gharnati aus Toledo, von seinen Entdeckungen. Ob Handelsreisende, Weltentdecker oder einfache Pilger – Araber und Muslime waren schon viel durch die Welt gestreift, als die Europäer überhaupt erst zu ihren großen Fahrten aufbrachen. Ibn Fadlān reiste im 10. Jahrhundert zu den Bulgaren und den Rus, mehr als 300 Jahre, bevor sich der erste Europäer, Johannes de Plano Carpini, im Jahre 1245 in diplomatischer Mission auf den Weg zum Großkhan machte. Ende des 12. Jahrhunderts unternahm Ibn Dschubair vom arabisch beherrschten Teil Spaniens aus eine Pilgerreise nach

Mekka und beschrieb nach seiner Rückkehr den Mittelmeerraum mit einer für damalige Verhältnisse unerhörten Fülle von Einzelheiten. Doch der größte arabische Reisende war wohl Ibn Battuta im 14. Jahrhundert. Ihm ist es zu verdanken, dass Arabien, Kleinasien, Russland, Indien, China, Spanien und die Sahara für den Wissbegierigen keine *terrae incognitae* mehr waren.

Dieser kleine Ausflug in die Vergangenheit hat meine Gedanken vom Weg abgelenkt. Gerade habe ich, 15 km hinter Bolu, ganz mechanisch das Dorf Çaydur durchquert. Zu meinem Bedauern stelle ich fest, dass die D 100 wieder auf die Autobahn Istanbul–Ankara zuläuft, um den nächsten, den Fakilar-Pass zu überqueren. Auf den knapp 100 m zwischen den beiden Straßen steht ein schmutzig grauer, rechteckiger Betonbau, ein Gasthaus, das vor allem von Fernfahrern genutzt wird. Der Speiseraum ist dunkel, wahrscheinlich damit man nicht merkt, dass der Boden seit der Eröffnung nicht gefegt worden ist. Ein schlurfender Küchenjunge führt mich in den ersten Stock zu einem winzigen Zimmer, dessen Fenster auf die Autobahn hinausgeht. Die Bettlaken scheinen ebenfalls seit der Eröffnung nicht gewaschen worden zu sein, sie stehen vor Dreck.

Ich habe sogar ein kleines Bad, das aber leider ganz dunkel ist, weil jemand die Glühbirne herausgeschraubt hat, die Licht in diesen Ort der Hygiene, der Frische und Sauberkeit hätte bringen sollen. Im Halbdunkel höre ich als Erstes etwas wie einen Wasserfall. In Höhe der Decke ist ein Rohr gebrochen, und das Wasser platscht laut auf die Fliesen. Die undichte Klospülung versucht vergeblich gegen diesen Lärm anzukommen. Am Waschbecken gibt es kein warmes Wasser, und als es mir endlich gelungen ist, den Kaltwasserhahn aufzudrehen, bekomme ich ihn nicht wieder zu. Selbst mithilfe meiner Taschenlampe, die auch kurz davor ist, ihren Geist aufzugeben, kann ich unmöglich die Originalfarbe der Duschwanne erraten. Ein widerlicher Gestank rundet das Ganze ab. Ich mache die Badtür wieder zu. Keine Dusche heute Abend, nicht einmal eine kalte.

Aus Angst, dass der Koch derjenige sein könnte, der auch für das Putzen verantwortlich ist, begnüge ich mich mit einem Becher Joghurt zum Abendessen. Im Zimmer lege ich meinen Schlafsack auf eines der Betten. Dann höre ich einen Hund mit einer Lastwagenphobie – der Köter jault bei jedem Brummen, das von der Autobahn herüberweht. Als er endlich erschöpft und heiser verstummt, bringt mir eine ganze Krötenarmee ein Ständchen mit ihren trübseligen Stimmen. Donnernde Lastwagen, ein bellender Hund, ein abscheulicher Geruch, weinerliche Kröten und ein rauschendes Wasserrohr: Mit weit offenen Augen starre ich auf die über die Autobahn huschenden Schweinwerferlichter. Der Schlaf lässt auf sich warten. Ängste machen sich im Halbdunkel breit.

Wie auf der SAMSUN vor zwei Wochen oder vor zwei Tagen bei Nevzat, kommen die Fragen wieder hoch. Werde ich mein Ziel erreichen? Heute Abend bezweifle ich das. Die Schmerzen an den Zehen haben meinen Optimismus nach und nach zermürbt. Hinzu kommt noch ein Feind, den ich nicht richtig eingeschätzt hatte: die Isolation aufgrund der Sprache. Wenn ich laufe, bin ich allein, fühle mich aber nicht einsam. Die vielen Bilder und die Gespräche mit mir selbst genügen mir. Aber bei den Stationen, im Restaurant, mit den Menschen, denen ich unterwegs begegne, da fühle ich mich einsam auf meiner kleinen Sprachinsel. Die Worte, die ich vor meiner Abreise gelernt habe und die, die unterwegs dazugekommen sind, reichen nicht aus. Wie soll das erst im Iran werden, wo ich doch kein einziges Wort Farsi spreche.

Wenn die äußerst mitteilungsfreudigen Türken auf mich einreden, verstehe ich kaum ein Wort. Aus dem allgegenwärtigen Fernsehen ergießen sich für mich unverständliche Laute. Ich habe mitbekommen, dass ein paar Tage nach meinem Abmarsch der Prozess gegen Öcalan, den Führer der kurdischen PKK, begonnen hat. Überall Sondersendungen, Diskussionen, Aufregung, aber ich verstehe nur Bahnhof. Kann es für einen Journalisten Schlimmeres geben? Auf die Frage, wie lange der Prozess wohl dauern wird, fährt ein Ladenbesitzer nur lächelnd mit dem Zeigefinger über seinen Hals. Diese Sprache ist leider universal. In dieser geräuschvollen Nacht und in diesem stinkenden Zimmer ziehe ich kurz Bilanz. Seit Istanbul sind zwölf Tage vergangen, und ich bin 360 km gelaufen. Aber es sind noch mehr als 2500 bis Teheran. Werde ich bis dahin durchhalten, psychisch und physisch? Werde ich das Orientierungsproblem lösen können? Werde ich all den Gefahren, vor denen man mich gewarnt hat, trotzen: Kangals, schießfreudige PKKler, Wegelagerer, nicht zu vergessen die tückischen Unebenheiten, über die ich stolpern und mir eines, wenn nicht gar beide Beine brechen könnte? Am frühen Morgen übermannt mich die Müdigkeit, und ich schlafe für ein paar Minuten ein, ohne eine Antwort auf meine Frage gefunden zu haben: Werde ich mein Ziel erreichen? In diesem Moment würde ich darauf nicht wetten.

Als ich aufwache, stelle ich zu meiner Freude fest, dass es meinen Füßen besser geht. Und wenn es den Füßen gut geht, geht es dem Wanderer gut. Die kurze Etappe gestern und der Heilpuder haben Wunder gewirkt. Leichten Schrittes mache ich mich also auf zum 1200 m hohen Fakilar-Pass. Um meinen Wortschatz zu erweitern, übersetze ich beim Laufen die mit Superlativen gespickten Werbeplakate, die überall zwischen den beiden viel befahrenen Straßen stehen. Außerdem habe ich mir für jeden Tag ein Lernblatt und fünf neue Vokabeln auferlegt. Doch mein Hauptproblem ist nach wie vor, die Türken zu verstehen. Sie sprechen sehr schnell, und der Satzbau ist ganz anders als bei uns. Selbst die Worte, die ich weiß, tarnen sich mit einer Unmenge von Vorsilben und Nachsilben, sodass ich sie kaum wiedererkenne. Wenn ich einen Satz nicht richtig verstehe und darum bitte, ihn zu wiederholen, glauben meine Gesprächspartner – meistens einfache Leute –, dass ich schwerhörig bin. Also sagen sie das Gleiche noch einmal genauso schnell, nur viel lauter.

Kurz nach der Passhöhe zweigt die Autobahn Richtung Ankara nach Südosten ab. Auch die D 100 teilt sich. Auf der Straße, die nach

Osten führt, ist jetzt deutlich weniger Verkehr, und sie wird wieder erträglich. Es gibt nicht viele Wanderer in der Türkei, ich bin eine echte Kuriosität. Obwohl die Begegnungen naturgemäß sehr flüchtig sind, unterhalten die Fahrer und ich uns immer per Zeichen. Unser Dialog besteht aus einer Kombination von Hup- und Lichtsignalen, Gesten und Mimik, je nachdem, welche Reaktion ich hervorrufe: von Feindseligkeit bis hin zu Begeisterung.

– Hupen und eine wegwischende Handbewegung bedeutet: »Hau ab!«

– Nur Hupen: »Lass mal deine Visage sehen.« Das ist meistens der Fall, wenn der Anstieg steil ist und ich fast mit der Nase auf dem Asphalt laufe. Oder die Reaktion der Fahrer, die in meine Richtung unterwegs sind. Sie sehen zwei Beine, darüber einen Rucksack mit Hut und wollen verständlicherweise wissen, ob es auch ein Gesicht dazu gibt.

– Hupen und erhobene Hand, Handfläche zum Himmel, fragende Miene: »Was soll denn das? Nationalität? Woher? Wohin?« Etc.

– Hupen und erhobene Hand, Handfläche mir zugewandt: »Sei gegrüßt, Kollege.«

– Hupen und militärischer Gruß: »Hut ab, Alter!«

Am überschwänglichsten sind die, die mich schon einmal gesehen haben, sie grüßen mich wie einen alten Bekannten. Sie machen sich von Weitem durch Lichthupe bemerkbar, hupen und gestikulieren, wenn sie an mir vorbeifahren, und lachen übers ganze Gesicht. Manchmal ruft mir einer ein paar aufmunternde Worte zu. Viele Fahrer haben von mir gehört, und in den Teestuben entlang der Überlandstraße kommen sie dann auf mich zu und wollen das Unglaubliche bestätigt wissen: *ein Typ, der zu Fuß von Istanbul nach Teheran läuft.* Sie wissen nur zu gut, dass sie selbst je nach Ladung und Motor zwei bis vier äußerst anstrengende Tage für diese Strecke brauchen. Die Busfahrer, die mich schon gesehen oder von dem Verrückten gehört haben, sind besonders freundlich. Sie erzählen ihren Fahrgästen von mir, und die spornen mich dann alle an.

Eine Antwort von mir gibt es immer. Bei den Aggressivsten weise ich mit meinem Mittelfinger zum Himmel. Die meisten bekommen einen freundlichen Gruß und ein Lächeln. Für die Nettesten, die von Weitem schon die Lichthupe betätigen, verwandle ich mich manchmal in eine Art Windmühle, schwenke – so weit der Rucksack es zulässt – beide Arme und meinen Wanderstock.

Gegen Mittag kommt mir ein Lieferwagen entgegen, wendet, fährt an mir vorbei und bleibt 100 m weiter stehen. Der Fahrer kommt auf mich zu.

»Ich habe zwei Stunden Zeit, steig ein, ich bringe dich 100 km weiter.«

Er ist bitter enttäuscht, dass ich sein Angebot ablehne, und das macht mich traurig. Wie schwierig es doch ist, frei zu sein!

Oben auf dem Fakilar-Pass zeigt mein Höhenmesser 1200 m an. An manchen Stellen scheint die Landschaft sehr sumpfig zu sein. In Yeniçağa wird Torf gestochen. Auf dieser Höhe wachsen keine Laubbäume mehr, aber auf den Kuppen mancher Hügel hat man Tannen angepflanzt. Darunter, auf den sanften, von einer lauen Frühlingssonne beschienenen Hängen, Wiesen und frisch gepflügte Felder. Die Straße führt weiter leicht bergan bis auf 1360 m. Rotbraune Rinderherden, junge Hirten und eine Wiesenlandschaft mit einer ganzen Palette von Grüntönen. Es sind keine Schranken, keine Zäune, keine Gräben zu sehen, die Ebene ist endlos, nur am Horizont die übliche Bergkette. Hier auf der Höhe bekommen die Nussbäume gerade erst Blätter, während sie in der Ebene vor Bolu, weniger als 50 km von hier, schon voll entfaltet waren. Am Rand eines Teiches sind ein paar Jungen mit selbst gemachten Angeln.

In der kleinen Stadt Gerede übernachte ich im einzigen Hotel. In der Altstadt gibt es lauter winzige Läden. Die Tabletts mit Teegläsern und Zucker auf Werkbank, Tisch oder Stuhl wirken eher so, als würden hier Freunde bewirtet und nicht Kunden bedient. Mehr als zwei Männer haben in diesen Buden kaum Platz. Wer sind diese Leute, die sich unterhalten, während der Ladeninhaber näht, schnitzt oder hobelt? Freunde? Kunden? Lieferanten? Eltern? Jedenfalls reden und reden und reden sie alle.

Nur durch Zufall, als ich mich durch ein wurmstichiges Portal wage, entdecke ich die wunderbare alte Karawanserei, die Seyit gehört, einem kleinen, schmalen Mann mit dünnem Schnurrbart. Als er aus der Teestube nebenan tritt, sieht er mich, den Touristen mit Fotoapparat, im Hof des Prachtstückes stehen, das sein ganzer Stolz ist. Er freut sich, dass jemand Interesse daran zeigt und führt mich herum. Um den rechteckigen, gepflasterten Hof laufen zwei Etagen mit den Übernachtungszellen für die Reisenden. Mit der Zeit hat das abgenutzte Holz der Gänge und Treppen die Farbe von Bernstein angenommen, und die morsch gewordenen Holzbalustraden sind mit Gittern verstärkt. Die Mauern, die einmal weiß gekalkt waren, weisen unzählige schwarze Schadstellen auf. Über manchen Zellentüren ist ein Loch aus der Wand geschlagen, vielleicht für ein Ofenrohr.

Seyit öffnet eine Tür, und ich folge ihm die Treppe hinunter. Die ehemaligen Pferdeställe hier im Untergeschoss waren für eine ganze Kavallerie ausgelegt, jetzt steht hier nur noch sein eigenes kleines Pferd. Seyit ist sehr arm, und seine Karawanserei verfällt zusehends. Vor zwei Jahren hat er eine Unterstützung beantragt, um wenigstens das Dach reparieren oder erhalten zu können. Die Antwort steht immer noch aus. Leider ist wohl abzusehen, dass dieses prächtige Zeugnis der Seidenstraße, so wie viele andere, schon bald verschwunden sein wird.

Inzwischen sind natürlich weitere Männer aus der Teestube zu uns gestoßen. Sie brennen darauf, sich an der Unterhaltung zu beteiligen. Es geht darum, wann die Karawanserei wohl erbaut wurde. Seyit weiß es nicht, vermutet aber vor etwa 600 Jahren. Mehmet, ein alter Mann, der bis jetzt noch nichts gesagt hat und dem alle ehrerbietig zuhören, scheint es genauer zu wissen. In aller Ruhe sucht er nach einfachen Worten und erklärt, diese Karawanserei, oder besser gesagt dieser *han*, stamme noch aus vorosmanischer Zeit, er sei also etwa 800 Jahre alt. Als Beweis führt er an, dass im Namen des *han* das Wort *kiliseli* vorkommt. Das bedeute, dass er einer Kirche und nicht einer Moschee gehörte. In unmittelbarer Umgebung der Moscheen wurden nämlich Basare und Karawansereien gebaut, deren Erträge zum Unterhalt der religiösen Stätte beitragen sollten. Aber traf das auch auf christliche Kirchen zu? Eine Bestätigung dieser These ist mir bis heute nicht untergekommen. Außerdem ist das Argument nicht ganz überzeugend. Nach der Eroberung durch die Osmanen bestanden viele Kirchen weiter, sie wurden erst nach der kemalistischen Revolution aufgegeben, nachdem die letzten griechischen Christen das Land verlassen hatten. Dennoch gibt es in der Nähe von Kirchen keinerlei Überreste von Karawansereien.

Als ich am Morgen des 27. Mai die Stadt verlasse, bin ich ziemlich gut drauf. Meine Füße sind fast verheilt, und ordentlich verbunden machen sie mir nicht mehr zu schaffen. Der Himmel ist bedeckt, die Luft frisch und klar. Die Straße zieht sich an einem Berghang entlang. Unter mir, wie von den nadeldünnen weißen Minaretten in der Landschaft aufgespießt, kleine Dörfer mit roten Ziegeldächern. Die Wolken, die über den Himmel ziehen, werfen ihre Schatten auf den Köroğlu, eine 2100 m hohe, etwa 50 km entfernte Felsspitze, auf der noch der Schnee des letzten Winters liegt. An einer Kreuzung steht ein Polizeiwagen. Einer der Polizisten spricht mich auf Englisch an, reicht mir eine Cola. Wieder einmal stelle ich fest, dass die Beamten der *polis*, die nur den Verkehr regeln, lange nicht so aggressiv sind wie die *jandarmas*, die Jagd auf Terroristen machen, oder die *askers*, die Soldaten, die meistens sehr barsch auftreten und damit wohl unter Beweis stellen wollen, wie unentbehrlich sie sind.

Ab und zu kühlen ein paar Regentropfen die Luft ab, und dieses frische Wetter ist bestens zum Wandern geeignet. Inzwischen haben sich meine Muskeln auch an das stramme Tagespensum, das ich ihnen seit 13 Tagen auferlege, gewöhnt. Der Rucksack kommt mir ganz leicht vor. Mein Ruhepuls ist sehr niedrig, 60 Schläge pro Minute, und auch beim Laufen steigt er höchstens auf 85. Wie ein Leistungssportler, kann ich mich sehr schnell erholen, sodass ich auch bei Dauerbelastung kaum Pausen brauche. Die erste Schlacht, die Anpassung meines Körpers an die Herausforderung, scheint gewonnen. Ich laufe wie im Rausch, schwebe durch diese Traumlandschaft. Endlich habe ich das Nirwana des Wanderers erreicht.

Wie letztes Jahr auf der spanischen Meseta, auf dem Weg nach Compostela, stehe ich mit dem Göttlichen auf Du und Du. Damit das geschehen kann, müssen für mich drei Dinge zusammenkommen. Die erste, grundlegende Voraussetzung ist vollkommene Einsamkeit. Denn Reisegruppen öffnen die Götter ihre Tore nicht, dafür sind sie zu scheu, zu misstrauisch, zu distanziert. Und dann spielt der Ort eine wichtige Rolle. Die Einsamkeit in einem Zimmer in der Stadt ist ungeeignet. Man braucht große Weite. Ich selbst liebe die Berge, aber anderen bietet vielleicht das Meer diese Unendlichkeit. Der Blick muss bis zum Horizont schweifen oder sich zu den Gipfeln erheben können, die den Himmel berühren. Die letzte, aber dennoch unerlässliche Bedingung ist, dass sich eine perfekte Übereinstimmung zwischen Körper und Geist einstellt. Wenn die Muskeln, durch die tägliche Übung geschmeidig geworden, jene Idealtemperatur erreichen, die sich in leichtem Schwitzen äußert, wenn die Gelenke mühelos die Unebenheiten des Weges bewältigen, dann versetzt eine geheimnisvolle Alchemie den Körper in Levitation. Der Geist, der reine Geist, schwebt über Heide, Steppe oder Berggipfeln. Ein Sandkorn im Sandmeer, unsichtbar in der unermesslichen Weite, leicht wie der Flügelschlag eines Schmetterlings – mit einem Mal fallen die Mauern unseres üblichen Gefängnisses. Und die Tore des Himmels öffnen sich.

Dieses Wanderglück währt jedoch nicht ewig. Wie lange, ist schwer zu sagen. Es geht wieder verloren, weil eine übermäßige Gefühlsregung das Herz zum Rasen bringt und die Seele erschüttert, weil ein

Stein auf dem Weg einen aus dem labilen Gleichgewicht bringt, weil ein Bauer ganz plötzlich seine Arbeit stehen und liegen lässt, um einen lauthals und mit großer Geste zu grüßen.

Zu Mittag esse ich einen guten *tas kebab* in einer *lokanta*. Ich bezahle doppelt so viel wie sonst. Aber was soll ich tun? In diesem Land stehen die Preise nirgendwo geschrieben. Sie werden nach Lust und Laune gemacht, und heute hat der Wirt beschlossen, dass ich Tourist bin und blechen soll.

Fünf Kilometer weiter kommt aus einer anderen *lokanta* ein Typ und brüllt herüber:

»*Gel, çay!*«

Es ist der Besitzer. Fast mit Gewalt zieht er mich in sein Lokal. Einen Tee will ich gern trinken. Doch auf einen Wink hin bringen seine Helfer ein großes Tablett mit Mezze, auf die ich mich normalerweise gestürzt hätte. Ich liebe diese vielen verschiedenen kleinen Köstlichkeiten über alles. Er versichert mir, dass ich nichts bezahlen muss. Widerstand zwecklos. Ich bin noch pappsatt vom Kebab seines Kollegen, aber ich tue ihm den Gefallen und nasche von allem ein bisschen.

Als Etappenziel hatte ich den Ort Dereköy ausersehen, in einem kleinen Tal, etwas mehr als 35 km von meinem Ausgangspunkt entfernt. Ich stehe auf einer Art natürlicher Terrasse oberhalb eines breiten Tales und kann das Dorf bereits sehen. Unter mir an der Kreuzung führt eine Straße nach Norden zum Schwarzen Meer, aber die D 100 verläuft weiter in Richtung Osten. Von meinem Felsvorsprung aus sehe ich Ismetpaşa, einen kleinen Bahnhof, der auch auf meiner Karte verzeichnet ist. Es ist 17 Uhr. Ich fühle mich rundum wohl. Dem gesunden Menschenverstand zufolge sollte ich jetzt Station machen. Aber irgendein böser Dämon treibt mich wieder auf die Straße. Zum Teufel mit der Vorsicht, ich will es noch bis Ismetpaşa schaffen.

Ich habe meine Kräfte wohl etwas überschätzt. Auf dem Weg über die Wiesen, den Hang hinunter, gehen meine Wunden schon bald wieder auf, und der Bahnhof scheint wie eine Oase immer weiter in die Ferne zu rücken, je näher ich ihm komme. Ich bin sehr müde, als ich endlich am Ziel bin. Die kleinen, schmutzigen Häuser sind ziemlich heruntergekommen. Nur der Bahnhof, der etwas abseits von der Straße steht, ist ein solider, sauberer Bau. Mustafa, ein 65-jähriger Rentner, betreibt hier eine Teestube. Ich erzähle, beziehungsweise radebreche, kurz von meiner Reise und sage, dass ich vorhabe, heute hier zu übernachten. Er ist unglaublich wortkarg, holt aus einem angrenzenden Verschlag vier Eier, die er im Teekocher kocht. Wir essen sie mit Salz und Brot, schweigend.

Ich weiß nicht so recht, was ich machen soll. Weiterlaufen? Eine andere Unterkunft suchen? Immer noch ohne ein Wort steht mein Gastgeber auf und geht, nachdem er mir ein Glas Tee hingestellt hat. Das Mobiliar besteht aus einer defekten Kühlvitrine und vier oder fünf schmutzigen Tischen. Auf einem von ihnen liegen ein Kartenspiel und ein *stira*, das hiesige Dominospiel. Als Schutz vor der Feuchtigkeit ist der nackte Zementboden mit Sand bestreut. Die Wände sind nicht gestrichen. Der Verschlag, aus dem Mustafa die Eier geholt hat, ist nur mit ein paar Planken von der Teestube abgetrennt. Durch die Ritzen hindurch kann ich eine Matratze auf dem Boden liegen sehen, wahrscheinlich das Bett des Besitzers.

Mustafa kehrt mit einem Mann zurück. Er hat ein offenes, sympathisches Gesicht und ist etwa 40 Jahre alt. Cengiz arbeitet bei der Eisenbahn als Kranführer für Gleisarbeiten. Bei ihm werde ich übernachten. Er lebt in einem Waggon, der auf einem Abstellgleis steht. In der Nähe grillen ein paar Jungen Fische, die sie mit einem Netz in einem nahe gelegenen Teich gefangen haben und die sie großzügig mit uns teilen. Bevor mein Gastgeber das Abendessen zubereitet, hantiert er lange oben auf seinem Waggon an der Satellitenschüssel herum und sucht ein französisches Programm für mich. Als er endlich eines gefunden hat, strahlt er übers ganze Gesicht. Cengiz hat perfekte weiße Zähne, eine große Ausnahme, denn die meisten Leute, die ich treffe, haben Karies oder nur noch Zahnstummel. Das Programm, das er für mich aufgegabelt hat, gibt Börsenkurse durch! Um ihm die Freude nicht zu verderben, tue ich so, als sei ich hocherfreut.

Die Kinder haben zwei Lehrer herbeigeholt. Einer von ihnen spricht so schlecht Französisch wie ich Türkisch, dennoch unterhalten wir uns lange in dem engen, von einem kleinen, rot glühenden Ofen völlig überheizten Waggon. Sie erklären mir das türkische Schulsystem. Im Laufe der Nacht höre ich immer wieder Züge rangieren, was den Schlaf meines Gastgebers allerdings keineswegs stört.

Trotz der 47 km, die ich am Vortag gelaufen bin, verspüre ich am nächsten Morgen keine Müdigkeit. Doch ich bin vernünftig, ich habe für heute nur 28 km bis Çerkeş geplant.

Kangals

Aus Rücksicht auf meine geschundenen Füße, und obwohl ich viel lieber über die Dörfer und kleinen Wege laufe, nehme ich heute Morgen die Überlandstraße. Das Wetter ist mild und feucht, ideal zum Wandern. Gegen Mittag kommt schüchtern die Sonne hervor. Endlich läuft es so, wie ich es liebe. Nach den ersten Kilometern triumphiert der Körper. Ich komme mühelos, fast schwerelos voran, die reine Lust. Der Blick reicht weit über die unverfälschte Schönheit der flachen Landschaft. Gemähte Wiesen, vereinzelte Bäume und sanfte, von der Sonne vergoldete Hänge. Gegen Ende des Vormittags wird es immer heißer, und ich schütze meinen Schädel mit einem breitkrempigen Leinenhut. Jetzt kann nichts und niemand mir mehr etwas anhaben. Ich denke nicht mehr an meinen Körper oder meine Füße und träume mit offenen Augen.

Bei der täglichen Anstrengung, dieser schweißtreibenden Wohltat, diesem unmerklichen, aber stetigen Vorrücken auf ein so fernes Ziel hin, erhebe ich mich gen Himmel, werfe die Ketten der Kindheit ab, die Ketten der Angst, der eingefahrenen Bahnen. Ich kappe die Leinen, mit denen die Gesellschaft mich gefesselt hat, verschmähe Sessel und Sofas. Ich denke, ich träume, ich gehe – also lebe ich. Allerdings kommt das Wandern dem Träumer eher entgegen als dem Denker. Ein Adler am Himmel, eine Wolke, ein flüchtender Hase, eine unerwartete Kreuzung, der betörende Duft einer unbekannten Blume oder der Ruf eines Hirten: Alles, was man sieht, riecht und hört, stört die Kontinuität des Denkens. Ständig wird der Wanderer aus seiner Konzentration gerissen, wird seine Aufmerksamkeit von tausend Dingen in Anspruch genommen.

Beim Träumen ist das anders, eine Träumerei kann man unterbrechen und später ohne Weiteres den Faden wieder aufnehmen. Ja, der Zug der Störche, das Summen der Insekten, der leuchtende Purpur einer Blume oder die ungewöhnliche Form eines Steins beflügeln die Fantasie sogar noch. Zum Beispiel ertappe ich mich oft dabei, dass ich ein imaginäres Gespräch führe – mit einem Freund oder mit einer Frau, die ich geliebt habe. Abends schicke ich dann manchmal einen Gruß an die Betreffenden, die sich wahrscheinlich ziemlich wundern, nach so langer Zeit plötzlich eine Karte vom anderen Ende der Welt von mir zu bekommen.

Oft trete ich auch mit denen in Verbindung, die vor mir diesen Weg gegangen sind. Zum Beispiel mit jenem Johannes de Plano Carpini, der 1245 vom Papst losgeschickt wurde. Er hatte es so eilig, an den Hof des Großkhans zu gelangen, dass er die mongolischen Pferdewechselstationen nutzte. Bis zu siebenmal pro Tag wurden die Tiere gewechselt. Sobald ein Reiter eine Station erblickte, läutete er eine kleine Glocke. Dann wurde ein ausgeruhtes Pferd gesattelt, bereit loszugaloppieren. Dank dieser Reiter waren die mongolischen Herrscher allezeit darüber informiert, was sich am anderen Ende ihres Reiches zutrug, das sich vom Chinesischen Meer bis ins christliche Europa hinein erstreckte.

Oder es taucht vor mir in der Steppe jener andere Reisende auf, Wilhelm von Rubruck, ein Gesandter des heiliggesprochenen Ludwig IX. Lange vor Marco Polo berichtete er vom fernen Tatarenreich, und der Himmel weiß, warum nur der Venezianer so berühmt wurde.

Was hat sich seit den Zeiten jener ruhmreichen Reisenden an diesen Landschaften verändert? Der Asphalt auf den Straßen und die Telegrafenmasten? Nur ein paar 100 m von der Straße entfernt wirken Felder, Hügel, Berge, Häuser und Bauern noch genauso wie früher. Diese Hirten, die ihre Schafe hüten und mir von ferne zuwinken, leben nicht anders als ihre Vorfahren, die seit Urzeiten einsame Reisende oder lange Karawanen vorüberziehen sahen. Der heilige Paulus soll in diesen Gegenden im Laufe von zehn Jahren mehr als 30 000 km zurückgelegt haben. Waren die Hirten, denen er die Frohe Botschaft brachte, anders als die heutigen?

Doch über diese Straßen zogen nicht nur Karawanen und Prediger. Auch furchterregende Armeen fielen plötzlich und brutal über sie herein. Darum liegen die Städte oft schwer zugänglich auf den Hügeln. Die Dörfer fügen sich so gut in die Landschaft ein, verschmelzen so mit der Natur, dass man sie manchmal kaum erkennt. Der Lehm für die Häuser wird aus dem Boden genommen und hat die ursprünglichen Grau- und Rottöne beibehalten. Nur die Dächer, die früher aus Stroh oder Heidekraut waren, sind jetzt mit Ziegeln gedeckt und bilden leuchtende Flecken auf den Hängen.

Çerkeş liegt, wie fast alle türkischen Städte, etwas abseits der Nationalstraße. Auf dem Weg in den Ort komme ich an einem großen Fleischexportbetrieb vorbei. Er ist der wichtigste Arbeitgeber in diesem etwa 10 000 Einwohner zählenden Marktflecken. Der Wohlstand, den diese Fabrik gebracht hat, hat am Rande der Altstadt Mehrfamilienhäuser in grellen Farben entstehen lassen. Die kleinen traditionellen Holz- oder Stampflehmhäuser im Zentrum stehen leer und verfallen zusehends.

Das Hotel ist komfortabel, und es wäre eine gute Nacht gewesen, wenn mich nicht um fünf Uhr morgens ein Heidenlärm geweckt hätte. In Çerkeş gibt es in einem sehr kleinen Umkreis nämlich zwölf Moscheen. Zur Gebetsstunde versucht jeder Muezzin zu zeigen, dass er die schönste Stimme hat, und dreht darum seine Anlage voll auf. Sobald einer begonnen hat, brüllen die anderen mit ihm aus zwölf Lautsprechern um die Wette, so als wollten die, die den Anfang verpasst haben, das durch die Lautstärke ihres Gesangs wieder wettmachen. Ach was, Gesang! Früher mögen die Muezzins von ihren Minaretten herab gesungen haben. Heute ist es ein Wirrwarr von Schreien, ein Notenbrei, eine ohrenbetäubende Kakofonie. Allah muss sich da oben in seinem Paradies die Ohren zuhalten.

Auf der Straße wird kurz nach Mittag der Lastwagenverkehr immer dichter. Ich halte es nicht mehr aus, sehne mich nach etwas Ruhe und gehe von der Nationalstraße ab, direkt nach Süden. Auf der Karte habe ich eine Strecke gefunden, die parallel zur großen Straße die Dörfer miteinander verbindet und durch die Felder führt. Egal – auch wenn meine Füße noch nicht ganz verheilt sind, ich werde wieder über Lehmwege laufen. Beim ersten *bakkal*, an dem ich vorbeikomme, kaufe ich ein paar Kekse und eine Packung Fruchtsaft. Kein sehr abwechslungsreiches Mittagessen, zugegeben, aber später in der Stadt werde ich das Versäumte nachholen.

Mich zu orientieren ist nicht schwer. Die Hauptstraße verläuft ein paar Kilometer weiter nördlich und ist leicht zu erkennen an den wie auf einer Perlenschnur aufgereihten Lastwagen, deren gedämpfter Lärm ab und zu von einer Brise zu mir herübergetragen wird. Zu meiner Rechten bildet ein Bergmassiv eine Schranke, über die kein Weg hinüberführt. Ich versuche, einen Thermalkurort ausfindig zu machen, der auf meiner Karte verzeichnet ist. Da, wo er liegen sollte, sehe ich nur ein paar Steinhaufen. Ruinen wahrscheinlich. Ich liebe Ruinen. Sie führen mich ins Reich der Träume. Ich kann die verwitterten Mauern, die verfallenen Säulen wieder aufrichten, und zwar so, wie ich es will. Ich nehme den kleinen Umweg in Kauf, um mir die Ruinen genauer anzuschauen und dort mein bescheidenes Mittagsmahl einzunehmen.

Nicht weit entfernt liegt eine Schafherde. Weit und breit weder ein Hirte noch Hunde. Ich gehe näher. Die Ruinen erweisen sich als eingefallene Mauern früherer Häuser. Die Umrisse der Wohnstätten und der Verlauf der Straßen sind noch zu erkennen. Dort drüben wurden vier Wände wieder hochgezogen und ein Dach aus Zweigen und Blättern darüber errichtet. Ein kleiner Esel mit einem Packsattel auf dem Rücken grast in einer der Ruinen. Ein hübsches Bild. Ich setze den Rucksack ab, hole meinen Fotoapparat heraus und gehe auf das Tier zu. Es hebt den Kopf, sieht mich weder freundlich noch böse an und frisst weiter. Plötzlich erstarre ich. Mitten aus der Herde haben sich zwei Hunde mit hellem Fell gelöst und rennen mit lautem Gebell auf mich zu. Sie haben fast dieselbe Farbe wie die Schafe, deshalb habe ich sie nicht gesehen. Sie sind riesig und ich weiß sofort – das sind Kangals.

Diese furchterregenden Hunde sind der Stolz der Türken. Sie dürfen nicht ins Ausland verkauft werden. Stark und aggressiv, hüten sie die Herden und sind darauf abgerichtet, Wölfe und Bären anzugreifen. Damit die wilden Tiere ihnen nicht die Kehle durchbeißen, tragen sie Halsbänder mit Stahlspitzen. Ein Franzose hatte mir erzählt, dass ein Kangal einmal sogar neben seinem Auto her rannte und mühelos bei einem Tempo von 70 km/h mithielt. Und jetzt rasen diese Monster also auf mich zu. Panisch schaue ich mich um. Wo ist der Schäfer? In der Hütte mit dem Blätterdach? Ich schreie. Keine Antwort. Weiter um Hilfe rufend, laufe ich zu meinem Rucksack. Meine Stimme ist schrill vor Angst. Meinen Fotoapparat in der rechten, schnappe ich mir mit der linken Hand meinen Stock. Zu fliehen hat keinen Zweck, ich kann nicht 70 km/h laufen. Mir bleibt nichts anderes übrig, als mich der Gefahr zu stellen. Sie kommen näher, genauso groß, scheint mir, wie der Esel, den ich gerade fotografieren wollte. Mein Mund ist trocken, das Herz bleibt mir stehen. Ich spüre schon fast, wie ihre Zähne meine nackten Arme und Beine zerfleischen. Nicht einmal mein Messer habe ich zur Hand, es liegt ordentlich verstaut in einer der Rucksacktaschen. Aber selbst wenn ich es hätte – es ist kaum größer als der Zahn eines Kangals und würde mir wenig nützen.

Mein Freund Alexis hat mir ausführlich erklärt, wie man einen Hund in Schach hält. Man muss den Stock auf ihn richten, ohne ihn zu bedrohen, und ihn damit auf Abstand halten. Und was mache ich bei zwei Hunden? Ich improvisiere so gut es geht, stelle mich mit dem Rücken an die Mauer und richte meinen Stock abwechselnd auf den einen und den anderen. Ich schreie:

»Platz!«

Leider verstehen sie anscheinend nur Türkisch. Um den Hals tragen sie das berüchtigte Halsband mit den glänzenden Metallspitzen, die ebenso scharf wie ihre Fänge und fast 10 cm lang sind. Gott sei Dank bleiben sie nebeneinander stehen, sodass ich mich nur in eine Richtung verteidigen muss. Der Stock tut seine Wirkung. Sie geifern mit hochgezogenen Lefzen, aber sie halten Abstand.

Ich schöpfe wieder etwas Hoffnung, und mir kommt eine Idee. Wenn ich meinen Fotoapparat schon in der Hand habe, kann ich doch genauso gut ein Bild machen. Und wenn sie mich dann zerfleischen, wissen zumindest alle, was geschehen ist. Während ich ihnen also weiter meinen Stock vor die Nase halte, ziele ich so gut es geht und drücke auf den Auslöser. Die Sonne steht mir gegenüber, und mein moderner, intelligenter Apparat lässt keine Gegenlichtaufnahmen zu. Mit Blitzlicht also. Die Hunde sind völlig überrascht und halten einen Augenblick inne. Dann bellen sie zwar weiter, doch nur noch halbherzig. Einer von ihnen verstummt, geht zwei Schritte weg, kommt wieder, heult noch einmal auf und weicht zurück. Kühn geworden, mache ich ein weiteres Bild, diesmal wähle ich sorgfältig den Bildausschnitt, ohne natürlich meinen Stock loszulassen. Noch ein Blitz, und sie ziehen sich ein paar Meter zurück.

Ich rühre mich nicht mehr, will sie unter keinen Umständen reizen. Sie laufen zur Herde zurück, legen sich zwischen die Schafe und mich, um die Tiere zu schützen. Ich atme tief durch. Was bin ich für ein Idiot! Dabei war ich gewarnt worden: Bleib weg von den Schafen, da sind immer Kangals in der Nähe. Ich war einfach davon ausgegangen, dass diese Monster schwarz wie die Nacht sind und Schäferhunde sich immer in der Nähe ihrer Herren abseits der Herde aufhalten. Ich war also gar nicht auf die Idee gekommen, dass diese Hunde mitten unter den Tieren liegen könnten, die eigentlich Angst vor ihnen haben sollten. Und abgesehen von ihrer dunklen Schnauze, sind sie fast so weiß wie Schafe. Später, bei den Kurden, werde ich noch andere Kangals sehen, mit gestutzten Ohren und Schwänzen, damit sie Wölfen und

Bären weniger Angriffsstellen bieten. Die beiden hier haben jedoch prächtige geschwungene Schwänze, und ihre Ohren sind intakt.

Die Gefahr ist vorüber. Ich setze mich auf einen Stein zum Verschnaufen. Am besten würde ich mich wieder auf den Weg machen. Aber vorher möchte ich noch den kleinen Esel fotografieren. Behutsam gehe ich auf ihn zu. Als ich noch 10 m entfernt bin, stürzen die beiden Kangals wieder auf mich zu. Ich bleibe reglos stehen, halb verängstigt, halb belustigt.

»Okay, okay, ich hab verstanden. Ihr beschützt ihn, ich geb's auf. Ich kann auch ohne das Foto eines türkischen Esels weiterleben.«

Erneut strecke ich meinen Stock aus, gehe, ohne sie aus den Augen zu lassen, rückwärts bis zu meinem Gepäck und warte, bis sie sich wieder beruhigt haben. Dann verstaue ich den Fotoapparat und setze den Rucksack wieder auf. In diesem Augenblick ruft jemand. Es ist der Schäfer. Er war Pilze sammeln gegangen. Entgegen meiner Erwartung kommen die Kangals nicht, um ihren Herrn zu begrüßen. Der Schäfer heißt Adem. Unter seinem Schutz kann ich endlich mein Foto machen: er neben dem kleinen Esel. Ich versuche mich auch an ein paar Großaufnahmen von seinen furchterregenden Wächtern. Einen von ihnen, Karakash, hält Adem am Halsband. Da er knurrt, halte ich es dennoch für klüger, nicht allzu nah an ihn heranzugehen. Diese Riesenviecher respektieren nichts und niemanden, nicht einmal die Befehle ihres Herren.

Der Schäfer zeigt auf eine Wiese mit einer klaren, sprudelnden Quelle. Das ist das Thermalbad. Wir teilen meine Kekse und trinken von der Quelle, aber er weiß nicht mehr, wozu das Wasser gut ist. Vielleicht besänftigt es ja die touristenfeindlichen Anwandlungen von Kangals.

Im nächsten Dorf fragen zum ersten Mal Kinder nach Geschenken. Einem gebe ich den Pin von meiner Jacke, einem anderen den Rest der Kekse. Die Landschaft ist wunderschön. Beinahe wäre ich auf eine Schlange mit rotem Kopf getreten, die sich über den Weg schlängelte.

Doch nachdem ich zwei Kangals getrotzt habe, werde ich mir doch nicht vor so einem kleinen Feind in die Hose machen, selbst wenn er giftig ist. Ich bin richtig aufgekratzt, froh, eine jener Gefahren bestanden zu haben, die man mir in Frankreich ebenso wie in der Türkei 100-mal vor Augen gehalten hat. Sollten mir einmal wieder Kangals über den Weg laufen, werde ich, auch wenn ich noch so viel Angst habe, keine Panik bekommen.

Ich laufe an einem Flüsschen entlang, komme durch ein kleines Dorf, höre Frauen hinter einer Mauer lachen. Sie sitzen zu siebt oder acht um ein großes Tuch herum, auf dem sich ein Berg Schafwolle türmt. Während sie miteinander schwatzen, glätten sie die Wolle von Hand. Als ich ihnen einen Gruß zurufe und eine fröhliche Antwort bekomme, fasse ich mir ein Herz und gehe zu ihnen hinüber. Ich fühle mich aber nicht ganz wohl in meiner Haut, denn man hatte mich ebenfalls davor gewarnt, mit Frauen zu sprechen. Vor allem, wenn keine Männer in der Nähe sind, und bei ihnen ist nicht ein einziger Mann. Aus dem Nachbarhaus kommen zwei Mädchen im Trainingsanzug. Sie sind vielleicht zwölf, dreizehn Jahre alt und freuen sich, dass sie ein paar Worte Englisch, die sie in der Schule gelernt haben, anwenden können. Die Frauen tragen alle ein Kopftuch, das Haare und Hals bedeckt. Als ich näher komme, legen zwei von ihnen das Tuch auch über den Mund – mit einer züchtigen Geste, die ich immer öfter sehen werde, je weiter ich nach Osten komme. Mehrere der Frauen haben ein biblisches Alter. Die jüngste von ihnen ist die Mutter der beiden Mädchen. Sie steht auf, geht ins Haus und kommt kurz darauf mit einem Krug *ayran* zurück. Ich verweile noch ein wenig, um mit den Frauen zu reden. Sie erklären mir, dass die geglättete Wolle für eine Matratze ist. Sie sind nicht weniger neugierig als die Männer.

»*Memleket*, Heimatland? *Nereden? Nereye?*« Die üblichen Fragen. Ich beantworte sie gern. Nach dem Abenteuer mit den Kangals bin ich komischerweise viel entspannter als sonst. Und ich traue mich sogar, sie für eine Porträtreihe zu fotografieren, was sie lachend zulassen.

Die beiden Mädchen freuen sich, mich, den Ausländer, einen Augenblick für sich zu haben, während sie mich zum Dorfplatz führen, wo die Männer neben einem kleinen Gemeindehaus mit römischen Dachziegeln eine Tränke für die Tiere bauen. Die Alten sitzen im Schatten der Eichen, die den Platz säumen, und kommentieren auf ihren Stock gestützt oder an einen Baumstamm gelehnt den Fortgang der Arbeiten. Ein uraltes Bild, das man überall auf der Welt findet: Der Ältestenrat, die weisen Alten, die im Schatten eines großen Baumes auf dem Dorfplatz palavern. Sie sind alle genauso vergnügt wie die Frauen. Und natürlich genauso neugierig. Ein junger Mann schreit einem Alten, der etwas schwerhörig ist, ins Ohr:

»Er kommt zu Fuß aus Istanbul und geht nach Erzurum!«

Der Alte zeigt ungläubig mit seinem Stock auf meine Waden und sagt dann ein Wort, das ich noch oft hören werde: »Maşallah!«

Es drückt Staunen oder Bewunderung aus. Es stammt aus der Beschneidungszeremonie, dem Eintritt in die Erwachsenenwelt. Dazu sind die acht- bis zehnjährigen türkischen Jungen ganz weiß gekleidet und ziehen mit Freunden durch den Ort. Die Beschneidung selbst erfolgt öffentlich, und die Jungen müssen ihren Mut beweisen, sie dürfen weder schreien noch weinen. Danach sitzen sie auf einem Bett und nehmen Besuche und Geschenke entgegen. Zu ihrer Kleidung gehört auch ein Seidengürtel, auf den das Wort maşallah gestickt ist. Wörtlich bedeutet es: »Seht das gottgewollte Wunder«. Ich freue mich darüber, dass meine Waden zu den »gottgewollten Wundern« zählen. Doch mit all diesen Kilometern habe auch ich das Meinige zu ihrer prächtigen Muskulatur beigetragen!

Ein Mann namens Ismaïl wird herbeigerufen. Er sagt zu mir:

»Du hast Hunger.«

Das ist keine Frage, sondern eine Feststellung, und in der Tat ist mein karges Picknick mit Adem schon eine Weile her. Ismaïl Arslan bittet mich, ihm zu seinem Haus zu folgen. Kaum haben wir uns hingesetzt, als seine Frau auch schon *börek* mit Käse und roten *pilav*

(Tomatenreis) vor uns hinstellt. Ismaïl erklärt mir, er sei der *muhtar*, der Ortsvorsteher, und zieht dabei aus seiner Tasche stolz einen kleinen Lederbeutel mit einem Kupferstempel hervor. Der *muhtar* und seine vier Helfer werden gewählt, und der Beglaubigungsstempel ist das sichtbare Zeichen der Macht, die ihm anvertraut wurde.

Das Essen ist köstlich, und das Fladenbrot, das im *tandır*, einem im Boden versenkten Tonkrug gebacken wird, duftet frisch.

»Hast du es gebacken?« frage ich.

Er lächelt stolz.

»Ja, ich ...«, er zögert einen kleinen Augenblick und fügt dann hinzu, »... nun ja, meine Frau.«

Sie sitzt sittsam auf einem Diwan, stumm und aufmerksam.

»Und den Joghurt, hast du den auch gemacht?«

»Ja, ich ... also ... sie.«

Zum Abschied drücke ich dem *muhtar* dankbar die Hand und reiche sie dann seiner Frau, der ich diese Köstlichkeiten verdanke. Sie wirft mir einen verständnislosen Blick zu. Ich habe einen Fauxpas begangen: Man kann zwar manchmal mit den türkischen Frauen sprechen, aber man darf sie keinesfalls berühren.

Zum ersten Mal seit Beginn meiner Reise habe ich in einem Dorf eine so rundherum gute Stimmung erlebt. Und mir ist wieder klar geworden, dass die Seidenstraße, die ich entlanglaufen möchte, nicht die der Lastwagen ist, sondern die der Menschen, und seit diesem Dorf nicht nur die der Männer, sondern auch die der Frauen.

Trotzdem muss ich auf die Nationalstraße zurück, denn der Teil der Karte, den ich in meiner Hosentasche hatte, ist wohl bei der Konfrontation mit den Kangals herausgefallen, und ohne dieses Papier kann ich nur die Überlandstraße nehmen.

Ich mag diese großen Achsen überhaupt nicht. Sie sind zwar funktionell und praktisch, und sie führen auch durch die Natur, erwecken diese aber nicht zum Leben. Sie lösen bei mir nicht eine einzige Träumerei, nicht einen einzigen Gedanken aus.

Aber das Leben ist immer wieder für Überraschungen gut, und so begegnet mir gerade hier, auf dieser trostlosen, von nichtssagenden Pappeln gesäumten Straße, etwas höchst Verblüffendes. Stellen Sie sich eine Kreuzung mitten im Nirgendwo vor. Und einen Alten, der im Schneidersitz reglos am Straßenrand sitzt, ganz nah an den vorbeifahrenden Lkws. Vor ihm ein Korb mit sechs Eiern. Der Mann ist blind, er hat außergewöhnlich helle blaugrüne, aber ausdruckslose Augen. Er will mir seine Sachen verkaufen, aber was soll ich mit den Eiern in meinem Rucksack? Ich kaufe sie ihm ab, nehme sie aber nicht mit. Er trägt sie mir ein paar Schritte hinterher, dann gibt er auf. Das Bild dieses Alten, diese groteske Szene auf einer fernen anatolischen Straße, lässt mich nicht mehr los! Der Alte mit den zum Himmel gerichteten Engelsaugen, der mir, dem Fußgänger aus Paris, seine sechs Eier fast wie eine Opfergabe entgegenhält!

Etwas weiter komme ich an einem dicken Mann mit Wollmütze, sonnengebräuntem Gesicht und stattlichem weißen Bart vorbei. Er spricht mit seinem Esel, auf dem er reitet. Das schmächtige Tier ist außerdem auch noch schwer mit langen, dicken Ästen beladen. Es verschwindet beinahe unter Last und Reiter, steigt mit kleinen Schritten einen steilen Weg empor, wobei es ständig mit seinen großen Ohren wedelt, so als wolle es sich auch nicht ein Wort seines Herrn entgehen lassen. In respektvollem Abstand folgt ebenfalls mit kleinen Schritten eine kleine Frau mit krummem Rücken. Auch dieses Bild berührt mich, ich weiß nicht recht, warum. Vielleicht, weil es an eine längst vergangene Zeit erinnert, an die Hirten oder Schnitter auf Bildern von Brueghel, Bilder, auf denen die Natur noch *gegenwärtig* ist, lebendig, auf denen der Mensch noch auf einer Stufe mit ihr steht, zu ihr noch eine physische, sinnliche Beziehung hat, eine Liebesbeziehung. Bilder aus einer Welt, in der es noch alte Ungerechtigkeiten gibt, Ungerechtigkeiten, die im Laufe der Zeit Patina angesetzt haben, Ungerechtigkeiten, die wir akzeptiert haben oder die wir geschickt umdeuten und manchmal sogar als Wohltaten des Landlebens betrachten.

In einigen Dörfern wird Dung in der Frühlingssonne getrocknet. Später wird er in Vierecke geschnitten und als Brennmaterial für den nächsten Winter gelagert.

Ich passiere Kurşunlu und am nächsten Tag Ilgaz. Die Landschaft hat sich verändert. Ich bin wieder auf unter 1000 m, und die Berghänge sind wieder bewaldet. Die Steppe mit dem weiten Horizont hatte mir allerdings besser gefallen. Im Zentrum von Ilgaz stehen ein paar alte Geräte, fast schon Antiquitäten: zwei Hakenpflüge und zwei Karren. Sie bestätigen meine Vermutung, dass die Völker Asiens ihre Lasten lieber von den kräftigen Kamelen tragen ließen und sich überhaupt nicht um die Weiterentwicklung des Wagens bemüht haben. Diese Fahrzeuge, die wahrscheinlich aus den 1950er-Jahren stammen, scheinen eher ins Mittelalter zu gehören: Sie haben Scheibenräder, die Holzachsen sind mit Ochsenfett geschmiert; sie sind ganz ohne Metall gebaut, haben demnach auch keine Federn, um Stöße zu dämpfen; und sie sind weder stabil noch leicht.

Von Ilgaz an will ich in Städten übernachten, denn in einem Hotel lassen sich meine Füße besser verarzten. Und wenn ich von Stadt zu Stadt laufe, ohne Umweg über die Dörfer, komme ich auch schneller voran. Paradoxerweise habe ich, der ich in keinen Lastwagen, ja nicht einmal auf einen Traktor steige, es dennoch etwas eilig. Wegen der Iraner. Weil ich mindestens acht bis neun Wochen für die Durchquerung der Türkei brauche, hat das iranische Konsulat in Paris mir ausnahmsweise ein Visum für zweieinhalb statt der üblichen zwei Monate ausgestellt. Ich habe Angst, dass mich wieder ein Gesundheitsproblem aufhält, dass ich die Grenze nach dem 29. Juli erreiche und mein Visum abgelaufen ist. Ich müsste dann zwei bis vier Wochen auf einen neuen Passierschein warten. Am besten wäre es, wenn ich die Türkei so um den 14. Juli herum verlassen könnte. Heute ist der 31. Mai. Ich habe also noch anderthalb Monate für 1200 bis 1300 km. Das ist zu schaffen, wenn mein Schutzengel seine Sache gut macht und ich gut zehn Tage schneller bin, als in meinem Zeitplan vorgesehen.

Die Entfernung, die ich jeden Tag so nah wie möglich an der alten Karawanenroute zurücklege, hängt mit der Geografie der Seidenstraße zusammen. Bis nach Kurşunlu waren es 33 km, bis nach Ilgaz 36. Das ist kein Zufall. Pro Tag zogen die Karawanen 30–40 km, was bei dem gemächlichen Schritt eines beladenen Kamels neun oder zehn Stunden bedeutete. Die Etappen waren also nach dem Tagesmarsch eines Kamels bemessen. Dann ließen die Motorfahrzeuge die Entfernungen schrumpfen. Seit man an einem Tag 500 bis 1000 km fahren kann, hat die Karawaneninfrastruktur keinen Sinn mehr. Die Karawansereien wurden nicht mehr genutzt und verfielen. Dieses Phänomen gab es nicht nur in der Türkei. Auch in Europa haben sich die großen Städte auf Kosten kleinerer Orte entwickelt. Jetzt richten einige Gemeinden, in denen es keine Hotels mehr gibt, für Wanderer Unterkünfte im Abstand eines Tagesmarsches ein.

Es ist heiß geworden. In dem Tal, durch das sich der Devrez schlängelt, sind Ende der 1960er-Jahre die Sümpfe in Reisfelder umgewandelt worden. Die kleinen Wasservierecke glänzen wie Spiegel. Störche und Fischreiher, von denen es hier nur so wimmelt, gleiten über sie hinweg. Bauern mit Schaufeln balancieren über die Gräben, die die Parzellen voneinander trennen. Damit der Wasserspiegel nicht absinkt, haben sie ein ausgeklügeltes Netz von kleinen Abflusskanälen angelegt. Die Frauen stehen bis zu den Knien im Wasser, ihre weiten langen Röcke schwimmen um sie herum, sie setzen den Reis um oder jäten Unkraut. Auf der Straße kommt mir mit majestätischem Schritt eine junge Frau entgegen. Sie führt ein Pferd, über dessen Rücken zwei riesige Weidenkörbe hängen. Das Bild mutet antik, fast königlich an. Als ich ein Foto von ihr mache, wirft sie mir ein schwarzes Lächeln zu: Ihr völlig zahnloser Mund ist ein wahrer Höllenschlund.

Die Etappe von Ilgaz bis Tosya ist hart, heiß und lang, 38 km meiner Karte zufolge. Am Himmel schlägt ein Bussard in der reglosen Luft träge mit den Flügeln.

Als ich mir an einer Tankstelle einen Fruchtsaft kaufe, hält ein Bauer mit seinem Traktor an; er kommt auf mich zu, zeigt auf meinen Rucksack und fragt:

»Was hast du da für einen Motor auf deinem Rücken?«

Die Türken lieben jede Art von Technik, aber vom Laufen haben sie keine Ahnung.

Der Weg zieht sich, und plötzlich verstehe ich auch, warum. Die auf meiner Karte angegebene Entfernung zwischen den beiden Städten ist in Wirklichkeit die zwischen zwei Kreuzungen auf der Straße von Ilgaz nach Tosya. Beide Orte liegen aber mehrere Kilometer von der Überlandstraße entfernt. Insgesamt werde ich bis Tosya schließlich 46 km gelaufen sein. Die letzten sind besonders mühsam, denn die Stadt liegt oben auf einem Hügel. 1 km, 2 km, 3 km – und immer noch sehe ich nichts von der Stadt. Ich habe Durst. Dabei habe ich schon mehr als sechs Liter getrunken, um einer Dehydratation vorzubeugen. Mein Rucksack erdrückt mich schier. Wenn ich ein ordentliches Hotel finde, werde ich morgen in Tosya einen Ruhetag einlegen. Aber gibt es in Tosya ein ordentliches Hotel?

In den meisten kleinen Städten gibt es nur ein Hotel. Die Wahl ist also nicht schwer. Ich frage nach Dingen, nach denen ich in Frankreich nicht im Traum fragen würde: Gibt es eine Dusche? Warmes Wasser? Das muss ich dann allerdings immer noch überprüfen. Einmal hat ein Wirt ein uraltes Handwaschbecken mit einem Kaltwasserhahn am Ende eines Flures als Dusche bezeichnet. Und selbst wenn es warmes Wasser gibt, heißt das noch nicht viel. Morgens um sieben Uhr ist es kochend heiß, um acht lauwarm, um neun kalt und am Abend eisig. Oft gibt es nur Mehrbettzimmer, deren Tür sich nicht abschließen lässt. Das ist ein Problem für mich, denn da ich auf jeden einzelnen Gegenstand in meinem Rucksack angewiesen bin, kann ich es auf einen Diebstahl nicht ankommen lassen.

Jeder Anstieg hat einmal ein Ende, und allmählich kommt Tosya in Sicht: eine Reihe von Betonbauten, Innenhöfe mit ölverschmierten Lehmböden und Bergen von Alteisen – die unzähligen kleinen Werkstätten, in denen an Autos, Motorrädern oder landwirtschaftlichen Maschinen herumgebastelt wird, und die sich üblicherweise am Rande mittelgroßer Städte befinden. Oben auf der Anhöhe wird meine Mühe belohnt. In der Ferne, auf dem Berg Tosya, liegt noch Schnee. Die Stadt schmiegt sich in eine Talmulde, und steile Felswände schützen sie vor den Nordwinden. Eine blutrote Sonne färbt die Mauern der kleinen weißen Häuser, die sich wie die Reihen eines Amphitheaters den Hang hinaufziehen. Zu meiner Linken kleine ummauerte Weingärten, grüne Tupfer in der Landschaft. Zu meiner Rechten, so weit das Auge reicht, ein enges, karges Tal. Märchenhaft! Was für eine harmonische Verbindung von Natur und Menschenwerk! Das ist die schönste Stadt, die ich seit Istanbul gesehen habe.

Gott sei Dank, das Hotel ist komfortabel. Ich dusche lange und entspanne mich unter dem fast warmen Wasser. Dann verarzte ich meine Wehwehchen und strecke mich eine halbe Stunde auf dem Bett aus, komme allmählich wieder zu Kräften. Das Abendessen – Bulgur mit Hammelfleisch – stellt mich vollends wieder her, und ich mache mich auf die Suche nach einem Internetcafé. Leider gibt es für 15 Computer nur eine Leitung. Aber ich bin wild entschlossen, alle Hindernisse der »Zivilisation« zu überwinden, und der Gott der Kommunikation gewährt mir drei Sekunden Verbindung. Genug, um zu erfahren, dass ich vier neue Nachrichten habe. Wenn ich sie lesen möchte, muss ich es morgen wieder versuchen. Ich gehe früh schlafen. Um sieben Uhr werde ich wach, bin aber so müde, dass ich mich um acht noch einmal hinlege und erst gegen Mittag wieder auftauche. Ich habe zwölf Stunden geschlafen. Das ist seit 30 Jahren nicht mehr vorgekommen.

Am Nachmittag mache ich mich auf die Suche nach Informationen über Tosya und die Seidenstraße. Tavernier schreibt, er habe hier »eine schöne Moschee und eine der schönsten Karawansereien gesehen«. Die Stadt wurde im Laufe von 20 Jahrhunderten zwölfmal belagert. Hier findet übrigens gerade ein Kongress zum 700. Jahrestag der Eroberung Anatoliens durch die Osmanen statt. Ein ehemaliger Lehrer, Verfasser mehrerer historischer Studien über die Stadt, versichert mir, dass die in der Antike hier ansässigen Lyder das Geld erfunden und die ersten Münzen geprägt haben. Weiter im Süden, allerdings zu weit für mich, liegt das kleine Dorf Boğazkale, das alte Hattuša, die Hauptstadt der Hethiter.

Kürşat Kondja, ein Maschinenbaustudent, der gut Englisch spricht, bietet sich als Führer an. Den schönen von Tavernier beschriebenen Sakralbau gibt es immer noch. Er heißt zwar »neue Moschee«, wurde aber im 16. Jahrhundert von einem Schüler des berühmten türkischen Architekten Mimar Sinan erbaut. Voller Stolz führt der Imam uns durch das Gebäude, das mehrmals instand gesetzt und abgestützt werden musste, insbesondere nach einem Brand 1913 und verschiedenen Erdbeben, dem letzten 1946. Das Gotteshaus fasst 700 Gläubige, an hohen Feiertagen sogar 1000. Es wartet auch mit zwei besonderen Attraktionen auf. Bei der ersten handelt es sich um eine kleine Säule an einem Fenster; sie hat keine tragende Funktion, ist nicht einzementiert und dreht sich um sich selbst, wenn man sie berührt. Der Legende nach ist die Moschee so lange geschützt, wie die Säule sich dreht. Die andere Besonderheit ist eine Uhr in der Nähe des Mihrab, der Gebetsnische, die in Richtung Mekka weist. Der Imam hat keine Ahnung, wie alt sie ist. Weder auf dem Rahmen noch auf dem Uhrwerk ist irgendein Datum verzeichnet. Auf dem Ziffernblatt steht oben *Makulian* – wahrscheinlich der Name des Herstellers oder Händlers – und unten in schönen Zierbuchstaben auf Französisch *À Constantinople*. Demnach müsste sie gemacht worden sein, bevor die Stadt Anfang des 15. Jahrhundert in Istanbul umbenannt wurde. Dafür spricht auch, dass die lateinische und nicht die arabische Schrift verwendet wurde. Ich schaue mir das Stück sehr genau an, eine wirklich wundervolle Arbeit.

Dagegen finde ich von einer der – laut Tavernier – »schönsten Karawansereien« trotz allen Bemühens keine Spur. Wahrscheinlich war ihr das gleiche Schicksal beschieden wie den vielen osmanischen Häusern, die mangels Instandsetzung allmählich verfallen. Allerdings liegt anderthalb Stunden von Tosya entfernt auch das von Türken viel besuchte Safranbolu. Der Ort mit seinen schönen traditionellen Häusern ist eine Art Freilichtmuseum und der Beweis, dass dem Land der Reichtum seiner Vergangenheit durchaus etwas bedeutet. Aber warum dort und nicht hier? Das macht mich wütend, denn die Erhaltung der Karawansereien liegt mir besonders am Herzen.

Am späten Nachmittag gehen Kürşat und ich in den Hamam. Hier herrscht ein genau festgelegtes Zeremoniell. In einem kleinen Raum ziehen wir uns aus, schlingen uns ein bodenlanges Tuch um die Hüften, gehen zuerst in einen kleinen, sehr warmen Raum und dann in einen zweiten richtig heißen. Wände und Bänke sind aus weißem Marmor. Wir plaudern, schöpfen mit einer kleinen Schale Wasser aus verschiedenen, ebenfalls marmornen Becken, und übergießen uns damit. Nach einer halben Stunde schäumt mich ein Masseur mit einem Rosshaar-Handschuh von Kopf bis Fuß mit Seife ein. Anschließend werden wir in dicke, flauschige Handtücher gewickelt, legen uns im Umkleideraum auf eine Pritsche, trinken einen Krug Ayran und reden weiter. Die Karawanenreisenden, die wie ich unterwegs jeden Tag ordentlich schwitzten, mussten in den Hamam gehen, denn keine der Karawansereien, die ich gesehen habe und noch sehen werde, besaß einen Waschraum.

Etwas fällt mir in der Stadt auf: Die meisten Fahrzeuge hier sind Motorräder mit Beiwagen. Sie werden für alles Mögliche eingesetzt, transportieren Personen ebenso wie Waren und gehören meistens den Besitzern der kleinen Weinberge. Natürlich sind sie alle mit Hupen ausgestattet, von denen die Fahrer auch ausgiebig Gebrauch machen. Ein paar junge Angeber haben Spaß daran, mit dem dritten Rad, dem des Beiwagens, in der Luft zu fahren.

Am Abend lädt die Mutter meines Führers mich zum Essen ein. Die Familie pflegt einen eher westlichen Lebensstil. Weder Kürşats Mutter, eine pensionierte Lehrerin, noch seine Schwester tragen Kopftuch. Am Tisch – und nicht auf dem Boden wie in den Dörfern – essen wir Unmengen von verschiedenen und köstlichen Mezze, ein königliches Mahl. Emel, eine hochgewachsene, schlanke Jugendliche, ist sichtlich begeistert, einen Europäer kennenzulernen. Das Gespräch dreht sich vor allem um die wirtschaftliche und politische Lage. Ist der Prozess gegen Öcalan, den Führer der PKK, ein erstes Anzeichen für die Lösung der Kurdenfrage? Die türkische Wirtschaftskrise und die zweistellige Inflationsrate rühren zum großen Teil von den riesigen Beträgen her, die für eine der größten Armeen der Welt aufgebracht werden müssen. Wegen des Kurdenkonfliktes bekommen die Soldaten doppelten Sold. Darum stehen sie natürlich aufseiten der mächtigen und entschlossenen Kriegspartei. Das Ansehen der Armee mag zwar immer noch groß sein, aber der mehr als zweijährige Militärdienst erfüllt die gebildeten jungen Leute nicht mehr mit besonderem Stolz.

Dieser Abend gibt mir neue Kraft. In den Dörfern bin ich zwar oft sehr herzlich aufgenommen worden, aber dem geistigen Austausch waren Grenzen gesetzt, und meine Sehnsucht nach Begegnung und Gesprächen wurde nicht gestillt. Hier reden wir zu viert in einer angenehmen, vertrauensvollen Atmosphäre. Zum Abschied küsst Emel mich auf die Wangen. Das ist das einzige Mal auf meiner ganzen Reise, dass ich meinen Bart an einem weiblichen Gesicht reiben kann.

Als ich ganz früh am nächsten Morgen die Stadt verlasse, komme ich durch die zubetonierten Viertel der Unterstadt, die ich zum Glück vorgestern nicht gesehen habe. So konnte ich eine Weile glauben, an die Pforte zum Paradies gelangt zu sein. Nachdem ich vier Stunden gelaufen bin, kann ich endlich ein paar Kekse erstehen, die ich etwas später auf einer Böschung sitzend verzehre. Eine Herde Kühe, die am Fuße einer hohen Felswand weidet, macht mich neugierig, denn die Tiere scheinen eines nach dem anderen zu verschwinden. Auch wenn es einen kleinen Umweg bedeutet – ich muss unbedingt wissen, warum der Berg sie scharenweise verschlingt. Die Erklärung ist ganz einfach: Durch einen Felsspalt gelangen sie in eine Art Höhle, wo sie mit vollem Bauch, vor der Sonne geschützt, im Kühlen wiederkäuen können.

Das Tal wird enger und führt auf einen Pass hinauf. Oben sitzt ein alter Mann ohne Beine am Straßenrand. Er lebt hier, 10 km vom nächsten bewohnten Haus entfernt. Neben ihm eine rußgeschwärzte Teekanne auf einer spärlichen Glut. Er schläft unter freiem Himmel in einem nahen Dickicht, in das er sich nachts schleppt. Ein paar gute Seelen bringen ihm manchmal Wasser und etwas zu essen. Die Lkw-Fahrer werfen ihm ein paar Münzen zu. Ich gebe ihm einen 250 000 Lira-Schein, den er fest an die Brust drückt, während er auf mich einredet. Ich glaube zu verstehen, dass Allah es mir 100-fach vergelten möge. Was mich aber auch nicht reich machen würde. Mir wäre es lieber, er würde besser über diese Ärmsten der Armen wachen.

Auf der anderen Seite des Passes erstreckt sich wieder eine weite Ebene, in der Reis angebaut wird. Gleißend spiegelt sich die Sonne im Wasser vieler kleiner Felder. Rund um diese akkurat aneinandergereihten Parzellen ragt das wilde, noch schneebedeckte Kös-Dağı-Massiv in den Himmel. Seine grün bewachsenen Ausläufer bergen einen unerschöpflichen Vorrat an Lehm, daher die vielen Ziegeleien, an denen ich vorbeikomme.

Am späten Nachmittag komme ich nach Hacıhamza, eine ehemals wichtige, ungewöhnliche und interessante Station auf der Seidenstraße. Es gab hier nämlich nicht, wie woanders, eine Karawanserei im Ort oder in der Umgebung. Das ganze Dorf war eine Karawanserei, eine kleine viereckige Festung von etwa 100 mal 100 m, die immer noch von Mauern aus Lehm und Steinen umgeben ist. Die Häuser, die von innen an diese Umfassungsmauer gebaut sind, haben alle eine Art vorspringenden Balkon und bilden damit praktisch Beobachtungs- und Verteidigungstürme. Ein Eingangstor gibt es nicht mehr. Ich stoße auf einen riesigen, halb eingestürzten Pferdestall. Der Teil, der noch steht, ist ein gut 30 m langes Gewölbe aus Ziegeln.

Mit ein paar Gläubigen, die mit dem Imam aus der Moschee kommen, knüpfe ich ein Gespräch an. Sie überlegen, wer mich wohl aufnehmen könnte. Plötzlich entdeckt der Imam jemanden und ruft ihn herbei. Ein kleiner Mann setzt sich zu mir auf die Bank. Er verharrt einen Augenblick in Schweigen und fragt dann mit dünner, leicht zitternder Stimme:

»Do you speak English?«

Behçet Kumral trägt einen Anzug mit Schottenkaros in allen möglichen Grüntönen. Mit seinem dünnen, grauen Schnurrbart und seiner zierlichen Statur wirkt er wie ein kleines Stäubchen im Universum. Seine schwarz glänzenden Augen und sein durchdringender Blick verraten eine lebhafte Intelligenz. Behçet war früher Bauer und ist jetzt im Ruhestand. Vor einem Jahr hatte ein Engländer, ein Freund von Freunden, seinen Besuch angekündigt, und das hatte ihn dazu bewogen, sich mit 77 Jahren in das Studium der Sprache Shakespeares zu stürzen. Der Engländer war letztlich doch nicht gekommen, aber der kleine Mann lernte weiter. Wir unterhalten uns. Mein Gastgeber genießt ganz offensichtlich die Bewunderung der Umstehenden, denn er ist der Einzige im Ort, der eine Fremdsprache spricht. Nach einer knappen halben Stunde gehen wir langsam die Hauptstraße hinauf und kaufen unterwegs etwas Obst für das Abendessen.

Behçet ist nie zur Schule gegangen und hat sich selbst mithilfe von alten Zeitungen das Lesen beigebracht. Er liest leidenschaftlich gern. Er besitzt sogar eine kleine Bibliothek, etwas, was ich bisher noch in keinem einzigen Haus auf dem Dorf gesehen habe. Seine Lieblingslektüre: *Don Quijote de la Mancha*. Stolz zeigt er mir seine Bücher: vor allem die ins Türkische übersetzten französischen Autoren wie Voltaire, Descartes, Rousseau, die er hoch verehrt, sowie seine beiden Enzyklopädien. Schließlich vertraut er mir an, dass er zwar Englisch lernt, es aber noch nie gesprochen hat, und er bittet mich, langsam zu sprechen. Er tut sich etwas schwer mit einem abstrakten Vokabular und denkt immer lange nach, bevor er etwas sagt. Seine Begeisterung und seine Freude sind ansteckend. Er kann gar nicht genug für mich tun, er ist überglücklich, einen Ausländer zu Gast zu haben.

»Sollen wir ein bisschen spazieren gehen, bis das Abendessen fertig ist? Natürlich nur, wenn Sie wollen.«

Verlegen und vorsichtig sage ich, wenn er möge, natürlich gern, aber ich sei heute schon 38 km gelaufen.

»Wissen Sie, wenn Sie bleiben möchten, einen Tag, zwei Tage, acht Tage, mein Haus ist Ihr Haus.«

Die Tür geht auf, und herein kommen vier aufgeweckte, lachende Kinder – die Enkel meines Gastgebers. Normalerweise werden nur die Jungen in die Nähe des Ausländers gelassen. Hier jedoch werden die kleinen Mädchen und Jungen gleich behandelt. Der Mann mit den vielen Büchern ächtet die Frauen nicht. Wenn ich wieder in Frankreich bin, wird Behçet sich für die Fotos bedanken, die ich ihm geschickt habe, und mir einen wunderbar umständlichen Brief schreiben, in dem es zum Schluss heißt: »Meine Enkel küssen Ihnen die Hände.«

Während ich in jedem anderen Dorf ein Defilee von Neugierigen auslöse, werde ich bei Behçet in Ruhe gelassen, wahrscheinlich, weil niemand sich traut, den Patriarchen zu stören. Ganz früh am nächsten Morgen schreibe ich ihm ein paar Dankesworte, lege kleine Geschenke für seine Enkel dazu und öffne die Tür so leise, wie ich nur kann. Da taucht er aus der Küche auf. Das Frühstück sei fertig, es komme nicht infrage, dass ich mich mit leerem Magen auf den Weg mache. Wie gestern Abend rührt er das Essen kaum an, sieht mir aber mit einer solchen Freude beim Essen zu, dass ich ohne Hemmungen so viel wie möglich von dem vertilge, was seine Frau zubereitet hat. Er bringt mich bis zur Landstraße. Seine Frau winkt mir zum Abschied vom Balkon aus zu. Wie wunderbar, dass es überall auf der Welt so außergewöhnliche Menschen wie diesen kleinen Mann gibt.

In der Nacht hat es geregnet. Schnell ziehende Wolken verhüllen die Berggipfel. Der Kızılırmak führt schlammiges Wasser und brandet gegen die Felsen. Inmitten dieser stürmischen Elemente liegen reglos die Reisfelder, über die bedächtig Fischreiher schreiten.

Gestern Abend habe ich eine Achillessehne gespürt, und heute Morgen machen sich sogar beide bemerkbar. Überlastung? Zu wenig getrunken? Die Schuhe nicht fest genug geschnürt? Heute leiste ich mir einen Mittagsschlaf, dehne und massiere die schmerzenden Stellen und trinke viel mehr als ich Durst habe.

Bis Osmancık dürfte es nicht allzu anstrengend werden. Die Strecke ist wunderschön. Von einer Ebene zur nächsten komme ich durch enge, künstliche Schluchten – für die Straße durch den Fels gesprengte Passagen. Wieder eine endlose Ebene mit Reis und Getreide. Und weiter hinten eine halbkreisförmige, fahlgelbe Gebirgskette. Nach dem nächtlichen Regen ist die Luft so klar, dass die Berge ganz nah scheinen. Doch ich brauche noch einen ganzen Tag bis dorthin.

In Osmancık, nach 46 km, suche ich vergebens nach zwei von Tavernier beschriebenen »höchst bequemen Karawansereien«. Die alte Brücke mit den 15 Bögen gibt es noch, sie ist aber für den Verkehr gesperrt. Um ihr neuen Schliff zu verpassen, hat man sie von oben bis unten mit Zement zugekleistert. Die Türken lieben Zement. Schon auf der SAMSUN hatte mir ein Rentner anvertraut: »Ich kaufe Aktien von Zementfirmen, die steigen immer.«

Die Stadt ist völlig reizlos. Keines der beiden Hotels hat eine Dusche oder warmes Wasser, und ich habe die Qual der Wahl, denn auch die Zimmer sind in beiden Etablissements gleich: schmutzig, laut, winzig und von einer niederschmetternden Hässlichkeit. Über der Stadt auf einem riesigen Felsen eine Burg, deren letzte Mauer gerade in sich zusammenfällt. Bis hierher ist der Zement noch nicht gekommen. Plötzlich fühle ich mich unendlich müde. Ich weiß, dass man gegen diese Anwandlungen ankämpfen muss, und ich mache mir mit einem arabischen Sprichwort Mut, das Achtung vor dem Reisenden und Verachtung für die Daheimgebliebenen zum Ausdruck bringt.

Veni, vidi ...

Zwischen Osmancık und Gümüşhacıköy führt der Weg durch eine abenteuerliche, geradezu halsbrecherische Schlucht. Die enge Straße, neben der ein Wildbach tost, zwängt sich zwischen zwei senkrechten, glatten Granitfelsen hindurch. Es geht steil bergauf. Unten zeigt mein Höhenmesser 450 m an, oben auf dem Plateau werden es 1000 sein.

Literweise rinnt mir der Schweiß herunter. Auf halber Strecke hält ein Auto neben mir. Der junge Fahrer will mich mitnehmen. Als ich sein freundliches Angebot ablehne, parkt er ein Stück weiter und kommt mit einer Flasche Eau de Cologne auf mich zu. Das ist hier so Sitte. Wenn Gäste ein Restaurant verlassen, wird ihnen ein Spritzer angeboten, mit dem sie sich die Hände und manchmal auch das Gesicht einreiben. Ich mag kein Parfum und lehne ab. Davon lässt Kamil Zeyrek sich aber keineswegs entmutigen, er geht zu seinem Auto und kommt mit einem Armvoll Werbegeschenke zurück. Ich erkläre ihm, dass mein Rucksack ohnehin schon viel zu schwer ist. Er ist so sichtlich enttäuscht, dass ich einen Stift und eine Straßenkarte nehme. Wir setzen uns in den Schatten einiger ausladender Buchen und unterhalten uns. Kamil ist Handelsvertreter und begeistert sich für Wandern und Trekking. Er möchte alles über meine Lauftechnik wissen, über den Inhalt meines Rucksacks, über meine Schuhe und meine Schlafausrüstung.

»Nimm dich in der Gegend von Tokat vor Terroristen in Acht. Lauf nicht früh morgens oder spät abends«, sagt er noch, bevor er weiterfährt.

Oben auf der Höhe eröffnet sich mir eine smaragdgrüne gewellte Landschaft, die dank einer nahe gelegenen Talsperre großzügig bewässert wird. Etwas weiter habe ich von einer Teestube am Straßenrand einen Blick hinunter in die Ebene von Merzifon mehrere Hundert Meter unter mir. Die endlose Fläche, hier und da unterbrochen von ein paar sanften Hügeln und einem schiefen Zuckerhut-Berg, erstreckt sich bis zum Horizont und flimmert in der glühenden Hitze.

In Gümüşhacıköy gibt es nur ein Hotel mit minimalem Komfort. Wieder mal keine Dusche. Und die Toiletten auf dem Flur sind schlichtweg widerlich.

Gegenüber dem Hotel liegt die Karawanserei *Mehmet Pacha*. Oder das, was davon noch übrig ist, denn die Umfassungsmauer ist zerstört. Es gibt nur noch ein paar an einem Mittelgang gelegene ebenerdige Zellen. Der hübsche Anblick wird aber zunichte gemacht von einer Reihe pseudomoderner Straßenlaternen. Auch die beiden Tore mit ihren Bögen aus abwechselnd weißen und schwarzen Steinen könnten eine schöne Wirkung entfalten, wenn man nicht auf einen dieser Bögen einen Uhrturm aus Zement gesetzt hätte. In den 1950er- oder 1960er-Jahren hatte man das ehrwürdige, 470 Jahre alte Gebäude mit dieser Scheußlichkeit verschandelt. Dazu musste man den Bogen des Vorbaus aufbrechen und mit Zement auffüllen und stützen. Von der nicht mehr funktionierenden Uhr ziehen sich dicke Rostspuren über die auf den Beton gemalten falschen Steine.

Auf dem kleinen Platz daneben, wo ein Getreidemarkt stattfindet, steht ein großer Hamam aus derselben Zeit wie die Karawanserei. Zum Glück ist an ihm die Zementwut bisher vorübergegangen, ebenso wie an einem architektonisch nicht sonderlich originellen Mausoleum, einer der Sehenswürdigkeiten der Stadt.

Als ich frühmorgens in einem kleinen Restaurant auf dem Platz eine Suppe, eine çorba, esse, ruft der Wirt mir zu:

»Werdet ihr in Frankreich auch von einer republikanischen Oligarchie regiert?«

Kaum habe ich verstanden, was er gesagt hat, als die anderen Gäste bereits leidenschaftlich diskutieren. Ich möchte schnell los, darum gehe ich einer politischen Diskussion aus dem Weg, die ich mit meinem beschränkten türkischen Vokabular ohnehin nicht bestreiten könnte.

Kurz vor Merzifon hält ein Polizeiauto, und der Fahrer fordert mich auf, einzusteigen.

»Ich will mit dir sprechen, ich muss Englisch üben.«

Das ist unmissverständlich. Ich kann ihn überzeugen, mich später in der Stadt zu treffen und in Ruhe bei einem Tee zu reden.

Als Erstes komme ich in Merzifon an einer Moschee vorbei, die gerade abgerissen wird. Einer der Arbeiter spricht mich auf Französisch an. Setin Yusuf hat 17 Jahre in Frankreich gearbeitet, die meiste Zeit davon schwarz. Er hat im Norden von Paris gewohnt, in La Goutte d'Or, einem Viertel, das ich gut kenne. Vor zwei Jahren erlitt er während seiner Ferien hier einen schweren Herzanfall. Jetzt kann er nicht mehr arbeiten, hat keine soziale Absicherung, keine Rente. Setin kocht Tee für seine pensionierten Freunde, die das Gotteshaus abreißen und ein größeres an seine Stelle setzen wollen. Die alte Moschee war für 50 Leute konzipiert, aber das Viertel ist gewachsen, darum muss sie einem Gebäude für mindestens 500 Gläubige weichen. Die Männer, alles frühere Leute vom Bau, widmen sich dieser Aufgabe voller Begeisterung, denn so können sie ihrem Glauben Ausdruck verleihen und zugleich ihr Können an den Tag legen.

Setin hat mir ein einfaches Hotel genannt. Doch der ursprünglich günstige Zimmerpreis wird nach oben korrigiert, und nach zwei Stunden kostet es plötzlich doppelt so viel, meine Shorts und zwei Paar Socken waschen zu lassen. Da ich keine Lust habe, mich über den Tisch ziehen zu lassen, suche ich mir ein besseres Hotel, vergesse aber einen Geldgürtel mit 1000 Dollar – meine Rücklage für Notfälle. Als ich das am nächsten Morgen merke, gehe ich kleinlaut zum Geschäftsführer, der mir wortlos und mit vorwurfsvollem Blick den unangetasteten Gürtel reicht.

Die einstmals sehr schöne Karawanserei von Merzifon, ein Steinbau, verfällt zusehends. Üblicherweise wurden die Einkünfte, die sie erwirtschaftete, für die Instandhaltung der benachbarten Moschee verwendet. Dementsprechend ist das Gotteshaus in hervorragendem Zustand, die Herberge eine Ruine. Beide wurden 1666 erbaut. Der einzige Zugang zu dem etwa 20 Quadratmetern großen gepflasterten Innenhof der Karawanserei ist ein monumentales Portal. Es gab zwei Brunnen, einen für die Tiere und einen für die Menschen. Um den schattigen Hof herum lagen etwa zehn große Schlafräume mit Stockbetten. Zu den Warenlagern und Ställen in einem Zwischenstock gelangte man über eine Rampe, über der sich noch einmal sechs vorspringende Räume für die Stallburschen befanden. Im ersten Stock lief eine Galerie um den ganzen Innenhof und bot Zugang zu etwa 40 Einzelzellen. Jeder Wohnraum war mit einem Kamin ausgestattet. Leider sind nur noch Teile überdacht, und das ganze Gebäude droht einzustürzen.

Gegenüber der Karawanserei befindet sich ein großer alter bedesten, ein überdachter Markt mit neun Kuppeln. Auch er ist in einem sehr schlechten Zustand. Seine Eichentore sind mit Vorhängeschlössern gesichert und verrostete Schilder verbieten den Zutritt.

Am nächsten Tag beschließe ich, der Überlandstraße, den Lastern und dem Lärm den Rücken zuzukehren. Meine Füße haben endlich über meine Schuhe triumphiert. Ich kann also wieder über Wiesen laufen, durch Obstplantagen und zwischen den vielen herrlichen Haselnusssträuchern hindurch. Die kleine Straße führt weiträumig um den Militärflughafen von Ortaova herum, in dessen unzähligen Wachtürmen die Umrisse gut bewaffneter Soldaten zu sehen sind.

Ein etwa zwölfjähriger Junge kommt mir auf einem Fahrrad entgegen. Neugierig geworden durch diesen komischen Fußgänger, vollführt er eine akrobatische Kehrtwende, begrüßt mich und unterzieht mich einem eingehenden Verhör.

»Keine schlechte Leistung«, meint er dann, »für einen Alten.« Seine Offenheit gefällt mir, und wir gehen zusammen weiter bis zu seinem Dorf. Auf dem Platz stehen etwa 20 Leute um einen kleinen Transporter mit Obst und Gemüse herum. Arbeiter auf dem Dach einer im Bau befindlichen Moschee rufen herunter:

»Gel, çay!«

Der Junge, Ender Saka, ist sich der außergewöhnlichen Situation bewusst und nutzt sie nach Kräften. So laut, dass auch die Männer auf dem Dach es hören können, ruft er:

»Er ist 61 und zu Fuß aus Istanbul gekommen.«

Zufrieden mit der Wirkung und darauf bedacht, die Spannung aufrechtzuerhalten, tritt er einmal kräftig in die Pedale und steht wieder neben mir. Eine Meute von Jungen stürmt auf uns zu, aber Ender wacht scharf über mein Wohlergehen. Er lässt sie einen Kilometer mitlaufen, dann verscheucht er sie. So kann er seinen Wissensvorsprung wahren.

Gut zwei Stunden später komme ich zu einem künstlichen See. Eine Bauernfamilie macht gerade Mittagspause und lädt mich ein, ihre Mahlzeit zu teilen. Die Sonne brennt heiß, weit und breit nicht ein einziger Strauch, zum Essen setzen wir uns unter den Traktoranhänger. Meine Gastgeber sind Nachkommen von Aserbaidschanern, die 1914 hier in die Gegend gekommen sind. Ihre Tochter Fatima ist noch nie fotografiert worden, und sie bittet mich, eine Porträtaufnahme von ihr zu machen. Eine Aufnahme mache ich auch von einem kohlrabenschwarzen, schmutzigen und verrotzten Zwillingspärchen.

Von dem Erdwall der Talsperre aus kann ich fünf Dörfer erkennen, von denen drei auf meiner Karte verzeichnet sind. Es ist nicht schwer, mich zu orientieren, und so laufe ich querfeldein. In Saygılı bietet mir der muhtar Mustafa Müjde seine Gastfreundschaft an. Es ist ein angenehmer Abend. Jeder, der sich in dem kleinen Ort auf den Beinen halten kann, defiliert vorbei. Zwei junge Leute, die relativ gut Englisch sprechen, sorgen für die Übersetzung. Am nächsten Morgen sind sie verschwunden. Der Herr des Hauses und des Dorfes, überzeugt, dass ich nicht ein Wort Türkisch kann, spricht kein Wort mit mir. Wir sind beide gleichermaßen verlegen, und ich mache mich so schnell wie möglich aus dem Staub.

Meine nächste Station ist Amasya, eine größere Stadt. Die kleine Straße dorthin schlängelt sich in einem Tal zwischen üppigen Obstplantagen hindurch. In der Türkei, und speziell in dieser Gegend, wird der Ursprung des Kirschbaums (kiraz) vermutet. Es ist Erntezeit, Gruppen von Frauen stehen auf Gestellen und pflücken die Kirschen in Weidenkörbe. Die Männer fordern mich auf, zuzugreifen. Ich stopfe mich voll mit diesen frischen, süßen und saftigen Kirschen. Allerdings tut diese Diät dem »flotten Otto«, mit dem ich mich seit zwei Tagen herumplage, gar nicht gut, und mehrmals muss ich meinen Rucksack absetzen und schleunigst hinter einer der Hecken verschwinden, die die Obstplantagen von der Straße abschirmen.

Gegen Mittag geht ein kalter Regen nieder. Die letzten 5 km bis zur Stadt sind eine Art Autobahn. Die Laster fahren schnell und hüllen mich in Wolken von eiskaltem Spritzwasser. Klatschnass, durchfroren und den Bauch voller Kirschbrei gelange ich endlich zu den ersten Häusern. Mein Leidensweg ist aber noch nicht zu Ende, denn Amasya liegt in einem engen Tal, und bis zum Stadtzentrum sind es noch mehr als 3 km durch endlose Vororte. Ich nehme das erstbeste Hotel, an dem ich vorbeikomme, lege mich ohne Essen um 19 Uhr ins Bett und schlafe traumlos die ganze lange Nacht hindurch.

Am Morgen ist es wieder warm und die Sonne scheint. Amasya ist eine geschichtsträchtige, schöne Stadt, ihre osmanischen Häuser, die ausnahmsweise gut erhalten sind, spiegeln sich im Fluss. Hoch über der Stadt steht eine Burg, die von Mithridates erbaut worden sein soll. Die pontischen Könige, die 200 Jahre vor Christus über fast ganz Anatolien herrschten, hatten Amasya zu ihrer Hauptstadt gemacht. Gegründet wurde sie von den Hethitern, erobert von Alexander dem Großen, dann von den Römern und schließlich von den Mongolen unter Timur Lenk. Unter den Osmanen gingen von hier alle Angriffe gegen die Perser aus. Üblicherweise kam der Erbe des Sultans nach Amasya und setzte hier die Erziehung, die er genossen hatte, in die Praxis um und lernte regieren. Die Altstadt wird überragt von einer steilen Felswand, in die man Gräber für die pontischen Könige geschlagen hat.

Ich bin fest entschlossen, hier einen Tag Pause zu machen und Informationen über die Seidenstraße einzuholen. Eine schwierige Aufgabe. Die beiden jungen Leute in der Touristeninformation sind vollkommen unfähig, irgendwelche Auskünfte zu erteilen. Die gleiche Enttäuschung im Museum. Ahmet Yüdje, der Direktor, seines Zeichens Archäologe, schwärmt von einer römischen Straße, die vor Kurzem hier entdeckt wurde. Doch die Tradition der Handelskarawanen ist ein Geheimnis, das er nie versucht hat zu lüften. Er verweist mich an Ali Kamil Yaltchin, der angeblich Ahnung von der Sache hat und außerdem Englisch spricht. Ich eile zur *Ilk Pansiyon* (der Pension Nr. 1), die dieser Mann betreibt. Aber er ist verreist. Das Haus, das er renoviert hat, ist prächtig.

Das osmanische Haus vom Anfang des 19. Jahrhundert ist aus Lehm und Holz gebaut und hat, einschließlich des Souterrains, drei Ebenen. Ein kleiner gepflasterter Innenhof, in dem ein Nussbaum und eine Weide Schatten spenden, lädt zu Mittagsruhe oder Gesprächen ein. Dort stehen auch alte Gerätschaften aus Land- oder Hauswirtschaft, die der Besitzer gesammelt hat. Eine Außenküche dient dazu, Fleisch zu grillen, damit die Gerüche nicht durchs Haus ziehen. Küche und Gemeinschaftsräume liegen im Souterrain auf der ersten Ebene, zur zweiten gelangt man von außen über eine Doppeltreppe. Diese führt zu einer kleinen Plattform unter einem von Säulen getragenen Vordach, und von dort geht es in zwei große, helle Empfangsräume. Das Tageslicht fällt durch zahlreiche, mit Eisengittern versehene Fenster. Auf der obersten Ebene liegen drei Zimmer. Eines von ihnen hat eine Kassettendecke, verziert mit abstrakten Motiven und stilisierten Tieren in Pastelltönen. Die Bäder hat Ali Kamil in den Schränken untergebracht, in die früher tagsüber das Bettzeug geräumt wurde.

Die Türken, die ja ursprünglich Nomaden waren, leben in ihren Häusern wie in einem Zelt. Normalerweise dient ein und dasselbe Zimmer als Empfangs-, Ess- und Schlafraum. Selbst in den bescheidensten Häusern ist der Boden immer mit Teppichen ausgelegt, bei den wohlhabenderen Leuten zieren sie eher Wände und Bänke. Die Kissen aus den Zelten gibt es ebenfalls noch, doch das Sofa hält immer stärker Einzug in die türkischen Häuser. Wandelbar wie es ist, eignet es sich für Gespräche ebenso wie zum Schlafen. Die Mahlzeiten werden nach wie vor auf dem Boden, von einem großen Tablett, eingenommen.

Ich flaniere auch eine Weile um die *Sultan Beyazıt II* Moschee herum, das größte Gotteshaus der Stadt. Der Bau hat – wie überall in der Türkei – nicht nur eine religiöse Funktion. Die Gläubigen leben dort auch. Nach dem Morgengebet können sie die Teestube neben dem Gebetsraum aufsuchen oder in den schattigen Gärten spazieren gehen. Den Koranschülern steht eine sehr schöne, für ihre seltenen Bücher berühmte Bibliothek zur Verfügung. Dort stöbere ich ein Werk von einem französischen Architekten auf, das er 1934 verfasst hat und in dem er eine Fülle türkischer Bauwerke in Anatolien beschreibt. Er sagt alles, wirklich alles über Moscheen, Mausoleen und Brunnen, hat aber keinerlei Interesse an den Einrichtungen für die Händler, diejenigen, auf die ich regelrecht fixiert bin. Vielleicht gab es damals zu viele davon, vielleicht waren sie nichts Besonderes und wurden als architektonisch uninteressant eingestuft. Trotzdem bin ich – wieder einmal – sehr enttäuscht, keine Spuren der Karawanen finden zu können.

Wenigstens kann ich auf einem Foto von 1928, aufgenommen von den Felsen über der Stadt, zwei große Anlagen erkennen. Es sind die Karawansereien. Amasya hatte damals bereits seit 2000 Jahren eine wichtige strategische Position an der Handelsstraße nach Osten. Auch die Händler, die über Land vom Schwarzen Meer nach Syrien zogen, machten in der Stadt Station. Heute gibt es nur noch einen der beiden *han*, und er ist halb verfallen. In den wenigen noch nicht eingestürzten ebenerdigen Zellen arbeiten Handwerker mit Holz, Eisen und Kupfer. Neben dem *han* steht ein großer *bedesten*. Seine oberste Etage ist zerstört, doch unter den Kuppeln findet noch immer ein lebhafter Handel statt.

Am 12. Juni 1919 versammelte Atatürk, damals noch Mustafa Kemal, in Amasya einen Großteil seiner Freunde und legte den Grundstein für die türkische Republik. Zur Erinnerung an dieses Ereignis vor 80 Jahren richtet die Stadt ein Festival aus. Heute ist der 9. Juni, und niemand versteht, dass ich aus einem anderen Grund als dem Festival hierhergekommen sein könnte und nicht noch drei Tage hier verbringen will.

Aber es brennt mir unter den Sohlen; ich muss weiterlaufen. Dieses Phänomen beschäftigt mich oft. Was treibt mich ständig vorwärts? Welche unbezwingbare Kraft treibt mich, kaum dass ich wach bin, auf die Straße? Nicht das Laufen fällt mir schwer, sondern das Anhalten. Sobald die schlimmste Müdigkeit verflogen ist, und das geht angesichts des Trainings in den letzten Wochen sehr schnell, träume ich nur davon, zu laufen, immer weiterzulaufen.

Insbesondere bei Pilgern hat man festgestellt, dass sie bei einem durchschnittlichen Tagespensum von 30 km so gut in Form waren, dass sie ihren Körper nicht mehr spürten. In fast allen Religionen ist es Ziel der Pilgertradition, durch die physische Anstrengung die Seele zu erheben: die Füße auf dem Boden, den Kopf bei Gott. Das ist der intellektuelle Aspekt des Laufens. Viele denken, laufen bedeute leiden. Das kann es für diejenigen bedeuten, die sich aus masochistischen oder religiösen Gründen Qualen auferlegen, auf Knien rutschen oder barfuß laufen. Aber bei 30 km pro Tag ist das Laufen ein Genuss, eine Freude, eine sanfte Droge.

Wenn wir zu Fuß laufen, werden wir mit uns selbst konfrontiert, von den Fesseln unseres Körpers genauso befreit wie von unserer gewohnten Umgebung, die uns in einem konventionellen, konformistischen und konditionierten Denken gefangen hält. Pilger finden am Ende ihres Weges fast immer, dass sie sich verändert haben. Weil sie nämlich einen Teil ihres Selbst entdeckt haben, den sie sonst nie gefunden hätten. Darum sollte man auch allein laufen, wobei man natürlich abends, wenn man Station macht, durchaus die Gesellschaft anderer genießen kann. Genau das ist der Vorteil der Pilger oder Karawanenreisenden mir gegenüber. Abends können sie sich austauschen, ihre Eindrücke vergleichen, ihrer Begeisterung Ausdruck verleihen und die Gedanken, die ihnen im Laufe des Tages durch den Kopf gegangen sind, den anderen unterbreiten.

Am 9. Juni bin ich schon früh auf den Beinen und esse gerade eine gute, kochend heiße *çorba* – meine Hauptnahrung –, als fünf Minibusse voll schwer bewaffneter Soldaten in Tarnanzügen und schusssicheren Westen vor dem Restaurant halten. Sie sind die ganze Nacht Patrouille gefahren. Kamil hatte mich vor »Terroristen« in der Umgebung von Tokat gewarnt. So weit bin ich noch nicht, aber die Aktivitäten der Armee zeigen, dass es auch hier schon nicht ganz sicher ist.

Um 7.30 Uhr, als ich gerade an den letzten Häusern vorbeigehe, sprechen mich zwei etwa zwölfjährige Schüler an und stellen mir die üblichen Fragen, diesmal auf Englisch. Sie meinen, ich solle der ganzen Klasse von meiner Reise erzählen, passenderweise beginne der Unterricht heute gleich mit einer Englischstunde. Ich zögere kurz, denn ich würde gern die kühlen Morgenstunden nutzen. Aber ich lasse mich überzeugen, ich kann Kindern immer nur schwer etwas abschlagen. Flankiert von den beiden Knirpsen, die ziemlich stolz auf ihren »Fang« sind, betrete ich die Schule. Die Schüler tragen Uniform: einen blauen Blazer, die Jungen dazu weißes Hemd und graue Hose, weiße Bluse und grauen Faltenrock die Mädchen, bei denen außerdem noch ein blaugraues Kopftuch dazugehört. Natürlich gibt es zuerst Tee im Lehrerzimmer, dann nehmen meine Führer mich mit in ihre Klasse.

Ihre Lehrerin, Öznur Özkan, ist ganz klein, kaum größer als ihre Schüler. Aber sie muss eine exzellente Pädagogin sein, denn die Englischkenntnisse ihrer Schützlinge sind hervorragend. Zehn Minuten lang erkläre ich, was ich vorhabe. Alle hören begierig zu, dann werde ich mit Fragen bombardiert über die Strecke, meine Gründe, meine Familie, über Paris, mein Lieblingstier und meinen türkischen Lieblingssänger. Als die Flut endlich abebbt, sind gut drei Viertelstunden vergangen. Jetzt ist die Reihe an mir, und ich wundere mich über die Kopftücher. Nur ein besonders neugieriges, begeistertes Mädchen und die Lehrerin tragen keines. Öznur erklärt mir, dass dies eine konfessionelle Schule ist. An den öffentlichen Schulen ist jedes religiöse Attribut streng verboten. Nach einem Erinnerungsfoto begleiten die Schüler mich zum Ausgang. Sie freuen sich, dass ein paar Minuten Unterricht ausfallen und sind noch lebhafter und lauter als bei meiner Ankunft. Auch als ich schon zum Tor hinaus bin, laufen sie noch ein Stück neben mir her, bis ich zur nächsten Kurve komme. Dann winken sie und wünschen mir eine gute Reise.

Ich komme durch ein Dorf, dessen Hauptstraße »Seidenstraße« heißt, und etwas weiter durch ein »Seidendorf«. Ich bin also wenigstens auf dem richtigen Weg. Auf einen Berghang oberhalb der Straße hat man mit großen weißen Steinen geschrieben: *Ne mutlu Türküm diyene*, was ich übersetze als: »Das größte Glück ist die Türkei«. Das steht auch auf manchen Häusern. Diesem chauvinistischen Spruch werde ich noch oft begegnen. Andere Sprüche, ebenfalls aus weißen Steinen, rühmen die Region, die Armee oder die *jandarmas*.

Die Armee ist in dieser Gegend allgegenwärtig. Am Straßenrand sitzen zwei Soldaten neben einem Maschinengewehr; etwas weiter halten etwa zehn Soldaten Autos und Lastwagen an. Der Fußgänger überrascht sie. Sie machen sich über mich lustig, lassen mich aber in Ruhe und wünschen mir gutes Weiterkommen.

Wieder einmal verlasse ich die große Straße und laufe auf kleineren

Wegen. In zwei Tagen will ich in der Stadt Zile sein. Heute möchte ich in einem Dorf Station machen, dessen Name mir auf der Karte ins Auge gesprungen ist: Kervansaray.

Es ist heiß und gewittrig. Mittags mache ich in dem kleinen Weiler Ölöcö halt. Nachdem ich im *bakkal* ein paar Dinge eingekauft habe, setze ich mich in die Teestube nebenan. Die anderen Gäste platzen schier vor Neugierde, trauen sich aber nicht, mir Fragen zu stellen. Ein schlecht rasierter, Achtung gebietender Mann mit sonnengegerbter Haut tritt ein. Mustafa Asil wirft einen Blick in die Runde und setzt sich ganz selbstverständlich an meinen Tisch. Darauf haben die anderen nur gewartet. Sie schnappen sich ihre Stühle und bilden einen Kreis um uns. Mustafa hat kleine glänzende Augen wie eine Spitzmaus; er schreibt seinen Namen in mein Notizbuch und dann noch einen und erklärt:

»Wenn du heute Abend nach Kervansaray kommst, dann schlaf bei diesem Mann, das ist mein Freund Göz Bektash. Sag ihm, dass ich dich schicke.«

Der Aufstieg verspricht lang und mühselig zu werden. Ich bin jetzt auf 450 m. Bis Kervansaray sind es noch 15 km, und der Ort liegt auf 1200 m Höhe. Das Gewitter, das in der Luft lag, bricht los. Ein Jugendlicher holt mich völlig außer Atem ein. Er fragt nach einer Zigarette. Es wundert mich, dass er nur deswegen so gerannt ist. Er bedeutet mir, stehen zu bleiben, und zeigt auf eine Serpentine weiter unten und einen Mann, dem ein Gewehr über der Schulter hängt und der sich abmüht, uns einzuholen. Da der Junge nicht aggressiv wirkt, warte ich. Der Bewaffnete hat das Gewehr von der Schulter genommen und hält es mit der Mündung nach unten gegen seinen Körper. Freund oder Feind? Der Junge hat sich auf die Straße gesetzt, ringt immer noch nach Atem, ist aber in keiner Weise bedrohlich oder auch nur nervös. Während der andere näher kommt, erzähle ich dem Jungen, woher ich komme und wohin ich gehe. Als der Mann mit dem Karabiner endlich bei uns ist, wiederholt der Junge auf Türkisch, was ich ihm gerade erklärt habe.

»Tourist?«

Ich nicke. Beide betrachten mich in aller Ruhe, drehen sich wortlos um und gehen wieder den Berg hinunter.

Kervansaray liegt auf einer kahlen, welligen Ebene. Aus einem Marmorsteinbruch kommen große Laster, auf den Ladeflächen riesige Steinblöcke, die wohl nur dank Allahs gutem Willen halten. Der kurze Gewitterschauer und die Höhe haben für eine deutlich kühlere Temperatur gesorgt. Die Ställe und Häuser sind bescheidene Bauten aus Lehm und Holz. Verdreckte Kinder spielen auf den schlammigen Straßen. Wo ich vorbeikomme, halten Männer und junge Leute inne und beobachten mich, die alten Frauen bedecken Mund und Nase mit einem Zipfel ihres Kopftuchs. Haben die westlichen Frauen nicht im Grunde eine ähnliche Reaktion, wenn sie aus Schüchternheit, Verwirrung oder Verlegenheit ihr Gesicht mit der Hand bedecken?

Göz Bektashs Haus ist das letzte. Der Mann ist massig, der dicke Schnauzbart sitzt wie ein Balken in seinem plumpen Gesicht. Als er den Namen seines Freundes Mustafa hört, öffnet er mir bereitwillig sein Haus. Mit Vornamen heißt er Demirci und nicht Göz (Auge), das ist ein Spitzname wegen seines sicheren und scharfen Blicks. Er ist nicht reich, er besitzt vier Kühe und 15 Hektar karges Land. Aber das, was er hat, teilt er. Er gehört der aus dem schiitischen Islam hervorgegangenen Religionsgemeinschaft der Aleviten an. Dieses Mal löst mein Besuch nicht das übliche Defilee aus. In Kervansaray ist nichts von jener allgemeinen Herzlichkeit zu spüren, die mich bis Amasya so bezaubert hat. Mir ist ein stummes Misstrauen aufgefallen, bei dem Mann mit dem Gewehr ebenso wie bei denen, die ich nach dem Weg gefragt habe. Liegt das an dem harten Leben in den Bergen? Die bewaffneten Soldaten und Zivilisten, denen ich seit heute Morgen begegnet bin, zeugen von einer latent kriegerischen Atmosphäre. Finden hier Kampfhandlungen statt? Auf meine Frage bekomme ich keine Antwort.

»Wie viele Kinder haben Sie, Göz?«

»Vier.«

»Ich habe zwei Töchter und einen Sohn gesehen, ist das vierte ein Junge oder ein Mädchen?«

»Nein, ich habe vier Söhne und fünf Töchter.«

Mädchen zählen nicht, obwohl sie hart arbeiten müssen. Zwei von ihnen helfen der Mutter, das Essen zuzubereiten. Sati, die Jüngste, stellt einen Dreifuß vor uns hin, darauf ein großes Tablett mit den einzelnen Gerichten: Weizenschrot, Tomaten, Zwiebeln, Joghurt und große, frisch aufgebackene Fladenbrote. Göz schenkt Tee aus einem Samowar ein. Nach dem Essen stellt Sati sich mit einem Krug Wasser vor ihren Vater und reicht ihm Schale und Handtuch, damit er sich Hände und Mund waschen kann. Er fordert mich auf, es ihm gleichzutun. Aber das lehne ich ab, denn ich finde es demütigend für das Mädchen. Ich werde mich allein waschen, wenn ich denn einen Brunnen finde.

Ich finde keinen und begebe mich auf eine gewagte Exkursion durch die Dunkelheit zu den Toiletten hinter dem Haus. Ich taste mich vorwärts und stoße schließlich auf die Holzhütte, zu der ein paar nasse, glitschige Stufen hinaufführen. Das Dach muss bei einem Sturm davongeflogen sein, und über der Sickergrube hockend betrachte ich die Sterne am Himmel.

Wie alle anderen Häuser im Dorf, hat dieses Haus fünf Zimmer: in der Mitte die Küche, in der auch verschiedene Landwirtschaftsgeräte untergebracht sind. Um diesen zentralen Raum herum liegen die vier anderen, ziemlich kleinen Zimmer. In zwei Zimmern sind die unbearbeiteten Holzdielen mit Linoleum bedeckt, in den beiden anderen mit Teppichen. Jedesmal muss man sich die Schuhe ausziehen, wenn man von der Küche mit dem gestampften Lehmboden in eines der Nebenzimmer geht. Das Mobiliar ist äußerst dürftig. Als Bett dient eine Pritsche aus aneinandergenagelten Latten mit einer Matratze. An zwei Wänden ist in etwa 2 m Höhe ein schmales, mit Nägeln gespicktes

Brett angebracht: der Kleiderschrank. In einer Ecke liegen ordentlich gefaltete Decken, die in den vier Wintermonaten sicher sehr nützlich sind, denn außer einem Kamin in der Küche gibt es keine Heizung. Auch die Kleidung ist bei allen in Kervansaray gleich. Die Frauen tragen Pullover – zum Teil sehr bunte – über bodenlangen Kleidern aus einem schweren grauen Stoff. Und Kopftuch. Mir ist aufgefallen, dass sich die ältesten Frauen nur in meiner Gegenwart Mund und Nase bedecken. Die Männer tragen eine Tuch- oder Wollweste über den Hemden. Während in der Stadt Krawatten angesagt sind – die Türken schätzen »französische Lässigkeit« nicht sonderlich –, bleibt hier der Kragen offen. Dazu kommen niedrige Gummischuhe, in die man barfuß schlüpft, und eine Kopfbedeckung.

Über die Seidenstraße weiß Göz ein wenig zu erzählen. Die Karawanen nach Sivas, weiter im Süden, zogen über Kervansaray und Zile, um dem Steuereintreiber des Paschas von Tokat aus dem Weg zu gehen. Göz kann mir aber nicht sagen, wo die Karawanserei stand, die seinem Dorf den Namen gegeben hat. Klar ist nur, dass die Entfernung von Amasya bis Kervansaray mit den 36 km, die ich heute gelaufen bin, einer großen Karawanenetappe entspricht – groß wegen der 800 m Höhenunterschied.

Im Morgengrauen begleitet Göz mich bis zum Ortsausgang. Das nächste Dorf, Yaylayolu, hieß früher Badjul. Wie bei unseren Bergbauernhöfen, liegen die Wohnräume über dem Stall, und die Tiere dienen im Winter als Heizung. Ein halbes Jahrtausend lang war das Dorf von griechischen Christen bewohnt, erzählt mir ein Alter aus dem Ort. Angeblich haben sie es um 1550 herum verlassen. Aber woher stammt eine solche Information? Und was war in den letzten 500 Jahren?

Badjul-Yaylayolu macht auf mich den Eindruck, als habe es sich seitdem, und in manchem vielleicht sogar seit im Jahre 47 v. Chr. die Truppen von Pharnakes II. auf ihrem Weg in die Schlacht hier durchgezogen sind, kaum verändert. Ich mache ein Foto und rede mit zwei

Frauen, die in einem Innenhof eine Art Kelim weben. Der fast 20 m lange Teppich ist auf der einen Seite des Hofes an einem Holzpflock befestigt. Auf der anderen Seite sitzt eine Frau auf dem Boden und hält die Kettfäden gespannt. Die Weberin hockt auf dem Boden und schiebt das Schiffchen hin und her.

Ich fotografiere auch zwei andere Frauen, die eine Art großes Tablett mit vier Griffen tragen. Ich habe so einen Gegenstand schon einmal auf dem Bild *Die Bauernhochzeit* von Pieter Brueghel d. Ä. gesehen. Auf der Trage stapelt sich ein Berg von Fladenbroten: die seit dem frühen Morgen im Dorfofen gebackene Wochenration für die ganze Familie. In diesem Ort scheint die Zeit stehen geblieben zu sein.

Eine Stunde später sitze ich im Gras zwischen dem ehemaligen Badjul im Norden und dem Dorf Yünlü im Süden. Mein Höhenmesser zeigt 1335 m an. Hier fand, vielleicht an einem ähnlich grauen und milden Tag wie heute, eine sagenumwobene Schlacht statt. Ein halbes Jahrhundert vor unserer Zeitrechnung hatte der pontische König Pharnakes sich in den Kopf gesetzt, Armenien, Kappadokien und Galatien, Gebiete, über die seine Vorfahren geherrscht hatten, zurückzuerobern. Die Römer hatten einen Teil dieses Gebietes besetzt, und so erklärte er ihnen den Krieg und zog in die Schlacht. Cäsar erhielt vom Senat den Befehl, diesem unverfrorenen Kerl den Kopf wieder zurechtzurücken. Hier, direkt vor mir, auf dieser weiten Fläche, standen sich die beiden Männer gegenüber.

Mein Blick schweift in die Ferne, ich träume und stelle mir die Szene vor.

Pharnakes, der von seiner Hauptstadt Amasya gekommen war, bezog zu meiner Linken Stellung. Cäsar hatte sein Lager in Yünlü aufgeschlagen und kam von Süden zu meiner Rechten. Es wurde allmählich Tag. Aus dem Nebel dort im Osten erhob sich das Bergmassiv des Kadjababa (was »der riesige Papa« bedeutet). In der hügeligen Landschaft konnten die Gegner ihre Reservetruppen gut verstecken. Ein Höhenwind streifte durch das kurze Gras. Der Befehl zum Angriff ertönte, und die römische Legion rückte in dichten Reihen vor. Da ließ Pharnakes die fürchterlichen Wagen mit messerbewehrten Rädern auffahren, die er erfunden und hinter einer Erhebung verborgen hatte. Die kleinen drahtigen und nervösen Pferde rasten von den Peitschenhieben ihrer Wagenlenker angetrieben in die Reihen der Fußsoldaten und zogen schreckliche Blutspuren. Fünf Stunden lang tobte die Schlacht gnadenlos. Die Männer waren erschöpft. Schließlich triumphierte die römische Ordnung. Und Cäsar notierte für den Senat den kürzesten und berühmtesten Schlachtenbericht. Auf dem Feld, auf dem so viele seiner Männer gefallen waren, diktierte er einfach nur: »Veni, vidi, vici.«

Im Laufe der letzten 2000 Jahre sind die Hügel und Täler wieder zur Ruhe gekommen. Heute durchbrechen nur noch das Rauschen des Windes über der Steppe und das Trillern der aufsteigenden Lerchen die Stille. Lange hänge ich meinen Gedanken nach, bevor ich mich wieder auf den Weg mache. Und der Trick mit den Klingen an den Rädern hat in Hollywoods B-Filmen noch groß Karriere gemacht.

Yünlü, das andere Dorf, das Zeuge dieser Schlacht war, liegt etwas abseits von der Straße nach Zile an einem Hang. Ich gehe von der Teerstraße ab und über einen Schotterweg in den Ort hinein. Ich begegne zwei Alten auf ihrem Spaziergang. Nachdem ich ihre Neugier befriedigt habe, nehmen sie meinen Rucksack ins Visier und wollen wissen:

»Bist du wenigstens gut bewaffnet? Hast du ein Gewehr oder eine Pistole?«

Ich finde die Frage absurd und lache. Aber sie haben das nicht zum Spaß gesagt.

Hinter einer Biegung falle ich regelrecht über Hüseyin. Er sitzt auf dem Boden, den Kopf im Schatten seines Hauses und die nackten, schmutzigen Füße in der prallen Sonne quer über der Gasse. Er schneidet ganz spezielle Heugabeln zurecht, in Form eines Dreizacks mit gebogenen Spitzen. Solche habe ich noch nie gesehen. Drei Jahre lang hat Hüseyin die Triebe in den Hecken am Rand seines Feldes zurechtgebogen, dann hat er sie trocknen lassen. Wenn er die Zinken richtig gespitzt hat, braucht er nur noch einen Stiel daran zu befestigen.

Vergnügt ruft Hüseyin mir etwas zu und unterbricht seine Arbeit. Ich mache ein Foto, denn alte landwirtschaftliche Geräte interessieren mich, und diese werden seit Urzeiten so hergestellt. Hüseyin lädt mich zum Mittagessen ein. Ich möchte früh in Zile sein und lehne die Einladung ab. Aber das lässt er nicht gelten. Er nimmt mich beim Arm und zieht und schiebt mich freundlich, aber bestimmt, in sein Haus. In null Komma nichts nimmt er mir meinen Rucksack ab und führt mich mit fester Hand ins Empfangszimmer. Hüseyins Herzlichkeit kann man nicht widerstehen. Er will alles wissen. Die Frauen in der Küche spitzen die Ohren, sie kommen abwechselnd herein, um die eine oder andere Information aufzuschnappen und sie dann gleich den anderen weiterzuerzählen. In diesem Haus herrscht die Atmosphäre eines einfachen Glücks. Bilder, von denen man zehren kann, wenn die Welt zum Verzweifeln ist.

Plötzlich bittet mein Gastgeber mich, von der Bank, auf der ich sitze, aufzustehen. Er hebt den Deckel und holt aus einem Käfig ein Rebhuhn, das er gezähmt hat und in seinem Haus hält. Es spaziert durchs Zimmer und stibitzt ein paar Essensreste von unseren Tellern. Hüseyin ist glücklich, einen Ausländer zu Gast zu haben, und seine Freude ist ansteckend. Er legt mir die Hand auf den Arm, klopft mir auf die Schulter. Ich glaube, am liebsten würde er mich umarmen. Der Mann ist großzügig, entgegenkommend, wie ein Bruder. Und als ich mir den Rucksack wieder aufsetze, besteht er darauf, mich ein Stück zu begleiten.

Der steinige Weg führt steil bergab. Er ist ausgespült vom Regen, unbequem und so abschüssig, dass man ihn nur zu Fuß gehen kann. Wir stolpern über Steine und rutschen auf der trockenen Erde aus. 500 m unter uns ein Gebirgsbach. Hüseyin läuft neben mir, schiebt seinen Arm unter meinen, als befürchte er, ich könnte fallen oder davonlaufen. Die Berührung ist mir etwas peinlich, aber ich habe das schon oft bei Türken gesehen. Und dieses Zeichen der Zuneigung rührt mich. Wir kommen zu einem Felsvorsprung, von dem aus ich den Weg bis zur Straße gut sehen kann. Ich steige allein weiter ab, aber jedes Mal, wenn ich mich umdrehe, sehe ich Hüseyin dort oben stehen, winzig und heftig winkend.

Noch ganz erfüllt von dieser so spontan angebotenen Freundschaft, gelange ich zu der Straße, die mich durch ein tief eingeschnittenes Tal sanft bergab nach Zile führt. Zwei Männer in einem Kirschbaum bieten mir von den Früchten an. In Yaylayolu, 500 m höher, waren die Kirschen noch grün.

In Zile sind die schönen osmanischen Häuser noch gut erhalten. Von den Mauern der Zitadelle kann ich in Richtung Osten die große Ebene mit Feldern sehen, über die ich morgen laufen werde. In der Stadt suche ich vergebens nach einem Internetcafé. Schließlich bringen mich ein paar junge Leute zu dem computerbegeisterten Fotografen Ihsan. Während ich meine E-Mails lese, ruft Ihsan einen seiner Freunde an: Haydar Çuhadar, den hiesigen Korrespondenten der Tageszeitung Milliyet. Er interviewt mich für einen Artikel und filmt mich für das Regionalfernsehen. Rollentausch – nachdem ein Leben lang ich die Fragen gestellt habe, muss ich jetzt zum ersten Mal Rede und Antwort stehen.

Am nächsten Morgen, als ich schon wieder unterwegs bin, holt mich ein junger Fahrradfahrer ein. Emre ist 20 und hat eine Engelsvisage. Er ist arbeitslos, wird aber den Sommer über in einem Ferienort an der Südküste arbeiten. Etwa 10 km lang träumt er laut von seinem zukünftigen Leben. Im Sommer hofft er nämlich eine reiche Engländerin verführen und heiraten zu können. Und dann kann er ohne zu arbeiten im grünen Albion leben. Ich wünsche ihm viel Glück für seine Gigolokarriere. Beleidigt dreht er um und fährt davon.

Weit und breit kein Restaurant zum Mittagessen. Ein Tankwart bestätigt mir, dass ich die nächsten 15 km auch nichts finden werde. Er hat nichts, was er mir verkaufen könnte, weder Fruchtsaft noch Kekse. Ich will schon wieder gehen, als er ruft:

»Aber ich hab mein Mittagessen. Das können wir teilen.«

1000 Kilometer

Unter den Hunderten von Augen, die auf mich gerichtet sind, ist die Hauptstraße durch Pazar schier endlos. Meine Ankunft fällt mit dem Ende des Freitagsgebetes zusammen, und die Menschen strömen aus der Moschee. Überall, wo ich hinkomme, wird es still. Die Leute treten aus den Teestuben und Läden und starren mich an. Ich bin 35 km durch die Hitze gelaufen. Meine Shorts und mein T-Shirt sind klatschnass, ebenso wie mein blauer Segeltuchhut, auf dem der Schweiß weiße Streifen hinterlassen hat. Ein Kerl auf einem Karren hält sogar an, um sich diesen komischen Kauz genauer anzusehen. Ich komme mir vor wie ein Marsmensch mit Antennen auf dem Kopf und blinkender Nase. Die Blicke der meisten Leute sind weder streng noch neugierig, sondern einfach nur verdattert. Mit gewissen Unterschieden. Die Jüngeren stoßen sich mit dem Ellbogen an und lachen. Die Erwachsenen setzen eine undurchdringliche Miene auf. Nur die Alten schauen eindeutig missbilligend. Das erinnert mich an eine Szene in Amasya. Während ich die Stadt besichtigte – in Shorts – brach ein Gewitter los. Ich zog meinen langen Regenmantel über und stieg in einen Bus. Neben mir saß ein alter Mann, seinem Scheitelkäppchen nach zu urteilen ein frommer Muslim. Als ein Teil meines Mantels ein wenig verrutschte und ein Knie entblößte, schob mein Nachbar mit herrischer Geste den Stoff zurück, um das Stückchen Haut wieder zu bedecken.

Während ich mich diese endlose staubige Straße in Pazar entlangschleppe, beschließe ich, von jetzt an nur noch lange Hosen zu tragen. Da ich am täglichen Leben der Menschen, denen ich begegne oder bei denen ich übernachte, teilhabe, muss ich ihre Überzeugungen achten. Ich kann nichts daran ändern, dass mein Auftauchen sie überrascht.

Aber wenn der Anblick meiner Beine sie schockiert, dann muss ich etwas dagegen tun. Ohnehin werde ich bald im Iran sein, und dort wird mir gar nichts anderes übrig bleiben. Dort muss ich, egal, wie heiß es ist, Arme und Beine bedecken, wenn ich nicht von der berüchtigten Religionspolizei aufgegriffen werden will.

In Pazar gibt es ein von der Gemeinde betriebenes Hotel. Es ist nicht teuer, sehr sauber und hat eine funktionierende Dusche – mit warmem Wasser! Geschniegelt und gestriegelt gehe ich die seldschukische Karawanserei am Ortsausgang besichtigen. Der massige viereckige Bau besteht aus großen roten Granitblöcken. Von außen bildet die Mauer eine glatte Fläche ohne Öffnungen, und an jeder Ecke steht ein achteckiger Turm. Der Eingang ist ungewöhnlich. Ein erstes, sehr hohes Tor endet in einem leicht spitzen Bogen mit Schlussstein. Direkt dahinter steht ein zweites, niedrigeres Tor mit einem Rundbogen aus reich verzierten, am Rande gezackten Steinen, die millimetergenau ineinanderpassen. Dieser Bogen hat keinen eigentlichen Schlussstein. Ich neige den Kopf nach rechts und nach links und versuche vergebens, herauszufinden, was es mit diesen gezackten Steinen auf sich hat. Dann komme ich auf die Idee, die Steine einmal verkehrt herum zu betrachten. Ich beuge mich herunter und schaue zwischen meinen Beinen hindurch. Jeder Stein bildet ganz deutlich das Profil eines Menschen ab: 14 perfekt in einem Kreisbogen aneinandergereihte Profile. Noch während ich in dieser Stellung verharre, sehe ich einen Mann, der mich verblüfft anschaut. Ich richte mich auf und lächele ihm zu, aber er nimmt die Beine unter die Arme, überzeugt, dass dieser Tourist nicht ganz richtig im Kopf ist.

Innen ist die Karawanserei verfallen, vermittelt aber immer noch einen Eindruck davon, wie mächtig das Gebäude einmal war. Riesige Rundbögen ruhen auf dicken Säulen. 1000 Jahre hat der unkrautüberwucherte Bau den Elementen getrotzt. Und wenn man nur die Mauerkronen ein wenig schützt, wird er auch noch weitere 1000 Jahre stehen.

Beim Abendessen mit einigen Lehrern, die sich freuen, englisch sprechen zu können, frage ich, warum die Einwohner ihre Karawanserei verfallen lassen, wenn sie doch so stolz darauf sind. Meine Gesprächspartner wissen es auch nicht und zucken nur fatalistisch mit den Schultern.

Am nächsten Morgen komme ich an einem alten Mann vorbei, der Heu in einen großen Jutesack stopft. Er hat einen Spitzbart und ganz helle blaue Augen. Wir reden und gehen eine Weile zusammen weiter, er mit seinem großen Sack, der ihm in die Schulter schneidet, und ich mit dem meinen auf dem Rücken. Ein kleiner Lastwagen, den der junge Fahrer anscheinend mit einem Rennwagen verwechselt, legt eine Vollbremsung hin, um uns mitzunehmen. Der Mann mit dem Heu wirft seinen Sack hinauf und schwingt sich dann mit einer für sein Alter erstaunlichen Behändigkeit auf die Ladefläche. Dem jungen Kerl missfällt es, dass ich nicht auch aufsteige. Mit aufheulendem Motor lässt er mich in einer Wolke von Abgasen stehen.

Um die Mittagszeit bin ich unfreiwillig wieder auf der Nationalstraße, denn es gibt keinen anderen Weg nach Tokat. Ein paar Bauern laden mich ein, mit ihnen zu essen. Sie sitzen am Rand eines riesigen Tomatenfeldes unter einem Sonnenschutz aus hohen Stangen und Zweigen. Sie haben eine Feuerstelle ausgehoben und sie mit dem oberen Teil eines Herdes abgedeckt. Ein langes Rohr leitet den Rauch von ihnen weg. Sie sind fröhlich und freuen sich über den Touristen, über die Abwechslung in ihrem eintönigen Leben.

»Die Arbeit ist hart«, sagt eine der Bäuerinnen, »aber Tomaten bringen etwas ein.«

Die Mahlzeit besteht für jeden aus einem Fladenbrot, einer Tomate und einer Zwiebel. Dazu gibt es natürlich jede Menge Tee aus dem Samowar, der auf dem improvisierten Herd steht. Männer und Frauen essen getrennt, aber alle sitzen auf mit Haferstroh ausgestopften Plastiktüten.

Einer der jungen Männer möchte plötzlich mit mir nach Paris kommen. Er meint, er brauche nur zehn Minuten, um schnell zwei Hemden von zu Hause zu holen. Niemand scheint ihn zur Vernunft bringen zu wollen. Wie soll ich ihm erklären, dass es ernst zu nehmende Vorschriften gibt?

»Wenn du auswandern willst, warum nicht? Hast du einen Pass?«

»Nein.«

»Den brauchst du aber zuerst. Das dauert mehrere Wochen, und so lange kann ich nicht warten.«

Seltsamerweise akzeptiert er sofort, dass sein Plan sich zerschlagen hat, und sein Reisefieber fällt so schnell wie es gekommen ist. Die anderen kehren zu ihren Tomaten zurück und ich auf die Straße nach Tokat.

Im 17. Jahrhundert, während des Osmanischen Reiches, war diese Stadt, die heute fast 100 000 Einwohner zählt, christlich. J. B. Tavernier berichtet, dass es hier zwölf Kirchen und vier Klöster gab und dass die Stadt stolz darauf war, Sitz eines Erzbischofs zu sein. Auch eine jüdische Gemeinde gab es. Heute wohnen immer noch einige Juden in der Stadt, aber keine Christen mehr.

Die große, renovierte Karawanserei ist weder so elegant noch so groß wie die von Pazar. Sie hat ein paar Dutzend jeweils mit einer Feuerstätte ausgestattete Wohnzellen, was dem Dach mit seinen etwa 60 Kaminen ein einzigartiges Aussehen verleiht. Handwerker, die hier seit Ewigkeiten Kupfer bearbeiten, sowie viele Händler haben die winzigen, zu Läden oder Werkstätten umgewandelten Räume mit Beschlag belegt. Der weitläufige Hof ist teilweise gepflastert, und Dornensträucher spenden den Tischen der unvermeidlichen Teestube ein wenig Schatten. Diese Karawanserei ist ohnehin nicht sehr alt, aber die Zentralheizung, die Aluminiumrahmen der Fenster zum Hof und das grüne Blechdach, mit dem man sie verschandelt hat, tun sich dennoch schwer, historisch zu wirken.

In Tokat, das in 2500 Jahren 14 verschiedene Besatzer hatte, liegt der Boden aufgrund mehrerer Erdbeben heute 5 m höher als im 13. Jahrhundert Wahrscheinlich birgt er wahre Schätze.

Ich besichtige die *gök medrese*, die blaue Koranschule, die heute Museum ist. Wie bei allen alten Denkmälern der Unterstadt, muss man ein paar Treppen hinabsteigen. Einige der schönen blauen Kacheln, die die Fassade zierten und ihr den Namen gegeben haben, sind noch zu sehen. Eine Wachsfigur der heiligen Christine, einer römischen Märtyrerin, verweist auf die christliche Vergangenheit.

Unter den Seldschuken war die Stadt die sechstgrößte in der Türkei, verlor aber ganz plötzlich ihre Stellung, als die Mongolen unter Timur Lenk sie eroberten. Unter den Osmanen gewann sie dann wieder an Bedeutung, dank ihrer Lage an einem Knotenpunkt auf den Karawanenstraßen. Auch das sehr schöne osmanische Wohnhaus Latifoğlu Konaği besichtige ich noch.

Den größten Teil des Tages flaniere ich durch die engen, gewundenen Gassen im westlichen, höher gelegenen Teil der Stadt. Mit seinen winzigen Läden, verfallenen Moscheen und *bedesten* hat das Viertel ein osmanisches Flair bewahrt, das fast überall sonst zerstört wurde. Hier hat der Beton noch nicht die Holzhäuser verdrängt. Sie stehen dicht an dicht, strahlen den Zauber vergangener Zeiten aus. Häuser haben nämlich auch Seelen. Es ist also nicht überraschend, dass ich genau hier, auf einem kleinen Platz im Schatten einer verfallenen Moschee, mit drei alten Männern ins Gespräch komme. Sie haben sich ihren Traum einer Pilgerfahrt nach Mekka erfüllt und tragen ihre mächtigen weißen Bärte wie Fahnen vor sich her. Ich bleibe lange bei ihnen sitzen, die Zeit scheint stillzustehen. Ich bin glücklich.

Auch mit drei jungen Leuten, die eine Informatikfirma haben, freunde ich mich etwas an. Angefangen haben sie mit einem Computer, den einer der Väter ihnen gekauft hat. Heute ist der Älteste von ihnen mit 20 Jahren Geschäftsführer und leistet gleichzeitig seinen Militärdienst. Sein Bruder ist gerade erst 14 geworden und geht noch zur Schule, der Dritte im Bunde ist 19 Jahre alt. Ihre Firma ist auf zwei Etagen in einem Hochhaus untergebracht. Firmenausstattung, Computerkurse, Verkauf und Reparatur von Computern, Internetcafé, Softwareentwicklung – sie können alles. Immer wieder betonen sie, dass sie sich auskennen, dass sie offen sind für neue Technologien, für die westliche Modernität. In Frankreich kenne ich nicht viele junge Leute, die einen solchen Geschäftssinn, eine solche Zielstrebigkeit und Leistungsbereitschaft an den Tag legen.

Dann beschließe ich, meinen Gaumen ein wenig zu verwöhnen: im *Huzur Restaurant*, das bekannt ist für sein köstliches *Tokat kebab*. Das sind zwei Spieße, die im Ofen gebacken und nicht auf dem Feuer gegrillt werden, wodurch ein ganz anderer Geschmack entsteht. Auf dem ersten Spieß stecken Hammelfleischstücke, Kartoffeln und Auberginen, auf dem zweiten – weil die Garzeit nicht dieselbe ist – Tomaten und Peperoni. Das Ganze wird mit einer gegrillten und zerdrückten Knoblauchzwiebel serviert. Einfach köstlich!

Auf dem Rückweg zum Hotel überall uniformierte Männer mit Maschinenpistolen und am Fuß einer Treppe sechs Soldaten, die mit Sturmgewehr im Anschlag Wache halten. Vom oberen Ende der Treppe klingt Musik herunter. Ich würde gern Genaueres wissen, aber ein Soldat brüllt mich an, ich solle abhauen. Er ist so nervös, dass ich dem umgehend Folge leiste. In einem Eisladen ganz in der Nähe erklärt der Besitzer: Die Armee amüsiere sich, die Offiziere feierten ein Fest und hätten Angst, dass »Terroristen« sie stören könnten. Terroristen – heißt das Kurden? Auf jeden Fall ist mir klar, dass ich jetzt in eine heiße Gegend komme.

Als ich Tokat verlasse, bin ich seltsam deprimiert. Wenn ich überlege, finde ich auch ein paar Gründe. Vor allem Müdigkeit. Seit 14 Tagen hatte ich nur noch lange, manchmal extrem lange Etappen: eine von 47 km und zwei von 46 km. Ich sage mir zwar immer, dass ich zurückschrauben sollte, aber das ist gar nicht so leicht. Manchmal ist die Strecke von einer Stadt zur nächsten einfach so weit. Und wenn ich in den Dörfern übernachte, kann ich mich nicht wie im Hotel waschen, entspannen und ordentlich schlafen. Von jetzt, von Tokat ab, muss ich zehn Tage abseits der Städte laufen, also zehn Tage ohne ausgewogene Mahlzeiten, zehn Abende, an denen ein ganzes Dorf vorbeidefiliert, zehnmal im Morgengrauen aufstehen, zur gleichen Zeit wie meine Gastgeber, zehn Tage ohne Dusche. Daran führt kein Weg vorbei. Hinzu kommt, dass sich seit einiger Zeit die Dörfer gleichen, dass sich eine Ebene an die nächste reiht, dass die Begeisterung, Neues zu entdecken, nachlässt, dass ich nicht einmal mehr die Kangals fürchten muss. Da ist es vielleicht verständlich, dass ich nicht mehr mit so viel Elan laufe.

Am Ortsausgang von Tokat stürzt sich ein Verkehrspolizist auf mich und brüllt aus Leibeskräften:

»Wo willst du hin? Wo willst du hin? Wo willst du hin?«

Als er glaubt, Erzurum gehört zu haben, meint er, ich würde ihn auf den Arm nehmen, schreit noch lauter und geht daran, meinen Rucksack zu durchsuchen. Ich möchte nicht wissen, wie er reagiert hätte, wenn ich die Wahrheit, nämlich Teheran, gesagt hätte. Sein Kollege kommt hinzu und, gelobt sei Allah, beruhigt ihn und bittet mich, den Nervösen zu entschuldigen.

Dafür erfreut mich kurz darauf eine eher komische Szene. An einer gottverlassenen Stelle der schnurgeraden und stocklangweiligen Straße sitzen zwei Männer im Schneidersitz vor zwei Haufen Wassermelonen und warten auf Kunden. Einen absurderen Standort, um etwas zu verkaufen, kann man sich nicht vorstellen, aber die beiden Männer sind ganz zuversichtlich und entspannt. Sie reden und rauchen. Ich mache ein Foto, und sie bieten mir Kirschen an. Die Frage, ob sie viele Kunden haben, verneinen sie mit einem entwaffnenden Lächeln, und dieser wunderbare Optimismus versöhnt mich vollends. Dieses Bild sollte ich mir vor Augen halten, wenn irgendwelche Unannehmlichkeiten drohen, mir meine Gelassenheit zu nehmen.

Kurz darauf komme ich an einer Schule vorbei. Der Direktor dirigiert die patriotischen Lieder, die die Schüler jeden Montag in allen türkischen Schulen singen müssen, und diese Szene weckt in mir eine Erinnerung: Ich bin sechs Jahre alt, und in der Grundschule singen wir *Maréchal nous voilà*, ein Lied zu Ehren Marschall Pétains, die inoffizielle Nationalhymne der Vichy-Regierung während des Zweiten Weltkriegs. Voller Vertrauen und bereitwillig singen alle Kinder in der ganzen Welt mit Inbrunst solche Lieder, von denen sie normalerweise nichts verstehen: So werden schon aus Kindern kleine Kämpfer gemacht.

Am Ende der großen Ebene von Tokat mit ihren Tomaten und Pappeln nehme ich einen Aufstieg auf 1150 m in Angriff. Ich folge einer gewundenen, in den Fels geschlagenen Höhenstraße. Der Duft wilder Mimosen lockt Tausende von Bienen an. Eine leicht gewellte Landschaft mit Getreidefeldern erstreckt sich bis zum Horizont, und vereinzelt breitet eine Eiche ihren Schatten über einen dampfenden Samowar. Mittags genieße ich in einem Restaurant eine frisch aus einem großen Becken gefischte Forelle und ruhe mich aus.

Am Eingang eines kleinen Dorfes tauchen plötzlich aus dem Nichts zwei Halunken auf. Ohne Umschweife fordert der eine meine Uhr, der andere Geld. Er steckt einfach seine Hand in meine Tasche und will sich bedienen. Ich mache mich frei. Ein Überfall am helllichten Tag? Ein paar Bauern, die auf einem Feld arbeiten, kommen sich diesen wie ein Packesel beladenen Reisenden aus der Nähe ansehen. Ich wechsele ein paar freundliche Worte mit ihnen, mache mich unauffällig wieder auf den Weg, drehe mich aber noch zwei- oder dreimal um, um sicherzugehen, dass die beiden Typen mir nicht folgen. Was bin ich für ein Idiot! Ich war doch vor Dieben gewarnt worden. Meine Uhr mit dem großen Ziffernblatt und ihren vielen Funktionen weckt natürlich Begehrlichkeiten. Ich stecke sie tief in eine Tasche, aus der ich sie nur heraushole, wenn ich sie brauche.

Am anderen Ende des Dorfes wartet ein Imam mit Frau und Kind auf den Bus. Er wirkt besorgt und fragt, ob ich nicht Angst hätte. An der nahe gelegenen Tankstelle spendiert er mir einen Tee und hakt nach: Ich könnte ihm ruhig sagen, wenn ich Angst hätte, er fände das ganz natürlich. Denn hier gäbe es Terroristen. Sie werden es wirklich noch schaffen, mir Angst einzujagen, diese ganzen Leute, denen die Beunruhigung ins Gesicht geschrieben steht. Wenn man allein reist, hat man die Angst sowieso immer im Gepäck. Heimlich, still und leise schleicht sie sich in der Stille eines Waldes oder einer Nacht ein, und am Anfang steht sie bei jeder Begegnung daneben. Wenn man allein läuft, ist man Gefahren und Menschen völlig ausgeliefert. Man kann nicht wie mit einem Fahrrad fliehen oder sich in ein Auto flüchten. Bisher hatte die Angst sich verschämt in meinen Rucksack verdrückt. Aber jetzt kriecht sie hervor, allmählich, heimtückisch.

Offen gestanden habe ich, was die Terroristen angeht, zwiespältige Gefühle. Aus Neugier würde ich ihnen gern begegnen. Ich könnte ihnen Fragen über ihre Bewegung stellen, über ihre Methoden, könnte eine Reportage machen. Ich kann natürlich nicht ausschließen, dass sie mich als Geisel nehmen, und das ist einer der Gründe, warum ich mich als pensionierter Lehrer ausgebe und nicht als Journalist. Andererseits habe ich Angst vor willkürlicher Gewalt, vor Heckenschützen, die zielen, abdrücken und dann einfach verschwinden, oder vor Terroristen, die sich keine unnötige Last aufbürden wollen. Die Angst, bestohlen zu werden, die auch mit Gewalt einhergehen kann, schiebe ich wieder beiseite: Ein Diebstahl hätte für mich zwar ernsthafte Konsequenzen – zum Beispiel würde ich dadurch Zeit verlieren –, aber er wäre keine Katastrophe.

Seit einer Woche vergeht kein Tag, an dem ich nicht gefragt werde, ob ich eine Waffe hätte, an dem man nicht Terroristen mimt, die auf mich zielen oder mir ein Messer an die Kehle halten. Dann der Mann mit dem Gewehr in Kervansaray und die beiden Kerle, die an meine Uhr wollten. Und Kamil, der Handelsvertreter, der mich vor der Umgebung von Tokat gewarnt hatte. Massenpsychose oder wirkliche Gefahr? Ich möchte dieser diffusen Angst nicht nachgeben, möchte mir meine Ruhe und einen gewissen Abstand bewahren. Aber eines beschließe ich dennoch: In den Dörfern werde ich von jetzt an nur noch den Ortsvorsteher, den muhtar, um Gastfreundschaft bitten.

Kurz nachdem ich mich von dem Imam verabschiedet habe, stoße ich auf die Ruinen einer Karawanserei. Und ich identifiziere zwei Dörfer, ebenfalls Karawanenstationen, die Tavernier beschreibt, die jedoch auf keiner Karte verzeichnet sind. Um Tokat und die Steuereintreiber des Paschas zu umgehen, zogen die Karawanen nämlich von Amasya aus über Zile nach Sivas und suchten Unterkunft, Verpflegung und Schutz in diesen Herbergen, die nicht sehr groß waren, aber sehr nah beieinanderlagen. Nicht weit von hier gibt es noch ein Dorf, das Kervansaray heißt. Kurz darauf, etwa 32 km hinter Tokat, fotografiere ich einen kleinen verfallenen han. Ein wunderbares Bild: Die letzten Steine vom Gewölbe über dem Stall liegen zwischen Dornenranken und Brennnesseln.

Dann verlasse ich die große Straße nach Sivas. Zehn Tage lang, bis Suşehri, werde ich keinen Teer mehr sehen. Ich wende mich nach Osten und laufe auf das kleine Dorf Kızık zu, meine erste Station beim Eintauchen in das Landleben. Zwei oder drei Traktorfahrer bieten mir an, mich mitzunehmen. Bäuerliche Hierarchie: Die Männer sitzen vorn auf der Maschine, die Frauen hinten im Anhänger. Ein weiterer Traktor kommt mir entgegen und bleibt direkt vor mir stehen. Ein großer Kerl, der auf dem Schutzblech sitzt, springt zu Boden und brüllt:

»Papiere, Pass, Polizei, Polizei!«

Er ist ganz offensichtlich kein Polizist, und ich lasse mich nicht im Geringsten beeindrucken. Er zieht einen Ausweis mit Foto hervor, was meine Vermutung bestätigt. In diesem Land würde sich kein Polizist die Mühe machen, sich auszuweisen. Außerdem steht auf dem Dokument weder polis noch jandarma. Obwohl er immer lauter wettert, bleibe ich standhaft:

»Ich zeige meine Papiere nur der Polizei oder dem muhtar. Ich werde den muhtar von Kızık um seine Gastfreundschaft bitten.«

Da beruhigt er sich und steigt wieder auf den Traktor. Der Pass ist extrem wichtig für mich, und natürlich zeige ich ihn nicht jedem Dahergelaufenen. Es ist der einzige Ausweis, den ich habe, und es wäre eine Katastrophe, wenn ich ihn verlöre.

Mustafa Güsköy, der Ortsvorsteher von Kızık, nimmt mich sehr freundlich auf. Und wie üblich muss ich die Neugierde der Dorfbewohner stillen, deren Strom drei Stunden lang nicht abreißt. Irgendwann am Abend entdecke ich unter den Besuchern »meinen Polizisten«. Er ist ganz verlegen und gesteht mir, dass er in Wirklichkeit der *bekçi*, der Wildhüter ist.

Mustafa sagt, in Kızık gebe es eine Karawanserei. Doch diese Straße, erklärt er mir ein wenig oberlehrerhaft, war nicht die Seidenstraße, sondern die »Straße des Imperators Osman«. Mehr kann er dazu allerdings nicht sagen. Unter den türkischen Sultanen gab es drei Osmans. Er weiß nicht, welcher von ihnen als »Imperator« bezeichnet wurde und auch nicht, wo die Straße entlangführte. Und als ich am nächsten Morgen die Karawanserei sehen möchte, von der er mir erzählt hat, weiß niemand genau, wo sie sich befindet.

Die Sonne scheint, aber es ist kühl, eher wie im Frühjahr. In der Nähe des Dorfes wird eine Staumauer gebaut, sodass die Straßenführung geändert wurde und meine Karte mir nichts nützt. Dennoch finde ich meinen Weg, der jetzt sehr steil bergauf führt. Auf 1300 m Höhe überholt mich ein Auto und hält 100 m weiter an. Zwei Männer steigen aus, stellen sich neben das Auto und warten auf mich. Sofort läuten bei mir die Alarmglocken, denn ihre Gesichter sind ernst, angespannt, feindselig. Der Größere hat eine Hand in der Hosentasche. Trotz meiner Angst ringe ich mir ein Lächeln ab, gehe mit ausgestreckter Hand auf sie zu und stelle mich vor: Franzose, Tourist. Auf einen Schlag sind sie wie ausgewechselt. Der Kleine ist der *muhtar* des 2 km entfernten Karginçik und heißt Nihaze. Der andere zieht seine Hand aus der

Tasche und hält sie mir hin. Die Angst, die auf beiden Seiten ihr Haupt erhoben hatte, legt sich wieder.

Sie wollen mich mitnehmen bis ins Dorf. Ich lehne ab, aber bei den ersten Häusern erwartet Nihaze mich. Er nimmt mich mit zu sich nach Hause, und während die Frauen den Tee zubereiten, erzählt er mir, dass er sechs Kinder hat, davon fünf Jungen, die alle in Frankreich leben. Die Frauen haben nicht nur Tee, sondern eine köstliche Mahlzeit aus Auberginen und Zwiebeln zubereitet. Nihaze ist Imker. Ich habe noch keinen Bergbewohner kennengelernt, der dieser Arbeit nachgeht. Zur Herstellung von Honig sind seit jeher während der Sommermonate Bienenzüchter von der Schwarzmeerküste hergekommen.

Nihaze begleitet mich bis zum Ortsausgang. Vor uns ein beinahe senkrechter Berg. Nihaze zeigt auf einen Pfad: die »befahrbare Straße«, die auf meiner Karte eingezeichnet ist. Sie führt zu einer Wiese, und als sie ganz aufhört, kann ich nur noch meinem Kompass nach über die Weiden laufen. Die Landschaft ist grandios und dieser Marsch durch das dichte Gras so angenehm, dass ich beschwingt bergauf steige.

Nach einer Stunde komme ich schweißgebadet zu einer kleinen flachen Stelle. Ich bin auf 1700 m Höhe, und der Blick ist atemberaubend: Im Norden liegt die Ebene von Tokat und in etwa 40 km Entfernung die Stadt selbst, im Osten und im Westen niedrigere Berge und im Süden der 2100 m hohe Sağırsivis tepe. Mein T-Shirt ist völlig durchnässt. Ich ziehe es aus und gehe zu einem Wassertrog, den wohl Hirten dort aufgestellt haben und der von einer sanft plätschernden Quelle gespeist wird. Ich spritze mir etwas Wasser auf Gesicht und Oberkörper. Dann, nachdem ich sichergestellt habe, dass ich auch wirklich allein bin, ziehe ich mich ganz aus und tauche in diese behelfsmäßige Badewanne. Das Wasser ist eisig. Es ist ein ziemlich großer Schock, aber nachdem ich mich an die Temperatur gewöhnt habe, entspanne ich mich. Weder gestern noch heute Morgen konnte ich mich waschen. Dieses Bad entzückt mich umso mehr, als ich wahrscheinlich in der höchsten Badewanne der Türkei liege und mich darüber freue, dass ich, wenn auch nur für kurze Zeit, den Göttern so nahe bin.

Dennoch koste ich dieses eisige, stimulierende Bad nicht bis zum Letzten aus. Ich reibe mich ab, und um mich wieder aufzuwärmen, laufe ich den Hang auf der anderen Seite des Passes so schnell ich kann durch das weiche Gras hinunter, wobei ich mit meinen schweren Wanderschuhen ungeniert ein paar hübsche Glockenblumen zertrete. In dem Tal, in das ich gelange, haben die Häuser keine Ziegeldächer mehr, sondern Blechdächer. In Çırçır wird gerade das eingestürzte Minarett wieder aufgebaut. Ein alter Mann, Osman Chahine, erzählt mir, dass einer seiner Brüder vor 20 Jahren nach Frankreich gegangen ist, aber nie wieder etwas von sich hat hören lassen. Er wird doch nicht etwa glauben, dass ich ihn kenne?

Talat Tekine, der muhtar, bei dem ich übernachte, ist kafka (Kaukasier), so wie alle anderen Dorfbewohner auch. Ihre Vorfahren sind 1874 hierhergekommen. Es gibt im ganzen Dorf keinen einzigen Türken, und die Leute sprechen untereinander nur ihre kaukasische Sprache. Allerdings kann keiner von ihnen sie schreiben, denn in den Schulen wird nur Türkisch unterrichtet. Ich komme noch durch zwei weitere kaukasische Dörfer, die mir gleichermaßen von einem starken, autarken Gemeinschaftsleben geprägt scheinen.

Wieder ist von Terroristen die Rede. Obwohl ich die Warnungen ernst nehme, stelle ich schmunzelnd fest, dass die »Terroristen« immer die anderen sind. In Tokat, wo es angeblich von ihnen nur so wimmeln sollte, hieß es, es gebe keine. Dann wurden sie in der Umgebung von Altınoluk und Çırçır lokalisiert. Dort bin ich jetzt, und mir wird versichert, sie seien eher in der Gegend von Tokat. Der Kreis hat sich geschlossen. Dennoch sollte ich die Hinweise nicht auf die leichte Schulter nehmen. In diesem Nest gibt es eine Garnison von jandarmas für den Antiterrorkampf, und das ist sicher kein Zufall.

Mein Gastgeber, ein leicht ergrauter 50-Jähriger in einem spack sitzenden Dreiteiler, wohnt in einem Neubau. Doch der ist genau wie die alten Häuser gebaut, sowohl was die Aufteilung als auch was die Baumaterialien angeht. Wie in den alten Häusern gibt es kein Bad, nur ein Waschbecken auf der Toilette. Die Möbel zeugen von einem gewissen Wohlstand und einem Bemühen um Ästhetik, das in einem einsamen Kitschbild an der Wand und einem üppigen Plastikblumenstrauß auf dem Tisch gipfelt. Ich schlafe im Wohnzimmer auf einer Matratze auf dem Boden. Talats Tochter hat ein unglaublich schönes Gesicht. Sie sagt etwas zu mir, wahrscheinlich heißt sie mich willkommen, doch ich bin so fasziniert von ihr, dass ich nur ein endloses Kompliment stammele, das auf Türkisch anfängt und auf Französisch aufhört.

Auch hier werde ich – genau wie gestern – nicht so herzlich aufgenommen wie in den ersten Tagen meiner Reise. Als gute Muslime beherbergen meine Gastgeber mich, befriedigen ihre Neugierde, aber mehr nicht.

Am Morgen bringt Talat mich wieder auf den Weg. Er ist einer der wenigen Bauern, die eine Karte lesen können, und erklärt mir genau, wie ich laufen muss:

»An der ersten Gabelung rechts, dann nach einer Brücke an der Gabelung links.« Er gibt mir die Hand und geht, ohne sich noch einmal umzuschauen.

An diesem Morgen des 16. Juni kann aber nichts meinen Optimismus erschüttern. Ich bin heute in Hochstimmung, denn meiner Berechnung nach, den wieder und wieder addierten Kilometern zufolge, werde ich heute den tausendsten Kilometer überschreiten. Ich schätze, dass *das Ereignis* so gegen elf Uhr stattfinden wird. Es ist jetzt einen Monat und zwei Tage her, dass ich am Bosporus losmarschiert bin. Damals hatte ich Angst, dass ich das, was ich mir selbst auferlegt habe, nicht würde einhalten können. Die Hälfte habe ich zwar noch nicht geschafft, dennoch bin ich mit meinem Rhythmus zufrieden. Die Ruhetage eingerechnet, liegt der Durchschnitt seit dem

14. Mai immerhin bei 30 Tageskilometern. Ich habe die Entzündung an meinen Füßen überwunden, die Kangals abgewehrt und, wenn auch bescheidene, Fortschritte im Türkischen gemacht. Meine Kondition ist hervorragend. Trotz anstrengender Etappen – vorgestern 35 km, gestern 30 km mit der Überquerung eines Berges – fühle ich mich am nächsten Morgen immer frisch und ausgeruht. Die depressive Anwandlung beim Verlassen von Tokat ist vergessen. Vergessen auch mein Vorsatz, einfach draufloszulaufen, ohne zu überlegen und zu rechnen.

Das erste Dorf, durch das ich heute komme, heißt Akören. Als ich darauf zulaufe, tritt ein Mann aus seinem Haus. Er sieht mich, geht zurück und kommt unverzüglich wieder mit etwas heraus, was von Weitem wie ein Stock aussieht. Der Mann hockt auf seinen Fersen und guckt, als wollte er mir an die Gurgel springen. Als ich an ihm vorbeigehe, erkenne ich, dass der Stock ein Gewehr ist. Starr vor Schreck befürchte ich einen Augenblick lang, dass meine Beine nachgeben. Trotzdem wünsche ich ihm laut und freundlich einen guten Tag, aber er erwidert meinen Gruß nicht. Ich gehe so unauffällig wie möglich weiter, als könnte ich dadurch die Ladung Blei, die der Kerl mir zugedacht hat, abwehren.

Auf dem Dorfplatz sitzen zwei Alte, die mich kommen sehen und ihren Blick abwenden. Ein junger Schnösel, der sich am Brunnen wäscht, erklärt mir, ohne sich auch nur umzuwenden, den Weg zum nächsten Dorf. Wieder packt mich Angst. Eine vage Angst, die mir das Herz bis zum Hals schlagen lässt. Man hat mir so viel von »Terroristen« erzählt, bin ich jetzt mitten unter ihnen? Diese drei Männer haben Angst, genau wie der mit dem falschen Stock von eben. Sie sind nicht aggressiv, aber gelähmt vor Angst, einer anderen Angst als der, die mich beim Anblick des Gewehrs gepackt hat und mir das Herz in die Hose hat rutschen lassen. Nein, ihre Angst ist beständig, sie leben mit ihr. Sie diktiert ihr Verhalten. Mir ist auch aufgefallen, dass keiner der wenigen Fahrer, die an mir vorbeigekommen sind, angehalten und mich aufgefordert hat, einzusteigen. Die Angst ist stärker als die Neugierde. Und die Feldarbeiter winken mir nicht mehr zu und laden mich zum Tee ein, wie so oft vor Tokat. Ich habe das Land der Angst betreten.

Ein Mann, der drei Kälber von einer Wiese vor sich her treibt, sieht sympathisch aus. Er ist klein und dünn, hat einen dunklen Teint, einen kurz geschorenen Schnauzer und einen Dreitagebart. Freundlich ruft er mir zu:
»Und du, wo willst du hin?«
Wir lächeln uns an.
Schnell sage ich auf Türkisch etwas, was heißen soll:
»Nach Erzurum. Sag mir nicht, dass das weit ist, das weiß ich. Ich bin zu Fuß aus Istanbul gekommen, das ist noch weiter, oder?«
Vokabular und Grammatik haben mich nicht im Stich gelassen. Er lacht schallend, klopft mir immer wieder anerkennend auf die Schulter und nimmt mich mit zu seinem Haus. Die Kälber werden in den Stall im Erdgeschoss gebracht. Fazil Önel sorgt dafür, dass ich ungeschoren die Treppe zur Terrasse hinaufgehen kann, denn unter den Stufen liegt ein Kangal – so groß wie die Kälber –, der nur darauf wartet, mich und meinen Rucksack mit einem Bissen zu verschlingen. Als Erstes möchte ich natürlich wissen, ob es hier in der Gegend Terroristen gibt. Fazil lacht wieder. Er hat ein gutmütiges Lachen und ein offenes, ehrliches Gesicht.

Auf Terroristen, erklärt er mir, würde ich weiter im Osten treffen. Es gäbe drei schiitische Dörfer, die ich besser weitläufig umginge. Um die drei Orte mache ich auf meiner Karte einen Kringel, was ich aber sofort wieder bereue. Die Namen dieser Käffer sind zwar unmöglich, und ich verwechsele sie dauernd. Doch wenn ich angehalten werde, dann sehe ich schön blöd aus, mit diesen umkringelten Widerstandsnestern und meinem Rucksack, den alle Welt für ein wanderndes Waffenarsenal hält!

Fazils Tochter, eine hübsche 15-jährige Brünette, macht ihrem Vater verzweifelt Zeichen. Sie will ihm offensichtlich etwas sagen. Ich setze mich auf die Terrasse, und er geht zu ihr. Laut lachend kommt er zurück:

»Sie hat Angst, dass du ein Terrorist bist!«

Das Mädchen und seine Schwester machen Tee. Währenddessen plaudere ich mit Fazil und Ali, einem alten Nachbarn, der seit seiner Pilgerreise nach Mekka den Titel Hadschi trägt. Heute Abend will ich in einem Dorf übernachten, das genauso heißt wie er, Alahacı (Ali, der Hadschi). Früher war das Ansehen derjenigen, die sich zu Fuß oder zu Pferd nach Mekka begaben, so groß, dass das Dorf manchmal nach ihnen umbenannt wurde.

Fazil hat sieben Kinder; vier Jungen und drei Mädchen. Die Jungen sind nicht da, sie studieren alle.

»Und die Mädchen, gehen die nicht zur Universität?«

Er versteht meine Frage nicht.

»Die Mädchen arbeiten doch auf dem Hof!«

»Sind sie nicht zur Schule gegangen?«

»Doch, auf die normale Schule, von sieben bis elf Jahren.«

Bevor ich weitergehe, fotografiere ich Fazil und Ali. Da flüchten sich die beiden jüngeren Mädchen ins Haus, als sei ihnen der Leibhaftige erschienen.

Das Wetter ist herrlich. Ab und zu versteckt sich die Sonne hinter den Schäfchenwolken, die Luft ist kühl, bestens geeignet zum Laufen. Ein sanfter Wind streicht über das Gras, ich fühle mich frei und leicht und bin vergnügt. Drei Kilometer, nachdem ich mich von Fazil verabschiedet habe, bleibe ich stehen. Der breite weiße Schotterweg führt sanft bergauf und bergab, von einem Hügel zum anderen, windet sich durch Wiesen, verschwindet und taucht wieder auf. Zu beiden Seiten der Straße blühende Wiesen und Felder. Die Gebirgskette, die ich gestern überquert habe, ist in bläuliches Licht getaucht.

Meine Neugier auf immer neue Landschafen ist unersättlich. Ich bin wie ein unsteter Liebhaber. Jede neue Schönheit fasziniert mich, lässt die vorherige in Vergessenheit geraten. Das Glück liegt für mich immer hinter jener Ebene oder jenem Felswall, es verbirgt sich in einer Bodenwelle, in der Biegung eines Flusses. In dem Wunsch, es einzufangen, vergesse ich die Zeit.

Als ich meine Uhr aus der Tasche hole, ist es 11.30 Uhr. Ich schaue mich um, will sicher sein, dass ich allein bin. Dann nehme ich Anlauf, renne und lache wie ein Verrückter auf diesem einsamen Weg und mache – soweit das Gewicht meines Rucksacks es erlaubt – einen großen Luftsprung.

Ich habe soeben den tausendsten Kilometer überschritten.

Jandarmas

Kurz vor Mittag laden mich Bauern zum Vesper ein, und Fladenbrot, Tomaten und Zwiebeln nehme ich gern an. Das Familienoberhaupt stellt seinen jüngsten Bruder Yusuf ab, mich bis zu ihrem Dorf zu begleiten. Bei den ersten Häusern steht ein korpulenter, misstrauisch dreinschauender Mann. Er behauptet, er sei der *muhtar* des Dorfes und will meinen Pass sehen. Der Ausweis tut seine Wirkung, der Mann entspannt sich, und die Familie der Bauern bereitet mir einen begeisterten Empfang in einem Zimmer mit ordentlich an den Wänden aufgereihten Matratzen und daneben einem Stapel sorgfältig gefalteter Decken.

Dann geht es über den Berg in das Dorf Kuzören, von dem aus der Blick über Getreidefelder und gepflügte Äcker schweift. Der Boden ist rot, tonhaltig und steinhart. Sobald es regnet, klebt er wie Leim an den Schuhen. Hinter mir ist der Gipfel des Yıldız (2550 m) in Wolken gehüllt, und von einer Anhöhe aus kann ich im Osten schon die Berge sehen, zu denen ich in zwei Tagen kommen werde.

Es ist heiß geworden. Mein Wanderstab sinkt in dem weichen Teer ein, und gegen 16 Uhr ist meine Wasserflasche leer. Ich klopfe an die Tür eines einsam gelegenen Hauses und bitte um Wasser. Der Mann, der mir aufmacht, führt mich in ein Zimmer, wo drei Kollegen an Computern arbeiten. Ich bin ganz perplex über diese moderne Technik mitten auf dem Land. Die vier sind Vermessungsingenieure und erarbeiten das erste Kataster des Landes. Bis jetzt wurden die Grundstücksgrenzen mündlich weitergegeben, was regelmäßig zu Konflikten zwischen den Bauern führte und das Festsetzen und Erheben der Grundsteuer quasi unmöglich machte. Von ihnen erfahre ich auch, dass beim Tod eines türkischen Bürgers seine Frau ein Viertel des Vermögens erbt und die Kinder drei Viertel. Dass in Frankreich die Kinder alles erben und die Frau nichts, überrascht sie. Als mein Durst gestillt ist und ich mich wieder auf den Weg mache, geben sie mir noch ein gutes Pfund Kekse mit.

Zwei Kilometer weiter hält ein Traktor mit drei etwa 30-jährigen Männern, um mich aufsteigen zu lassen. Als ich – wie üblich – ablehne, fahren sie weiter und halten – wie ebenfalls üblich – nach 200 m wieder an. Der Fahrer, ein kräftiger, bärtiger Mann, bleibt sitzen, die beiden anderen steigen ab und scheinen sich an einer Quelle die Hände waschen zu wollen. Ganz offensichtlich warten sie auf mich. Ein Kleiner in hellblauem Anzug, der gierig an seiner Zigarette zieht, stellt mir die üblichen Fragen und lächelt mich mit 32 gelben Zähnen an. Ich achte nicht auf den anderen, der sich rechts neben mich gestellt hat. Plötzlich merke ich, dass er vorsichtig einen der Reißverschlüsse aufgemacht hat und gerade meinen Fotoapparat herauszieht. Ich reiße ihm den Apparat aus den Händen und laufe davon. Doch mitten auf dem Land, weitab von allem, bin ich ihnen auf Gedeih und Verderb ausgeliefert. Der Traktor holt mich schnell ein. Unmöglich, ihm zu entgehen, denn links von mir geht es mindestens zwei bis drei Meter steil nach unten. Wenn ich springe, kann ich mir sämtliche Knochen brechen. Nach rechts gibt es auch keine Ausweichmöglichkeit, hier geht die Felswand senkrecht nach oben.

Jetzt ist der Traktor auf gleicher Höhe mit mir. Der, der meinen Fotoapparat nehmen wollte, beugt sich vom Schutzblech herunter und versucht, meinen Rucksack an sich zu reißen. Dank des Beckengurtes schafft er das nicht, aber er bringt mich aus dem Gleichgewicht, und das große Rad des Traktors streift mich. Der Fahrer fährt noch näher an den Abgrund heran. Dieses Mal kann ich nicht weiter, ohne zu fallen. Der Traktor bleibt stehen. Der Typ vom Schutzblech krallt sich immer noch an meinen Rucksack.

Da kommt von hinten ein Auto. Der Mann lässt mich los. Ich steige über das Vorderrad des Traktors und mache, dass ich fortkomme.

Leider ist es zu spät, das Auto anzuhalten. Hinter mir höre ich, wie der Traktor wieder losfährt. Sie werden es noch einmal versuchen, und dieses Mal ... Aber zu meiner großen Überraschung fahren sie einfach weiter. Bald verstehe ich auch, warum: Nicht weit von hier kampieren ein paar Bienenzüchter. Sie würden meine Schreie hören. Der Traktor entfernt sich, verschwindet. Gerettet!

Ich setze mich an den Straßenrand, meine Beine zittern. Diese Scheißkerle! Fast hätten sie mich erwischt. Wie ein Schießhund passe ich immer auf meinen Rucksack auf. Ich lasse ihn nur in einem Hotel, wenn ich den Zimmerschlüssel in meiner Tasche habe. Ansonsten habe ich ihn immer in Reichweite. All die kleinen Dinge darin sind für mich absolut unentbehrlich: Salben und Medikamente, das kleine Schweizer Messer, die Wasserflasche und vor allem die Karten, Bücher, Hefte und das Notizbuch. Die Diebe hätten wahrscheinlich nur Verwendung für den Fotoapparat. Aber auch mit dem könnten sie nichts anfangen, weil das Modell in der Türkei noch nicht verkauft wird.

Als mein Herz wieder normal schlägt, gehe ich weiter. Ich winke den Bienenzüchtern zu, ohne die es mir jetzt deutlich schlechter ginge. Sie haben nichts gemerkt und winken zurück, unterbrechen ihre Arbeit aber nicht. Sie sind nämlich von den Küsten des Schwarzen Meeres hierhergekommen, um in drei Monaten so viel Geld zu verdienen, dass sie ein Jahr davon leben können. Also arbeiten sie pausenlos, fleißig wie ihre Bienen.

Ich steige den kleinen Hang hinauf, an dessen Fuß sie ihr Lager aufgeschlagen haben. Als ich oben ankomme, meine ich, dort in der Kurve einen Schatten gesehen zu haben. Misstrauisch bleibe ich stehen. Eine kleine Kuppe zu meiner Linken kommt mir als Aussichtspunkt wie gerufen. Ich steige hinauf und achte darauf, dass der »Schatten« mich nicht entdeckt – mit den gleichen Bewegungen und Tricks wie früher beim Indianerspielen, wenn wir versuchten, dem Feind zu entkommen. Und der Feind wartet sehr wohl dort drüben auf mich.

Einer der drei überwacht die Straße, die anderen beiden rauchen. Den Traktor haben sie hinter einem Felsen abgestellt.

Ich lege keinen Wert auf eine Konfrontation, gehe also wieder zu meinen Bienenzüchtern zurück und verwickle sie in ein Gespräch. Ich verstehe nicht recht, was sie tun – sie nageln kleine Holzrahmen zusammen, die genau in die Bienenstöcke passen –, aber was ich verstehe, ist, dass ich sie störe. Natürlich bieten sie mir Tee an. Ich erzähle ihnen von meinem Weg, versuche Zeit zu gewinnen und vor allem nicht allein zu bleiben. Nach einer halben Stunde wird die Lage heikel. Lange Gesprächspausen entstehen. Soll ich ihnen von den drei Kerlen erzählen? Ich weiß nicht recht. Die Zeit schreitet fort, der Jüngste zeigt auf seine Uhr und sagt in etwa:

»Wenn du heute Abend in Alahacı sein willst, musst du jetzt weiter. In einer Stunde wird es dunkel, und du solltest nicht mehr allein hier herumlaufen nach Sonnenuntergang.«

Davor auch nicht unbedingt, wenn ich es recht bedenke. Ich gebe auf und berichte von den drei Strolchen, die hinter der nächsten Kurve auf mich warten. Der Junge ist hilfsbereit: Ich kann entweder mit ihnen zu Abend essen und hier schlafen – allerdings unter freiem Himmel, denn das Zelt ist klein –, oder er kann mich mit dem Auto ins Dorf bringen. Ich entscheide mich für Letzteres, denn damit hätte ich die drei Angreifer hinter mir.

Während ich in Mustafas Lieferwagen steige, ärgere ich mich über mich selbst. In Istanbul hatte ich mir geschworen, jeden einzelnen Kilometer von der türkischen Metropole bis zur alten chinesischen Hauptstadt zu laufen. Okay, es geht um meine Sicherheit, und wenn ich ausgeraubt werde, könnte es das Ende der Reise bedeuten. Aber trotzdem!

Die drei liegen nicht mehr auf der Lauer, und wir überholen sie nicht weit von der Stelle, wo sie mich ausrauben wollten. Die Versuchung ist zu groß, und ich strecke ihnen die Zunge heraus. Der dicke Bärtige lacht – ein guter Verlierer!

In Alahacı ruft Mustafa einen Jungen heran und beauftragt ihn, mich zum *muhtar* zu bringen. Geld für Benzin nimmt der junge Bienenzüchter nicht an, aber er will schnell wieder zurück. Der *muhtar* ist nicht da, es heißt, er sei auf Reisen. Ich setze meinen Rucksack ab und beschließe, in aller Ruhe den Fortgang der Ereignisse abzuwarten. Der wortkarge Junge und ich setzen uns in den Schatten einer Reihe von Pappeln. Die Luft ist mild, die Bauern kommen schweigend von den Feldern zurück, völlig erschlagen von einem langen Arbeitstag in der prallen Sonne. Bisher habe ich noch kein Dorf gesehen, wo die Armut derart ins Auge fiel. Undichte Dächer, halb verfallene Häuser, in denen aber Leute wohnen, bröckelnde Mauern. Dunkelhäutige, zerlumpte Kinder spielen auf den Lehmgassen, durch die ein gelbliches, mit aufgelösten Kuhfladen vermischtes Wasser fließt. Die Jauchegruben sind direkt neben den Häusern, und ein Geruch nach Misthaufen erfüllt die Abendluft.

Schließlich taucht der Sohn des *muhtar* auf, ein kleiner, spindeldürrer Mann, dessen ausweichender Blick mir nichts Gutes verheißt. Er bittet mich, ihm zu folgen. Wir durchqueren das Dorf, einen ganzen Schweif tuschelnder Leute im Gefolge. In einer Nische warten zwei Männer, die Helfer des *muhtar* – Gemeinderäte, wenn ich richtig verstanden habe. Mein Führer schließt die Tür eines kleinen Hauses auf. In einem ersten winzigen Raum mit Zementboden ziehen wir unsere Schuhe aus und gehen dann in einen zweiten, kaum größeren, der mit Teppichen ausgelegt ist. Die ganze linke, fensterlose Wand nimmt eine große Pritsche mit ein paar kümmerlichen Kissen ein. Dort nehme ich Platz.

Männer und Jungen drängen in den Eingangsraum. Eigentlich haben dort höchstens zehn Leute Platz, aber bald sind es fast 30. Sie stehen dort eingezwängt, lärmend, versuchen einen Blick auf mich zu erhaschen und zu hören, wie der Sohn des Bürgermeisters mich mit Fragen bestürmt. Ich habe mich ganz ans Ende der Pritsche gesetzt und meinen Rucksack direkt neben mich gestellt. Mehrere Kinder und ein fieser Kerl drücken sich an mein Gepäck, und schon versuchen die ersten Hände, die Reißverschlüsse zu öffnen. Ich fahre dazwischen und erkläre so gut ich kann, was ich dort drinhabe. An dem einzigen Fenster gegenüber kleben die Mädchen, die man nicht hereingelassen hat, aber sie werden auch von hier verscheucht – wie Fliegen.

Es ist jetzt 18.30 Uhr. Ein findiger Junge hat Tee gemacht, und die kleinen tulpenförmigen Gläser werden immer wieder mit dem wunderbaren bernsteinfarbenen Getränk gefüllt. Niemand hier spricht auch nur das geringste Wort irgendeiner anderen Sprache. Mit dem Wörterbuch in der Hand bemühe ich mich, die Lawine von Fragen zu beantworten. Wenn ich auch ihre Feinheiten und Spitzfindigkeiten nur schlecht verstehe, so ist mir doch klar, dass das ganze Interesse dieser Leute um eines kreist: *para*, Geld. Habe ich Geld dabei? Wie viel? Wie komme ich an Geld? Wie viel verdiene ich? Habe ich ein Auto? Was hat es gekostet? Bin ich reich? Was kostet mein Rückflug nach Frankreich? Bei dem Wort *para* reiben sie jedes Mal Daumen und Zeigefinger aneinander, eine Geste, die überall verstanden wird. Habe ich eine Waffe? Sie meinen, ich müsste Angst haben. Das Wort »Terrorist« macht die Runde. Mit hämischem Grinsen fahren sie mit dem Zeigefinger von links nach rechts unter dem Kinn entlang, auch das eine Geste, die überall verstanden wird.

Es herrscht ein ständiges Kommen und Gehen. Wenn ein Alter kommt, reicht er mir die Hand, heißt mich willkommen, und man macht ihm einen Platz frei. Dann wird ihm erzählt, wer ich bin, und das führt unweigerlich zu einer weiteren Frage, bei der es immer um Geld geht. Genervt frage ich:

»Aber interessiert euch denn nichts anderes als Geld?«

»Das ist, weil wir so furchtbar arm sind.«

Das glaube ich aufs Wort. Man braucht nur ein paar Schritte durch das Dorf zu laufen oder sich diese Versammlung anzuschauen, dann weiß man, dass es den Leuten hier an allem fehlt. Selbst die Luft in diesem Raum ist knapp ... Ich lege ostentativ Anzeichen von Müdigkeit an den Tag. Und weil meine Laune deutlich schlechter wird, weil auch die Zuschauer auf ihre Kosten gekommen sind, wenden sie sich allmählich von mir ab und reden untereinander weiter. Der Lärmpegel in dem kleinen Zimmer, das fast aus den Nähten platzt, ist enorm. Sie reden über die Köpfe der anderen hinweg miteinander. Wenn einer eine Frage stellt, kommen wie aus der Pistole geschossen 30 Antworten. Jeder hat seine Meinung und will dieser auch Gehör verschaffen.

Ich bin nicht böse darum, dass man mich in Ruhe lässt, und fange an, die Erlebnisse dieses Tages aufzuschreiben. Das Überschreiten des tausendsten Kilometers und der versuchte Diebstahl sind mir noch frisch im Gedächtnis. Seit einer guten halben Stunde habe ich die Gespräche nicht mehr verfolgt, als der Sohn des *muhtar* und zwei stämmige Kerle, die mir ebenso unsympathisch sind wie er, zu mir kommen.

Sie wollen meinen Pass sehen, aber ich gehe von meinem Prinzip nicht ab:

»Ich zeige ihn nur dem *muhtar*, sobald er kommt.«

Der Sohn lässt es dabei bewenden. Gläser und Samowar werden weggeräumt, und auf einem großen Tablett in der Mitte des Zimmers wird das Essen serviert. Ich nehme mit dem Sohn des *muhtar* und zwei Alten Platz. Ich habe mich so hingesetzt, dass ich meinen Rucksack im Auge behalten kann, was keineswegs überflüssig ist. Noch nie ist wohl ein einfacher Rucksack so begehrt gewesen, Hände streicheln und wiegen ihn, Augen schielen auf ihn. Plötzlich pflanzt sich ein Typ vor mir auf. Er scheint in wichtiger Mission zu kommen. Er wurde vorgeschickt, um mir im Namen aller mitzuteilen, dass ich die Probe bestanden hätte und dass man mich nett fände. Habe ich das richtig verstanden? Er lächelt mir kaum merklich zu und kehrt dann unter den anerkennenden Blicken der anderen zu seinem Platz zurück. Vielleicht habe ich ja doch richtig verstanden.

Mittlerweile ist es Nacht geworden. Ich bin heute 30 km gelaufen, von Çırçır bis zu den Bienenzüchtern, und bin erschöpft von den Emotionen des Tages. Ich würde mich so gern einfach nur ausruhen.

Aber wo schlafe ich? Das weiß ich immer noch nicht, und ich warte darauf, dass der muhtar kommt und das Problem löst.

Jetzt stellt sich ein anderer Mann vor mich hin, der, der vorhin gemeint hatte, sie seien so furchtbar arm. Niemand sagt mehr etwas. Und in dieser Stille, die in scharfem Gegensatz zu dem vorherigen Stimmengewirr steht, beginnt er jetzt ein surreales Verhör, das mich in höchstem Maße amüsieren würde, wenn meine Sicherheit nicht so sehr von meinen Antworten abhinge.

»Was hast du in deinem Rucksack?«

»Medikamente, Kleider, Essen, Schlafsack, Heft, Bücher.«

»Hast du die Karte?«

»Ja, ich habe eine Karte.«

Der Mann dreht sich triumphierend zu den anderen um und wiederholt laut:

»Er hat die Karte!«

Was bedeutet das? Ich spüre, dass sich da etwas zusammenbraut und präzisiere:

»Ich habe eine Straßenkarte und einen Kompass. Was glaubt ihr denn?«

»Du hast die Schatzkarte.«

»Die Schatzkarte?«

»Die Karte, die zum Schatz der Seidenstraße führt. Wir wissen, dass es einen Schatz der Seidenstraße gibt.«

Das ist so absurd, dass ich lachen muss. Aber ich bin der Einzige. Sie sind ganz ernst, fast unfreundlich, und lassen mich nicht aus den Augen.

»Lass sehen.«

Ich hole die Straßenkarte, genauer gesagt ein Stück davon, aus meiner Tasche. Denn damit sie einigermaßen lesbar bleibt, habe ich sie in Teile zerschnitten. Jedes Mal, wenn ich sie Bauern gezeigt habe, wanderte sie von Hand zu Hand, alle wollten sie einmal haben. Bisher hat allerdings noch niemand sie für eine Schatzkarte gehalten!

Wenn ich sie jetzt aus der Hand gebe, wird sie die Runde machen und verschwinden – wer gibt schon eine Schatzkarte wieder her! Aber trotz ihrer ganzen Mängel kann ich keinesfalls auf diese Karte verzichten. Ich fordere den Typ auf, sich neben mich zu setzen, und zeige ihm mein Stück Papier, versuche ihn dafür zu interessieren, welche Route ich laufe, durch welche Dörfer ich komme. Immer wieder zuckt seine Hand unwillkürlich nach der Karte, und immer wieder ziehe ich sie zurück, obwohl ich weiß, dass ich damit alles nur noch schlimmer mache und der fixen Idee, ich hätte wirklich etwas zu verbergen, Vorschub leiste. Nach unendlich vielen Erklärungen scheint er Vernunft annehmen zu wollen und geht wieder auf seinen Platz. Je später der Abend, desto stärker scheinen sich Unterschwelliges, Andeutungen und Unausgesprochenes, zu häufen.

Gegen zehn Uhr tauchen fünf etwas besser gekleidete Personen auf. Wieder tritt Stille ein. Die beiden Frauen unter ihnen tragen keinen çarşaf. Es sind die Dorflehrer. Sie kommen aus der Gegend von Izmir. Sie interessieren sich auch nicht für meine Reise – darüber wissen sie schon Bescheid –, sondern für meinen Beruf. Das heißt für meinen vermeintlichen Beruf, denn ich gebe mich ja wie gesagt als Grundschullehrer aus. Ich bin also ein Kollege. Ich sage im Brustton der Überzeugung, das sei ein schwerer Beruf, und bestürme sie mit Fragen, damit sie mir keine stellen. Sie sagen offen, dass es ihnen hier nicht gefällt. Das Leben sei sehr hart und die Ausübung ihres Berufes nicht leicht. Sie träumen davon, nach Hause zurückzukehren, aber zuerst müssen sie ein paar Jahre in diesem verlorenen Nest abdienen.

Als sie gehen, ist es 10.30 Uhr. Die Frau, die sich am meisten mit mir unterhalten hat, nimmt meine Hand und sagt:

»Ich wünsche Ihnen Glück, viel, viel Glück.«

Das erinnert mich an Djan, den Bankier in Istanbul, der gesagt hatte: »Sie werden sehr viel Glück brauchen.«

Bisher kann ich mich nicht beklagen, bis jetzt war es nicht allzu knapp bemessen. Doch der nachdrückliche Ton beunruhigt mich.

Kaum haben die Lehrer die Tür hinter sich geschlossen, übernimmt der Sohn des *muhtar* wieder das Kommando, immer noch in Begleitung der beiden Muskelprotze, und das Verhör geht weiter:

»Ich will deinen Pass sehen.«

»Wo ist der *muhtar*?«

Einer der beiden Wachhunde kommt ihm zu Hilfe.

»Er ist der Sohn des *muhtar*, das ist dasselbe. Zeig ihm deinen Pass.«

Ich kann mich nicht länger dagegen sträuben, ohne zu riskieren, dass die Situation aus dem Ruder läuft. Ich werde das Dokument also zeigen, aber nur dem kleinen, dünnen Mann. Ich will nicht, dass es herumgereicht wird, dann hätte ich keine Chance, es wiederzubekommen.

Ich bitte ihn, sich neben mich zu setzen. Ohne den Pass loszulassen schlage ich die Seite auf, die meine Identität beweist, und dann die mit den türkischen Einreisestempeln. 30 weit offene Augenpaare sind über unsere Köpfe hinweg darauf geheftet. Der Sohn des Ortsvorstehers nimmt den Ausweis, blättert lange darin herum, will wissen, was mit den anderen Stempeln ist, mit den japanischen, chinesischen, amerikanischen, afrikanischen von meinen letzten Reisen, und hält sich dann lange mit dem iranischen Visum auf, das eine ganze Seite einnimmt. Entgegen seinem Versprechen reicht er das Papier seinem Nachbarn weiter. Auch der blättert es durch. Ich bin aufs Äußerste angespannt. Ich muss jetzt reagieren. In dem Moment, wo der Mann es einem Dritten weitergeben will und 30 Hände sich danach ausstrecken, stürze ich mich buchstäblich ins Gewühl, bringe das Ding wieder an mich und stecke es in meine Tasche, die ich, von feindseligem Schweigen umgeben, sorgfältig verschließe. Laut und deutlich sage ich, dass ich müde bin und mich jetzt gern ausruhe würde. Niemand scheint mich gehört zu haben. Sie kehren auf ihre Plätze zurück, zünden sich Zigaretten an und nehmen ihre Unterhaltung wieder auf.

Ich lasse noch eine halbe Stunde verstreichen, dann wiederhole ich völlig erschöpft meine Bitte. Um ihr Nachdruck zu verleihen, öffne ich die Tür und fordere meine Gastgeber in aller Deutlichkeit auf, mich allein zu lassen. Niemand rührt sich. Zum dritten Mal appelliere ich an die versammelte Gesellschaft und spüre, wie ich allmählich die Geduld verliere. Schließlich steht einer der Zuschauer auf und geht zum Ausgang. Zwei weitere folgen ihm. Ich wünsche ihnen unüberhörbar *iyi geceler*, eine gute Nacht. Ein junger Student fragt:

»Um wie viel Uhr willst du morgen weiter?«

»Um sieben.«

»Ich werde da sein und mit dir laufen.«

Eine gute Aussicht, vor allem, weil ich dann nicht allein durch dieses berüchtigte schiitische Dorf laufen muss, von dem Fazil mir erzählt hat. Ich halte die Tür weiter auf und werfe den Nachzüglern einen bösen Blick zu. Der Sohn des *muhtar* und seine beiden Gefolgsleute machen keine Anstalten, zu gehen. Vor lauter Müdigkeit bin ich richtig aggressiv. Ich habe mir die größte Mühe gegeben, ruhig zu bleiben, aber jetzt bin ich außer mir und werfe sie buchstäblich hinaus.

Hinter ihnen lege ich den Eisenriegel vor und prüfe, ob die Tür auch wirklich der einzige Zugang zu dem Raum ist, in dem ich schlafe. Außerdem blockiere ich sie noch mit meinem Wanderstab. Das kleine Fenster kann ich nicht sichern, ein kleiner Stoß mit dem Ellbogen, und es würde aufgehen.

Am Wasserhahn im Vorraum fülle ich meine Flasche für den nächsten Tag und gebe ein paar Tabletten hinein, die das Wasser über Nacht sterilisieren. Nach einer Katzenwäsche mit eiskaltem Wasser schlüpfe ich in meinen Schlafsack. Ich versuche einzuschlafen, aber das ist nach den Ereignissen dieses Tages nicht so leicht. Außerdem ist das ganze Dorf vor dem Haus versammelt: hitzige, ungestüme Gespräche, leidenschaftliche Stimmen, Zurufe, Lachsalven, Schreie. Wahrscheinlich haben die Dorfbewohner noch nie einen Ausländer gesehen. Der *muhtar* ist nicht gekommen. Ist er wirklich nicht da oder weigert er sich, mich zu empfangen, und wenn ja, warum?

Ich lösche das Licht. Vielleicht beruhigen sie sich dann und gehen nach Hause. Endlich entspanne ich mich und schlafe ein. Wahrscheinlich habe ich nur ein paar Minuten gedöst, als ich wieder wach werde. Der Lärm ist noch weiter angeschwollen. Verärgert und ohne Licht zu machen, gehe ich zum Fenster. Was ich sehe, lässt mir das Blut in den Adern gefrieren. Ein Typ – einer der Zuschauer von vorhin, ich erkenne ihn an seinem unglaublichen Schnurrbart – umklammert ein altes Gewehr. Reglos und stramm steht er da, lässt die Tür zu dem Raum, in dem ich mich aufhalte, nicht aus den Augen. Das ganze Dorf ist da. Selbst die kleinen Mädchen durften sich unter die Männer mischen. Alle reden, gestikulieren im spärlichen Licht einer nackten Glühbirne.

Im Adamskostüm hinter dem Fenster fange ich plötzlich an zu schlottern. Am liebsten würde ich mich in den Schlafsack verkriechen, aber wenn sie mich schon töten, dann möchte ich wenigstens einigermaßen präsentabel aussehen. Ich ziehe mich im Dunkeln an. Worauf warte ich? Darauf, dass sie die Tür eintreten? Mir ist kalt. In den Kleidern schlüpfe ich wieder in den Schlafsack und lege noch eine Decke darüber. Ich zittere – vor Kälte oder vor Angst. Auch wenn es kindisch ist: Ich hole mein schönes Laguiole-Taschenmesser aus dem Rucksack und lege es offen unter das Kopfkissen, fest entschlossen, mich, wenn nötig, zu verteidigen. Aber ich mache mir keine Illusionen: Die Götter haben mich verlassen. Und diese Hungerleider da draußen, was wollen die von mir? Mich ausrauben? Mich umbringen? Beides? Worauf warten sie dann noch? Und wenn sie an meine Sachen oder mir an die Gurgel wollen, warum haben sie das nicht vorhin getan? Natürlich habe ich keine Antwort auf diese Fragen. Die Minuten ziehen sich endlos. Ich bin völlig kaputt. Auf meiner Uhr ist es halb eins. Allmählich lässt meine Angst nach und weicht der Erschöpfung. Der Schlaf übermannt mich. Ich habe keine Ahnung, wie lange ich geschlafen habe, als Schläge gegen das Fenster mich jäh aufschrecken lassen. Was wollen sie denn jetzt? Todmüde und entnervt beschließe ich, nicht zu reagieren. Wieder klopft es, diesmal an der Tür und an der Fensterscheibe. Irgendjemand schreit etwas, was ich nicht verstehe.

Die Gespräche sind verstummt. Diese plötzliche Stille verunsichert mich. Auf Strümpfen gehe ich durch das Zimmer und schaue aus dem Fenster. Ein Soldat im Tarnanzug steht da, eine Maschinenpistole gegen die Tür gerichtet. Unwillkürlich rutscht mir heraus: »Diese Idioten! Jetzt haben sie auch noch die *jandarmas* gerufen.«

Während ich meine Schuhe zubinde, sage ich mir, dass das vielleicht sogar besser ist. Ich werde alles erklären, und es wird sich wieder einrenken. Bevor ich die Tür öffne, gegen die jetzt noch lauter gehämmert wird, zwinge ich mich, gelassen zu bleiben, und verstaue in aller Ruhe mein Taschenmesser. Hinter dem Soldaten stehen zwei Offiziere. Das ganze Dorf ist auf den Beinen. Als ich in der offenen Tür stehe, hätte man eine Stecknadel fallen hören können. Die beiden Offiziere mustern mich. Der größere spricht mich in korrektem Englisch an. Sie wollten mit mir reden, sagt er. Ich trete zur Seite und lasse sie herein. Die Meute will natürlich hinterher, aber ich stelle mich in den Weg. Ihren Judaslohn sollen sie nicht haben.

»Die nicht!«

Mit einer Handbewegung befiehlt der Soldat ihnen, sich zurückzuziehen. Ein bewaffneter Mann ist dennoch mit hereingekommen. Er setzt sich ans andere Ende des Zimmers, sein Gewehr immer noch auf mich gerichtet.

»Ist das Ihr Rucksack?«

»Ja. Wo ist das Problem?«

»Pass, bitte.«

Die Leute draußen haben wieder angefangen, zu reden.

»Ich muss Sie bitten, mitzukommen.«

»Moment mal. Ich bin Tourist. Ich besichtige Ihr Land. Was haben Sie mir vorzuwerfen? Bin ich verhaftet?«

»Keineswegs. Es geht um Ihre Sicherheit. Folgen Sie uns.«

»Ich will wissen, wohin.«

»Nach nebenan.«

Der Offizier lässt mich nicht meinen Rucksack nehmen. Den ergreift der Soldat. Die Dorfbewohner, die vorhin noch meinten, sie würden mich mögen, genießen das Schauspiel. Und ich gönne mir die kleine Genugtuung, ihnen mit dröhnender Stimme zuzurufen:

»Vielen Dank für eure Gastfreundschaft.« Das gibt mir das Gefühl, den Ort des Geschehens erhobenen Hauptes zu verlassen.

Auf dem Weg durch den Ort werde ich von zwei Soldaten flankiert, ein Dritter trägt mein Gepäck. Die Menge folgt uns auf dem Fuße. Sie will den letzten Akt nicht verpassen. Ich meinerseits bin völlig perplex, als ich das Schauspiel entdecke, das sich vor mir abspielt. Auf jeder Seite der Dorfstraße steht alle zehn Meter ein Soldat in Tarnuniform, Finger am Abzug, die Waffe auf die Häuser und Gässchen gerichtet. Alle tragen Helm und kugelsichere Weste. Ein Kriegsschauplatz. Es fehlt nicht viel, und ich würde selbst glauben, dass wirklich überall Heckenschützen auf uns zielen. Wie viele Soldaten mögen es sein? Ich bin fassungslos. Dann gewinnt der Humor wieder die Oberhand. Das alles wegen mir?

Vorneweg, in der ersten Reihe der uns folgenden Meute, geht der Mann, der vor meiner Tür Wache gehalten hatte. Er hält sein Schieß-eisen wie eine Kerze, und auf seinem Gesicht liegt der demütige Ernst eines Helden. Er kann sich rühmen, mir eine Heidenangst eingejagt zu haben, dieser Witzbold. Es ist eine historische Stunde für das Dorf. Und das wäre es fast auch für mich gewesen. Einerseits verspüre ich einen gewaltigen Zorn auf diese Leute, die mich an der Nase herumge-führt und alle Gesetze der Gastfreundschaft verletzt haben, anderer-seits aber auch eine große Erleichterung, denn ich hatte ja schon mein letztes Stündchen nahen sehen.

Wir bleiben vor einem Haus mit vorspringendem erstem Stockwerk stehen. Zwei Soldaten stellen sich als Wache unten an die Stufen. Die beiden Offiziere, ein Soldat und ich steigen die Treppe hinauf. Der Hausherr ist einer derjenigen, die mich heute Nachmittag willkom-men geheißen haben. Er muss die *jandarmas* geholt haben, denn er ist der einzige im Dorf, der ein Telefon hat. Meinem Blick weicht er aus.

Vor den Uniformierten katzbuckelt er, darauf bedacht, ihnen jeden Wunsch von den Augen abzulesen. Grotesk! Der Offizier, der Englisch spricht, fragt nach meiner Karte. Höhnisch grinsend halte ich sie ihm hin: Ist vielleicht auch er auf Schatzsuche?

Die beiden Offiziere beugen sich über das Stück Papier. Wenn sie genau hinschauen, müssen sie die Kreise um die drei schiitischen Dörfer, die Fazil mir genannt hatte, entdecken. Sie scheinen sie aber nicht zu bemerken. Sie telefonieren lange. Ich bin völlig durcheinander und versuche gar nicht erst, irgendetwas zu verstehen. Ich wüsste sowieso nicht, wie ich diese Maschinerie aufhalten könnte. Abwarten ist das Vernünftigste, was ich tun kann.

»Sie werden mit uns kommen müssen.«

»Wohin?«

»In die Kaserne. Zu Ihrer Sicherheit.«

»Und wo ist Ihre Kaserne? Weit weg?«

»Nein.«

»Einen Kilometer, zehn Kilometer?«

»Drei oder vier.«

Ich versuche, Widerstand zu leisten.

»Nein, ich bleibe hier. Ich will morgen sehr früh weiter.«

Zwei weitere Soldaten kommen herein. Einer von ihnen packt mich am Arm und will mich fortführen. Ich bekomme einen Wutanfall.

»Ich kann allein gehen. Wenn ich verhaftet bin, dann legen Sie mir auch Handschellen an.«

Der Offizier gibt dem Soldaten einen Befehl, und der zögert nicht lange. Ich bin wirklich verhaftet.

Was für eine abstruse Situation! Ich sollte jetzt nicht den Helden spielen oder den Clown. Bei den Militärs weiß man nie. Bilder aus *Midnight Express* von feuchten Verliesen und brutalen Gefängniswärtern kommen mir in den Sinn. Was ist besser für mich? In der Gewalt dieser Militärs zu sein, die überall Terroristen wittern, oder in den Händen der Dorfbewohner, die spinnen mit ihrem »Schatz der Seidenstraße«

und die mir durchaus die Kehle durchschneiden würden, um an meine »Schatzkarte« zu kommen.

Zu ihrem Bedauern sehen die Dorfbewohner, dass ich fortgebracht werde. Die Kommentare folgen uns, nicht aber die Leute. Zwei Soldaten halten sie in Schach, während ich in strenger Obhut zu den etwas abseits parkenden Autos geführt werde. Als die Soldaten sich aufstellen, zähle ich sie aus Neugierde: 45 plus die beiden Offiziere, denen ein schwarzer Zivilwagen zur Verfügung steht. Noch nie haben sich so viele Menschen um mich gekümmert. Die Soldaten verteilen sich auf drei Minibusse und ein mit einem Maschinengewehr ausgerüstetes Geländefahrzeug. In einen der Minibusse steigen meine beiden Wächter mit mir. Und die Autokarawane fährt in die Nacht hinaus.

Bald merke ich, dass der Offizier mich angelogen hat. Auf holperigen Wegen geht es im Schritttempo voran und im Zickzack um die Schlaglöcher herum. Es werden fünf, dann zehn Kilometer. Ich erkundige mich, wohin wir fahren. Der Rekrut rechts von mir antwortet nicht, aber der zu meiner Linken, der ein bisschen aussieht wie ein normannischer Bauer, sagt: »Sivas.«

Ich werde also nicht vier, sondern 40 oder 50 km weit weggebracht. Während der Fahrt habe ich viel Zeit, nachzudenken. Die Haltung der Offiziere ist nicht wirklich feindselig. Warum hat man mich also verhaftet? War meine Sicherheit tatsächlich bedroht? Dann hätten zwei oder drei *jandarmas* genügt, um mich zu warnen oder zu schützen. Oder haben die Militärs sich von den Dorfbewohnern einreden lassen, ich sei ein gefährliches Subjekt? Was wird in der Kaserne passieren? Ich habe ein paar Artikel über die Methoden der türkischen Armee oder der *jandarmas* gelesen, und das ist nicht gerade beruhigend. Und kurz vor meiner Reise hatte *Reporter ohne Grenzen* berichtet, ein türkischer Journalist sei von der Polizei gefoltert worden. Nun bin ich weder Türke noch – offiziell – Journalist. Aber machen sie da einen Unterschied? Und wenn sie herausfinden, dass ich eigentlich Journalist bin?

Wie einen Film lasse ich den Abend in dem Dorf in meinem Kopf noch einmal abspulen. Rückblickend wird das Verhalten der Bauern klar. Sie sind nicht nach Hause gegangen, weil sie meine Verhaftung miterleben wollten. Und der Sohn des *muhtar* hat meinen Pass so eingehend geprüft, weil die Militärs möglichst viele Einzelheiten wissen wollten, bevor sie ausrückten. Alle wussten also, dass die *jandarmas* unterwegs waren. Dadurch, dass ich sie hinausgeworfen habe, habe ich sie um das Spektakel gebracht, das sie sich wohl schon in den schönsten Farben ausgemalt hatten. Und der Witzbold mit dem Operettengewehr ist einer der Helfer, die die Armee in den Dörfern rekrutiert. Mit ihren alten Waffen sollen sie Selbstverteidigungsgruppen gegen die PKK bilden.

Es ist nach drei Uhr morgens, als wir endlich zu einer schwer bewachten Kaserne kommen – an der Einfahrt Panzerwagen und überall Soldaten. Wieder nimmt mich einer meiner Schutzengel beim Arm. Ich bleibe stehen und weigere mich strikt, auch nur einen Schritt zu gehen. Er versteht und lässt mich los. Ich werde in das Büro des englisch sprechenden Offiziers gebracht, einen großen Raum, dessen Wände voller Porträts von Atatürk hängen. Nicht nur auf dem Schreibtisch ein Schild mit dem Namen des Offiziers: Gökgöz – Himmelsauge. Er steht ebenso auf zwei kleinen Teppichen, die in Miniwebstühlen an der Wand hängen. Der Mann ist sichtlich stolz auf seinen Familiennamen, den wahrscheinlich sein Großvater ausgesucht hat, als in der Türkei nach der Abschaffung des Sultanats die abendländische Regelung eines Vor- und eines Familiennamens eingeführt wurde. Er hat übrigens keineswegs blaue Augen.

Er fordert mich auf, vor seinem bombastischen Schreibtisch Platz zu nehmen.

»Çay?«

»Yes.«

Ich mache gute Miene zum bösen Spiel und versuche, mir nicht anmerken zu lassen, wie wütend mich seine faustdicke Lüge über die Entfernung zwischen Alahacı und der Kaserne macht.

»Ich werde Ihren Rucksack durchsuchen müssen. Die Leute im Dorf haben Sie als Terroristen angezeigt. Wegen des Rucksacks.«

»Vorher würde ich gern mein Konsulat anrufen und es über meine Verhaftung informieren.«

»Morgen früh.«

»Dann warten Sie auch bis morgen früh, um meinen Rucksack zu durchsuchen. Und jetzt?«

»Werden wir Sie für die Nacht unterbringen.«

»Ich bin also doch verhaftet ...«

»Nein, Sie sind unser Gast.«

Ich lache hämisch. Er ist ganz schön unverschämt, dieser große, korpulente Typ mit seiner schleppenden Fistelstimme und den weichen, priesterlichen Bewegungen. Ein Soldat öffnet meinen Rucksack. Jeden Gegenstand reicht er dem Offizier einzeln. Himmelsauge schaut alles penibel durch und hält manche Blätter sogar gegen das Licht seiner Schreibtischlampe. Buch, Straßenkarten, Notizbücher, Adressenliste (für die Postkarten) – nichts lässt er aus. Da ich von Natur aus misstrauisch bin, habe ich niemals den Namen Öcalan oder die Buchstaben seiner Partei PKK geschrieben, wenn ich Ereignisse oder Gedanken darüber notierte. Ich habe mir meinen eigenen kleinen Code dafür ausgedacht. Und den sucht er offensichtlich. Im Übrigen sind die meisten meiner Aufzeichnungen bereits sicher in Paris, denn jedes Mal, wenn ich in einer größeren Stadt Station mache, schicke ich meine Notizen nach Frankreich. Die Unterlagen, die ich für den Iran dabeihabe und die ich getrennt aufbewahre, bis ich sie brauche, nimmt er ebenfalls genauestens in Augenschein. Diese Durchsuchung bringt mich in höchstem Maße auf. Ich fühle mich so, als würde ich selbst ausgezogen. All die Dinge, die wie gesagt keinen Wert an sich haben, für mich aber absolut unentbehrlich sind, liegen nun überall auf dem Holzboden verteilt. Ich gebe mir immer solche

Mühe, alles sorgfältig zu verstauen, und diese Unordnung ärgert mich jetzt unsagbar. Es hält mich nicht mehr auf meinem Stuhl, ich springe auf.

Als der Rucksack endlich leer ist, gehen der Soldat und sein Vorgesetzter aufmerksam und argwöhnisch um ihn herum, so als handele es sich um einen bedrohlichen Gegenstand, und befühlen schließlich jede Naht. Dann befiehlt der Offizier seinem Untergebenen, alles wieder einzuräumen. Halt! Stopp! In meinem Rucksack wird es nicht aussehen wie bei Hempels unterm Sofa! Ich wickle selbst jeden Gegenstand in eine Plastiktüte und platziere jede Plastiktüte in eines der Rucksackfächer. Himmelsauge und der andere Schnüffler sehen mir schweigend zu, und aus Rache gehe ich sehr sorgfältig und extrem langsam vor. Als ich fertig bin, frage ich:

»Zufrieden? Sie haben gesehen, dass ich kein Terrorist bin. Bringen Sie mich jetzt wieder nach Alahacı?"

»Nein. Morgen, wenn Sie wollen. Außerdem ist es dort gefährlich. Erst mal ruhen Sie sich aus, und ich mich auch. Es ist spät.«

»Würden Sie mich dann bitte in ein Hotel bringen?«

»Nein. Sie sind unser Gast. Ich werde ...«

»Aber ich will nicht Ihr Gast sein.«

»... wir werden Sie auf Ihr Zimmer bringen. Wir müssen Sie einschließen. Ich behalte auch Ihren Fotoapparat, denn Sie sind hier auf Militärgebiet, und da ist es verboten, zu fotografieren. Morgen früh bekommen Sie ihn wieder.«

»Sie halten mich gegen meinen Willen fest, und Sie schließen mich ein, ich bin also, ob Sie nun wollen oder nicht, verhaftet.«

»Ich sage es noch einmal: Sie sind unser Gast.«

Er will schon aufstehen, besinnt sich aber eines anderen.

»Sind Sie wütend?«

Ich bin fassungslos. Nachdem er mich bis zur Weißglut gereizt hat, besitzt er auch noch die Frechheit, sich nach meiner Laune zu erkundigen. Jedenfalls glaube ich, das so verstanden zu haben.

Ich zögere nicht einen Augenblick und lasse meinem Ärger endlich freien Lauf.

»Sie wollen wissen, ob ich wütend bin? Und ob! Ich bin wütend, weil Sie mich wie einen Verbrecher aus meinem Bett geholt haben. Ich bin wütend, weil Sie mich belogen haben, denn Sie haben gesagt, wir würden vier Kilometer fahren, aber Sie haben mich 50 km von meiner Route abgebracht. Wütend, dass ich mein Konsulat nicht anrufen kann. Wütend über Ihre Scheinheiligkeit, mit der Sie behaupten, ich sei nicht verhaftet, obwohl ich gegen meinen Willen hier festgehalten werde. Wütend, in einem Land zu reisen, das so tut, als sei es eine Demokratie, in dem man aber ohne Gerichtsbeschluss verhaftet werden kann. Wütend, weil Sie zwar das Recht haben mögen, meine Papiere zu verlangen und mich darauf hinzuweisen, dass ich in gefährlichen Dörfern mein Leben aufs Spiel setze, aber nicht das Recht, für mich zu entscheiden. Ich bin erwachsen und für mich selbst verantwortlich. Als Tourist können Sie mich warnen und auch Vorkehrungen für meine Sicherheit treffen. Aber Sie haben keine rechtliche Handhabe gegen mich, solange ich die Gesetze Ihres Landes einhalte, und das tue ich.«

Diesen beiden verblüfften Militärs, dem einen, der versteht, und dem anderen, der nicht versteht, werfe ich meinen ganzen Groll vor die Füße, die ganze Angst und den ganzen Zorn, die ich seit heute Morgen empfunden habe. Ich bin jetzt richtig in Fahrt:

»Und Sie wollen in die Europäische Union? Da brauchen Sie aber noch ein paar Nachhilfestunden zur Allgemeinen Erklärung der Menschenrechte.«

»Aber ...«

Ich lasse ihn nicht zu Wort kommen, ich bin noch nicht fertig:

»Ich bin ein französischer Tourist, ich mache hier bei Ihnen Ferien. Ich habe ein Recht, mit einem gewissen Respekt behandelt zu werden. Sie hätten als Allererstes mein Konsulat anrufen müssen. Ihr Land sollte aufhören, Unsummen für Werbung auszugeben und so zu tun, als sei es ein Urlaubsparadies.«

Der Soldat, der kein Englisch versteht, ist mitten in meinem Redeschwall gegangen. Endlich gelingt es Himmelsauge, seinen Satz anzubringen:

»Aber ich wollte doch nur wissen, ob Sie *Hunger* haben.«

Himmelsauge hatte höflich gefragt »*Are you hungry?*«, aber er hat es ausgesprochen wie *angry*.

Ich verstehe meinen Irrtum, aber dennoch bin ich froh, meinen Ärger losgeworden zu sein. Und ich werde nicht zurücknehmen, was ich gesagt habe. In etwas milderem Ton antworte ich:

»Nein, ich habe keinen Hunger. Aber Durst. Ich hätte gern ein Bier.«

»Ich habe kein Bier. Das ist hier verboten. Aber ich habe Whisky.«

Dann also einen Whisky! Er schenkt mir ein großes Glas ein, das ich in kleinen Schlucken trinke. Mein Zorn verraucht, ich bin jetzt nur noch müde.

Bevor ein Soldat mich zu meinem Zimmer führt, sagt Himmelsauge – wie um sich zu entschuldigen –, die Einwohner von Alahacı hätten mich für einen Terroristen gehalten, und es sei also seine Pflicht gewesen, das zu überprüfen.

Ich habe immer noch schlechte Laune und weigere mich, meine Tür abzuschließen. Doch der Soldat hat seine Befehle. Wenn ich mich nicht einschließe, wird er bestraft. Ich sehe es also ein und schüttele den Kopf über diese absurde Situation.

Das ist alles furchtbar anstrengend, und ich verstehe es nicht wirklich. Auch die mangelnde Professionalität und die Naivität von Himmelsauge und seinem Adlatus kann ich mir nicht erklären. Wenn ich kompromittierende Papiere hätte, würde ich die doch nicht in meinem Gepäck aufbewahren, sondern am Körper tragen. Sie sind aber überhaupt nicht auf die Idee gekommen, mich zu filzen.

Es ist fünf Uhr, und die Lautsprecher der Moscheen rufen zum Gebet. Diesen 16. Juni werde ich so schnell nicht vergessen. Das Überschreiten des tausendsten Kilometers, der Versuch der drei Gauner auf dem Traktor, mich zu berauben, und die Verhaftung in Alahacı – mein Bedarf an Emotionen ist fürs Erste gedeckt.

Ich hoffe, dass das alles nur eine kleine Pechsträhne war und dass ich meine Reise heiter und unbekümmert fortsetzen werde. Doch an der Schwelle zum Schlaf bin ich mir dessen nicht mehr ganz sicher.

Die Karawansereien

Um 7.30 Uhr klopft ein Soldat an meine Tür. Ich habe nicht viel geschlafen, und meine Wut ist immer noch nicht verraucht, wahrscheinlich, weil ich so müde bin.

»Oberleutnant Gökgöz bittet Sie in sein Büro.«

»Wenn ich gefrühstückt habe«, antworte ich schroff.

Der Kamerad bekommt Panik. Er ist es gewohnt, den Befehlen von Himmelsauge zu gehorchen, und versteht nicht, dass ich das nicht auch tue. Er geht und kommt kurz darauf mit einem Tablett zurück. Ich lasse mir Zeit, trödle – die Waffe der Schwachen. Als ich endlich fertig bin, nimmt er das Tablett und bittet mich, mich anzuziehen und herunterzugehen.

»Zuerst will ich noch duschen.«

Er geht sich Anweisungen holen. Während ich auf ihn warte, schaue ich in den Hof hinunter. Dort steht ein Unteroffizier und legt den ganzen Sadismus, zu dem er fähig ist, an den Tag. Er triezt einen Trupp junger Soldaten mit Gewehrgriffen, Laufen und Liegestützen. Unwillkürlich muss ich an den jungen Soldaten denken, der auf der Fahrt nach Sivas neben mir saß. Er hatte gefragt, wo ich herkäme, und ich hatte versucht, ihm meinen Marsch über die Seidenstraße zu erklären. Plötzlich hatte ich Zweifel bekommen und gefragt: »Du weißt schon, was die Seidenstraße ist, oder?« – »Natürlich. Das ist die asphaltierte Straße.« Die Offiziere sollten ihnen lieber etwas über ihre Geschichte beibringen, als sie im Kreis laufen zu lassen wie Esel an einem Schöpfrad.

Da mein »Kammerdiener« nicht wiederkommt, mache ich mich auf die Suche nach einer Dusche.

Es ist bereits nach 8.30 Uhr, als ich das Büro von Himmelsauge betrete. Ihm gegenüber sitzt ein junger Unteroffizier, der sehr gut Englisch spricht. Der Leutnant will nicht noch so ein Missverständnis wie letzte Nacht riskieren, darum hat er einen Übersetzer geholt. Wir trinken einen Tee. Dann gehe ich sofort zum Angriff über.

»Ich habe nachgedacht. Sie haben vielleicht recht, ich werde also die zwei oder drei Dörfer nach Alahacı auslassen. Ich schlage vor, dass Sie mich auf meinen Weg zurückbringen, aber etwas weiter, nach Yeniköy. Vorher möchte ich allerdings wie besprochen mein Konsulat anrufen.«

»Das werden wir sehen«, antwortet Himmelsauge zuvorkommend, »aber zuerst wird der Kommandant entscheiden, ob ...«

Ich lasse ihn gar nicht erst ausreden und springe auf.

»Wie? Entscheiden? Was entscheiden? Ich bin weder Soldat noch Türke. Ihr Kommandant kann für Sie entscheiden, was er will, Sie sind sein Untergebener. Über mich hat er nicht zu bestimmen. Und bevor ich irgendetwas sage oder tue, will ich mit meinem Konsulat telefonieren.«

Himmelsauge wirft dem jungen Soldaten, der bisher kein einziges Wort gesagt hat, einen müden und vielsagenden Blick zu. Wortlos steht er auf und geht. Es dauert fast eine Stunde, bis er wiederkommt.

»Wir werden Sie der Fremdenpolizei übergeben.«

Himmelsauge und sein Kommandant wollen mich also loswerden und schieben mich einem Kollegen zu. Zehn Minuten später sind wir bei der polis. Meine Wut hat sich immer noch nicht gelegt. Auch von Mustafa Kaçar, dem Chef der Fremdenpolizei, verlange ich wieder das Telefonat mit meinem Konsulat.

»Aber natürlich«, sagt er. »Möchten Sie in der Zwischenzeit einen Tee oder Kaffee trinken?«

»Aus meiner Sicht bin ich seit gestern Abend in Haft. Kann ich mich bei Ihnen frei bewegen?«

»Natürlich. Ich verstehe übrigens nicht, warum ich nicht benachrichtigt wurde. Für alles, was Ausländer betrifft, bin ich zuständig, und die *jandarmas* hätte mich gleich heute Nacht noch anrufen müssen.« Er lässt sich nicht aus der Ruhe bringen, ist zuvorkommend und spricht exzellent Englisch. Mit seinen Untergebenen redet er auf eine Art und Weise, dass sie ihm offensichtlich gern zu Diensten sind. Unsere Unterhaltung ist höflich, einvernehmlich, er erzählt mir sogar, dass er aus der Provinz Dardanellen stammt.

Im französischen Konsulat in Istanbul bekomme ich zuerst einen Mann und dann eine Frau an den Apparat. Sie reißen sich nicht gerade ein Bein aus, um ihrem Landsmann zu helfen. Sie erklären mir, es gebe gefährliche Gegenden, die *jandarmas* täten, was sie wollten, mit ihnen sei nicht zu reden. Darum würden sie auch keine Beschwerde einreichen. Wenn ich weiterlaufen wolle, müsse ich damit rechnen, immer wieder kontrolliert, aufgehalten und sogar in Gewahrsam genommen zu werden, einen Tag, eine Woche oder sogar zwei, wenn den *jandarmas* danach sei. Für sie ist mein Marsch durch die Türkei offensichtlich nur eine Quelle potenzieller Scherereien. Sie wollen die ersten Seiten meines Passes per Fax, die lägen gerade nicht vor.

Während das erledigt wird, nehmen Mustafa und ich unsere Unterhaltung wieder auf. Er ist ein angenehmer, gebildeter, sehr weltoffener Mann. Sein hervorragendes Englisch ist auch ein Zeichen für das große Interesse, das er allem Unbekannten gegenüber an den Tag legt. Er ist viel gereist, und das schlechte Bild, das die westlichen Demokratien von der Türkei haben, ist ihm durchaus bewusst. Als er mir meinen Pass zurückgibt, möchte er wissen, was ich als Nächstes vorhabe.

»Da ich schon einmal hier bin, möchte ich Sivas besichtigen, das ja eine sehr wichtige Etappe auf der Seidenstraße war. Und mich dann morgen früh wieder auf meinen eigentlichen Weg bringen lassen.« Mustafa bestätigt, dass die Gebirgsgegend, durch die ich jetzt käme, sehr gefährlich ist. Ständig patrouillierten dort *jandarmas*. Und am späten Nachmittag feuerten PKK-Kämpfer aus irgendeinem Hinterhalt ein paar Schüsse ab und verschwänden dann in der Umgebung, die sie wie ihre Westentasche kennen würden. Er rät mir, das Gebiet hinter Alahacı zu meiden, reserviert mir ein Zimmer im Stadtzentrum, handelt den Zimmerpreis auf die Hälfte herunter und bringt mich mit seinem Auto dort hin. Er gibt mir auch seine Durchwahl und bittet mich, ihn anzurufen, falls ich im Bezirk Sivas noch einmal Schwierigkeiten bekommen sollte.

Mir geht durch den Kopf, dass ich mit Himmelsauge und Mustafa Kaçar zwei Männer kennengelernt habe, die die beiden Seiten der heutigen Türkei verkörpern. Mehmet Gökgöz ist der direkte Erbe einer Zeit, in der »Türke« gleichbedeutend war mit »Soldat«, der asiatischen Tradition der Königsrechte und Kämpfe. Er steht für eine Armee, die in Wirklichkeit das Land regiert, die sicher sein kann vor jeglicher Strafe, die auf Gewalt zurückgreift oder sogar einen Putsch, wenn die Dinge nicht so laufen wie von der Armee gewünscht. Mustafa Kaçar dagegen steht für die Studenten und Schüler – wie beispielsweise jene aus Amasya – die neugierig auf die Welt sind, Fremdsprachen lernen und reisen wollen, die Zeugen dafür sind, was für eine Faszination Europa und Amerika auf ihre Generation ausüben.

Im Stadtzentrum von Sivas gibt es einige Perlen seldschukischer Architektur: Moscheen und Koranschulen, welche Erdbeben, die vielen verschiedenen Invasionen und – zerstörerischer als alles andere – die türkische Betonwut überdauert haben. Ich spiele ein bisschen Tourist, aber meine Gedanken sind woanders. Die gestrigen Abenteuer schwirren mir noch durch den Kopf – haben sie vielleicht eine Phase der Katastrophen eingeläutet?

Das Überschreiten des tausendsten Kilometers, der versuchte Diebstahl und das Eingreifen der Armee sind sehr gute Beispiele für die Meilensteine und Gefahren, die über zwei Jahrtausende hinweg für die Karawanen eine große Rolle spielten. In der Teestube im ersten Stock der Karawanserei von Sivas denke ich an die drei Plagen, die Kaufleute und Kameltreiber so fürchteten: Krankheiten oder Verletzungen,

Naturkatastrophen, Räuber oder Krieg. Die Seidenstraße ist gesäumt von Gräbern. Der Tod schwebte über Bergen und Wüsten und stieß ohne Vorwarnung herab. Auch die Pest hat zunächst in den Etappenstädten gewütet, bevor sie über die Seidenstraße nach Europa gekommen ist.

Ich habe gestern zwar den tausendsten Kilometer überschritten, doch wer sagt mir, dass ich es auch bis zum zweitausendsten schaffe? Körperlich bin ich in Höchstform, aber der Weg ist auch noch weit. Bei den Bedingungen, unter denen ich reise – manchmal fehlen die grundlegendsten hygienischen Voraussetzungen –, ist es nicht garantiert, dass ich gesund und munter in Teheran ankomme.

Diebstahl stellte auf der Seidenstraße eine ständige Bedrohung dar. Räuberbanden lauerten den Karawanen an Engpässen auf, stahlen Waren und Tiere, nahmen den Reisenden das Gold und manchmal auch das Leben. Seide, Gewürze und andere wertvolle Güter zogen jeden Tag unter den begierigen Blicken der Sesshaften vorbei. Ohne es zu wollen, wecke ich dieselbe Begierde. In so armen Dörfern wie Alahacı wirke ich wie ein reicher Mann aus einem Land voller Schätze. Aber bis zu der Sache mit dem Traktor vor Alahacı war nichts passiert.

Die Plünderer wagten sich kaum an Karawanen mit 1000 Kamelen heran, zu denen etwa 100 kampfbereite Männer gehörten. Außerdem bezahlte der Karawanenführer einige Bewaffnete, meistens Armenier, um den Konvoi zu schützen. Die Karawansereien, regelrechte Wehranlagen, waren sicher. Bei besonders großer Gefahr stellten die Paschas einen Geleitschutz von einigen Dutzend Lanzenreitern. Die Seidenstraße war die einzige Einnahmequelle der Lokalherren, es lag also in ihrem Interesse, für Sicherheit zu sorgen. Sonst hätten die Karawanen ihre Route geändert und somit keine Steuern und Abgaben mehr gezahlt. Es war so wichtig, den Kaufleuten das Gefühl der Sicherheit zu geben, dass die damaligen Behörden bereits Versicherungen erfunden hatten. Wenn ein Reisender trotz aller Vorsichtsmaßnahmen ausgeraubt wurde, unterbreitete er dem Pascha eine Liste mit den gestohlenen Waren und wurde entweder vom Pascha selbst oder vom Sultan entschädigt. Natürlich gibt es heute in der Türkei keine Straßenräuberbanden mehr. Aber allein und ohne Waffen bin ich ein leichtes, verlockendes Ziel. Um sich in den Besitz meiner »Schätze« zu bringen, sind nur wenige nötig.

Seit Urzeiten hat es entlang der Seidenstraße dauernd Kriege gegeben. Auch heute werden viele Gegenden in Zentralasien von brutalen Konflikten verwüstet. Bei der Planung meiner Reise und meiner Strecke habe ich mich danach richten müssen. Ich hatte die Wahl zwischen mehreren alten Routen. Am liebsten wäre ich vom alten Antiochia am Mittelmeer aufgebrochen und durch Syrien, den Irak, den Iran und Afghanistan gelaufen: großartige Länder mit geschichtsträchtigen Landschaften und Bevölkerungen. Aber die Gefahren lagen auf der Hand.

Auch die Route durch die Steppen kam nicht infrage. Die Grenze zwischen der Türkei und Armenien ist geschlossen. Und im Kaukasus, in Tschetschenien, schwelte ein Krieg, der jeden Moment offen ausbrechen konnte. Die größte und unangenehmste Gefahr jedoch schien mir, was in jenem Land geradezu zum Nationalsport erhoben wurde: die Entführung ausländischer Reisender, für die das Lösegeld auf dem Hauptplatz in Grosny angeschlagen wird.

Und jetzt werde ich auf der Strecke, für die ich mich schließlich entschieden habe, mit dem Krieg zwischen der kurdischen Arbeiterpartei und dem Staat konfrontiert. Meine Verhaftung gestern lässt mich befürchten, dass es hinter Erzurum, wo das türkische Kurdengebiet anfängt, noch schwieriger werden könnte. Umso mehr, als der Prozess gegen Öcalan in den Tageszeitungen und im Fernsehen das wichtigste Thema ist und die Gemüter entzündet.

Und die Karawanen, wie erfuhren sie von all solchen Gefahren? Sie waren besser dran als ich, denn ich verstehe die Nachrichten aus den Medien nicht, und englische oder französische Zeitungen gibt es natürlich hier abseits jeglicher Touristenpfade auch nicht. Die Kaufleute bekamen alles an einem einzigen Ort, nämlich in der Karawanserei. Denn hier wurden nicht nur alle möglichen Dienste angeboten, hier war auch der Ort, wo die Teilnehmer täglich ihre Informationen austauschen konnten: »Ich komme von Osten und du von Westen, sag du mir, wo es Epidemien, Diebe und Kriege gibt, dann sage ich dir auch, was ich weiß.«

Bedeutet das Dorf Alahacı eine Grenze? Hinter Tokat wollten mir zwei Männer etwas halbherzig meine Uhr und mein Geld wegnehmen. Gestern haben drei Männer schon deutlich brutaler versucht, mich auszurauben. Doch das Schlimmste waren die Einwohner von Alahacı mit ihrem kollektiven Wahn, ihrer Gier nach Geld, nach dem Schatz und mit ihrem Irrglauben, ein Rucksack wiese mich als Terroristen aus. Wahrscheinlich hat mich nur das Eingreifen der Armee gerettet.

Am Morgen des 18. Juni rufe ich Himmelsauge an, damit er mich wie versprochen wieder auf meinen Weg bringt. Er schickt mir ein Auto mit Fahrer und zwei Soldaten mit Maschinenpistolen. Sie haben Befehl, mich in Alahacı abzusetzen. Darauf lege ich jedoch überhaupt keinen Wert und bitte sie, mich etwa 30 km weiter bis nach Yeniköy zu bringen. Diszipliniert wie die Soldaten sind, fragen sie nach. Himmelsauge schlägt ab. Yeniköy gehört nicht mehr zu seinem Gebiet. Ich solle doch den Bus nehmen, die Armee würde mir sogar die Fahrkarte bezahlen.

Er weiß genauso gut wie ich, dass es keinen Bus nach Yeniköy gibt. Ich schicke ihn zum Teufel.

Aber wie komme ich jetzt auf meinen Weg zurück? Ich bin mindestens zwei Tagesmärsche durch ein wirklich gefährliches Gebiet von ihm entfernt. Nachdem ich kreuz und quer durch den Busbahnhof von Sivas gelaufen bin, finde ich schließlich einen Bus nach Suşehri. Er fährt durch das Dorf Ekinözü, in dem ich ohnehin hatte übernachten wollen. Dort werde ich aussteigen. Die Straße führt auch über den berühmten Karabayir-Pass. Er ist so steil, dass die Karawanenführer ihn *beguiendrem* nannten, was so viel heißt wie »der den Herrn von seinem Ross holt«.

Die Landschaft ist wunderschön. Ein Restaurant am Straßenrand nennt sich stolz »Seidenstraße« – sowohl auf Türkisch, was normal, als auch auf Englisch, was ungewöhnlich ist. Im Norden glänzen schneebedeckte Gipfel in der Sonne. An einer Kreuzung biegt der Bus nicht nach Norden in Richtung Suşehri ab, sondern fährt geradeaus weiter, direkt nach Osten. Ich stürze nach vorn zum Fahrer. Er erklärt mir, dass es eine neue, direktere und gut ausgebaute Straße gibt und dass die alte, zu schwierige und zu gefährliche Strecke nicht mehr benutzt wird. Also nicht über den Karabayir-Pass und nicht nach Ekinözü. Jetzt verpasse ich schon drei Tagesetappen zwischen Alahacı und Suşehri. Aber soll ich das bedauern? Wo Mustafa Kaçar mich vor den Militärkontrollen und den Heckenschützen der PKK gewarnt hat? Ich muss ab und zu etwas vorsichtiger sein. Besonders jetzt, da mir die große Angst vom 16. Juni, meinem »schwarzen Tag«, noch immer in den Knochen steckt.

Vor allem das Bild des Mannes mit dem Gewehr vor meiner Tür verfolgt mich noch. In dem Augenblick hatte ich gedacht, sie wollten mich töten. Das hat mich zwar zutiefst erschreckt, aber seltsamerweise bekam ich keine Panik, und ich hatte auch nicht wirklich Angst, zu sterben. In unseren überbehüteten Gesellschaften wird der Tod verborgen, verschwiegen, verdrängt. Ich habe oft an mein Ende gedacht. Ich habe es mir sogar manchmal gewünscht. Aber noch nie habe ich es so direkt vor mir stehen sehen. Um es mit La Rochefoucauld zu sagen: »Weder die Sonne noch den Tod kann man fest ins Auge fassen.«

Seit Venedig habe ich viel über die Gefahren, denen ich mich aussetze, nachgedacht. Natürlich riskiere ich auf dieser Route mein Leben. Aber meines Erachtens nicht mehr als auf der Autobahn zwischen Paris und der Normandie oder beim Überqueren der Champs-Élysées. Allerdings kommt man, wenn man zu Fuß geht, mit vielem in Berührung: mit Großzügigkeit ebenso wie mit Boshaftigkeit. Wenn mir daran läge, in meinem Bett zu sterben, hätte ich nicht wegfahren dürfen. Ich bin jedoch der festen Meinung, dass diejenigen, die immer in der Nähe ihres Bettes bleiben, weil sie darin sterben möchten, eigentlich bereits tot sind.

Auf meine Bitte hin setzt mich der Busfahrer kurz vor einem 2000 m hohen Pass auf der einsamen Straße ab. Die anderen Fahrgäste sind fassungslos, dass ich 10 km Luftlinie vom nächsten Dorf und 25 km von Suşehri entfernt aussteige. Doch es juckt mich einfach in den Füßen. Das Wetter ist viel zu schön, um in dieser Kiste auf Rädern zu hocken. Die Fahrt geht zu schnell, ich möchte diese zerklüfteten Landschaften mit Muße betrachten. Bald kehrt wieder Stille ein, nur meine Schritte auf dem Schotter sind zu hören und gelegentlich ein Lastwagen, der sich diese neue Straße hochquält. Sie folgt einem Gebirgsbach, der sich in Tausenden von Jahren seinen Lauf durch den Berg gebahnt hat.

Überall summt es – Millionen von Bienen auf ganzen Teppichen von Krokussen. In manchen Gegenden der Türkei werden Krokusse auch heute noch für die Produktion von Safran angebaut. Für 1 kg Safran müssen etwa 100000 Blüten gepflückt werden. Früher war Safran sogar ein Zahlungsmittel. In der kleinen Stadt Safranbolu mit ihren schönen osmanischen Häusern bauen auch heute noch zwei Familien *crocus sativus* an und gewinnen »echten« Safran.

Je weiter ich bergab komme, desto heißer wird es. Baumgruppen zwischen Bach und Straße bieten ein wenig Schutz vor der Sonne. Unter den Ästen einiger Pappeln esse ich ein Stück Brot und etwas Käse und leiste mir dann einen kleinen Mittagsschlaf. Allmählich fällt der ganze Stress des »schwarzen Tages« von mir ab. Meine gute Laune kehrt zurück.

Etwas später, als ich fröhlich weitermarschiere, bremst ein Auto.

Vergnügt lehne ich den angebotenen Platz ab: Wenn die Leute wieder anhalten, bedeutet es, dass hier keine Angst herrscht. Und der Clou des Tages: Das Auto ist ein Krankenwagen!

»Nein, vielen Dank, noch nicht. Vielleicht später ...«

Fahrer und Beifahrer lachen.

Suşehri war eine sehr beliebte Etappe auf der Seidenstraße. Tavernier berichtet, dass niemand Steuern zahlte, weil so viele Karawanen dort waren. Die Karawanenführer spotteten über die Eintreiber, die sehr schlecht organisiert und angesichts der Massen überfordert waren. Heute ist Suşehri eine kleine Provinzstadt ohne jeden touristischen Reiz. Der Postbeamte sagt, es seien Briefe für mich angekommen. Das ist so ungewöhnlich, dass sie in den Tresor geschlossen wurden. Leider ist sein Kollege in Ferien gefahren und hat den Schlüssel mitgenommen. In der Hoffnung, dass nichts Dringendes dabei ist, bitte ich ihn, alles nach Erzurum weiterzuschicken, wo ich in zehn Tagen sein will.

Zum zweiten Mal entgeht mir ein Foto. Das Erste war im Ort Gerede. Dort sah ich in einer kleinen Straße im Fenster eines Friseurs einen ehrwürdigen Alten mit einem nicht minder ehrwürdigen weißen Bart. Der Friseur rasierte ihm gerade unter Verwendung einer Unmenge jungfräulich weißen Schaums den Kopf. Das Bild war wirklich zu komisch. Leider war der Akku meines Fotoapparates leer. Das Bild, das ich nun am nächsten Morgen in Suşehri aufnehmen will, ist das eines Traktors mit einer fröhlich lachenden Fuhre. Er ist über und über mit jungen Leuten beladen. Sie hängen in Trauben auf den Schutzblechen und auf der Motorhaube, drängen sich zu mehreren auf dem Sitz. Bis ich meine Kamera gezückt habe, sind sie bereits alle abgesprungen. Ich zähle: 17 mit dem Fahrer. Und es bestätigt sich mal wieder: Ich bin ein sehr schlechter Fotograf.

Ohne Bedauern verlasse ich Suşehri und gehe in Richtung des großen Stausees, als am Ortsausgang ein Mann hinter mir her gerannt kommt. Der Postbeamte lässt mir ausrichten, dass er bis 16 Uhr den Tresorschlüssel bekommen könnte. Solche mysteriösen Kommunikationswege faszinieren mich immer wieder. Über welche unergründlichen Kanäle kann der Mann, der im Urlaub ist, *diesen* Schlüssel der Post zukommen lassen, und wie kann der Unbekannte mich aufspüren, wo ich doch bereits zur Stadt hinaus bin. Geheimnisse des Orients.

Nein, ich werde nicht warten. Ich habe keine Lust, mich endlos in dieser reizlosen Stadt aufzuhalten. Etwa 10 km gehe ich am Stausee entlang. Es ist heiß, aber mein Tempo und die Salzdosis, die ich genommen habe, sind anscheinend genau richtig, denn ich schwitze kaum. Soll ich weiter auf dieser stark befahrenen Straße laufen oder wieder über die Dörfer ziehen? Wenn ich auf der großen Straße bleibe, werde ich die Angst vom 16. Juni nie wieder los. Und je länger ich zögere, desto fester wird sie mich im Griff haben.

Ich schreite also zur Tat und schlage mich in die Berge südlich des Stausees. Es geht steil bergauf. Die Landschaft ändert sich. Zu meiner Rechten zunächst grünliche Sand- und Schotterböden, schwindelerregende Böschungen und tief unterhalb der Straße ein Bach, dessen Rauschen bis zu mir heraufdringt. Auf dem anderen Ufer dunkle Ockertöne, fast rostfarbene Böden. Abgesehen von ein paar Sträuchern entlang des Baches keinerlei Vegetation. Ein paar Kinder spielen im Wasser, und ihr Lachen macht diese kalte Mondlandschaft ein wenig menschlich.

In dem kleinen Dorf Akşar unterhalte ich mich kurz mit zwei Männern, die gerade letzte Hand an ein Restaurant anlegen, das am nächsten Tag eröffnet werden soll. Ein Dritter frittiert Auberginen in einer Schüssel mit rauchendem Öl. Sein Oberkörper ist nackt, aber an seinem Gürtel hängt eine Pistole. Als ich mich darüber wundere, sagt er, er sei Polizist und koche nur, um seinen Freunden zu helfen. Hinter Akşar verläuft sich die Straße, und ich muss mich an die von den Viehherden ausgetretenen Pfade halten. Von der Höhe aus kann ich Erence sehen, das Dorf, in dem ich übernachten möchte. Um dorthin zu gelangen, muss ich den Bach an einer Furt überqueren. Ich nutze die Gelegenheit, ziehe mein nass geschwitztes T-Shirt aus, wasche es in der Strömung und hänge es zum Trocknen über meinen Rucksack. Es sieht aus wie eine weiße Fahne – nicht unangebracht in dieser Gegend.

In dieser Aufmachung betrete ich den Hof des *muhtar* von Erence. Arif Çelik ist überrascht, verschlossen, feindselig. Er verlangt meinen Pass, läuft zum Telefon und ruft die *jandarmas* an. Ich stehe mitten in seinem Hof, den Rucksack noch auf dem Rücken, und befürchte, dass ich jetzt wieder Schwierigkeiten bekomme. Die *jandarmas* beordern mich in ihr Büro, 18 km von hier entfernt. Hin und zurück wären das 36 km, nur um meine Papiere vorzuzeigen. Von Suşehri bis hierher waren es 40, und ich habe nicht die geringste Absicht, heute noch weiterzulaufen. Wenn sie meinen Pass sehen wollen, müssen sie schon herkommen.

Ich lasse mich mitten im Hof neben meinen Sachen nieder. Arif geht seiner Beschäftigung nach. Er ist sichtlich durcheinander, weiß nicht recht, wie er sich verhalten soll. Wir müssen abwarten. Ich frage mich ernsthaft, ob ich heute Nacht wohl wieder in einer Kaserne schlafen werde. Die *jandarmas* lassen nicht locker. Ich bleibe standhaft und empfehle ihnen, Himmelsauge und vor allem Mustafa Kaçar anzurufen, wenn sie Genaueres wissen wollen.

Inzwischen sind Arif und ich ins Gespräch gekommen. Er kann kaum glauben, dass ich zu Fuß aus Istanbul gekommen bin. Auf der Karte zeige ich ihm die Strecke. Er ist jetzt entspannter und zeigt mir seinen kleinen Bauernhof. Ich schlage vor, ihn auf seinem Traktor zu fotografieren. In diesen armen und entlegenen Gegenden sind Traktoren so wertvoll, dass die Bauern sie mit Tüchern oder mit bunten Teppichen schmücken. Auf Arifs Gefährt prangt ein Stoff mit geometrischen Mustern, dessen graue und grüne Farbtöne an die Tarnkleidung der Armee erinnern. Wir finden heraus, dass wir beide genau gleich alt sind. Das vereint. Er hat jetzt keine Angst mehr und versucht anscheinend, die jandarmas zu beruhigen, jedenfalls werden die Anrufe immer seltener und hören schließlich ganz auf.

Für den Tee bittet er mich herein. Mehrere seiner Freunde gesellen sich dazu, so auch der junge Imam des Dorfes, und wir unterhalten uns aufs Angenehmste. Als ich mich später für die Nacht fertigmache, setzt mein Gastgeber sich vor mich hin. Schweigend und fasziniert schaut er zu, wie ich mir die Zähne putze. Die seinen, von denen viele fehlen, sind ziemlich schlecht, dennoch liebe ich sein Lachen. Als wir endlich schlafen gehen, sind wir die besten Freunde der Welt.

Er überlässt mir sogar sein eigenes Schlafzimmer, seine Frau und er zwängen sich mit der ganzen Familie in einen anderen Raum. Um fünf Uhr morgens höre ich, wie Arif und seine Frau das Frühstück vorbereiten. Sie wollen mich nicht aufhalten, denn ich hatte gesagt, dass ich früh weiterwolle – allerdings nicht, dass für mich »früh« zwei Stunden später gewesen wäre. Zusammen mit dem Imam, der gerade sein Morgengebet beendet hat, begleitet Arif mich noch ein Stück. Es tut mir richtig leid, diesen wunderbaren Menschen zurückzulassen.

Ich habe mich anders entschieden. Gestern ist die Sache mit den jandarmas noch einmal gut gegangen, aber das könnte beim nächsten Mal anders sein. Ich bin immer noch zu nah an der gefährlichen Region, als dass ich die kleinen Wege laufen könnte. Ich muss also zur Überlandstraße zurück. Um 5.30 Uhr durchquere ich wieder den Bach und mache mich an einen langen Aufstieg. Von dem 1800 m hohen Pass aus gesehen, ist Erence nur noch ein winziges verschlafenes Örtchen unten im Tal. Der andere Hang des Berges, der Nordhang, trägt noch seinen Mantel aus Schnee.

Im nächsten Dorf zeichnet mir ein freundlicher alter Mann mit einem Stock den weiteren Weg auf den Boden. Doch ein anderer, misstrauischer, grober, oberschlauer Typ unterzieht mich einem regelrechten Polizeiverhör. Und wieder grüßen die Leute auf den

Feldern und auf der Straße mich nicht. Nach zwei Stunden blicke ich auf den künstlichen See von Suşehri hinab. Die riesige Wasserfläche und die geometrisch angeordneten Felder sind ein so grandioses Bild, dass ich mich hinsetze, um es besser genießen zu können. Die Berge im Norden spiegeln sich im Wasser des Sees, der gesäumt ist vom Gelb des reifen Weizens und von den schwarzen Vierecken der frisch gepflügten Felder. Ich folge nicht der Serpentinenstraße, sondern renne querfeldein über das kurze Gras, auf dem Kuhherden weiden, den Berg hinab.

Die Stelle, an der ich wieder auf die geteerte Straße stoße, ist nur 5 km von der entfernt, an der ich sie gestern verlassen habe. Dennoch war es kein unnützer Umweg – sind Umwege nicht überhaupt nur eine andere Art und Weise, auf etwas anderes zuzugehen? –, da ich Arif kennengelernt und Landschaften entdeckt habe, die mir noch heute deutlich vor Augen stehen. Trotz der Hitze komme ich gut voran. Nach einer guten çorba in einer kühlen lokanta gönne ich mir ein Stündchen Mittagsschlaf im Gras. Station machen und um Herberge bitten möchte ich in dem kleinen Ort Çatakli. Um 18.30 Uhr – ich bin seit 13 Stunden unterwegs – geht mir das Wasser aus. Kein einziges Dorf in Sicht! Ein Lastwagenfahrer bietet mir trübes, warmes Wasser aus einem schmutzigen Plastikkanister an. Und ich tue, was man niemals tun sollte: Ich trinke gierig, einen guten Liter.

In Çatakli versichert mir jemand, in der kleinen Stadt Gölova, 5 km abseits der D 100, gebe es ein Hotel. Doch jemand anders, der dazugekommen ist, widerspricht. Ich bin sehr müde, aber die Aussicht – selbst die hypothetische –, eine richtig gute Nacht zu verbringen, und wer weiß, vielleicht sogar duschen zu können, gibt mir wieder Kraft. Ich komme wohlbehalten an meinem Ziel an, habe 55 km hinter mich gebracht und bin vollkommen erledigt.

Osman Kurt, der Bürgermeister von Gölova, sagt, er habe mich vor etwa einem Monat, als er mit dem Bus nach Istanbul gefahren sei, in der Nähe von Ismetpaşa auf der Straße laufen sehen. Er ist ganz aufgeregt, hier und jetzt demselben komischen Vogel gegenüberzustehen, über den er sich schon im Bus gewundert hat.

Meine Informanten hatten beide recht: Noch gibt es kein Hotel, aber demnächst. Obwohl es nicht ganz fertig ist und erst Ende der Woche eröffnet wird, lässt der Bürgermeister mich dort schlafen. Ich weihe es also ein, und Osman Kurt besteht darauf, mich einzuladen – sowohl zum Abendessen im Restaurant, das ihm gehört, als auch zur Übernachtung in dem Zimmer, in das man noch schnell ein Bett gestellt hat. Die Dusche funktioniert zwar noch nicht, aber mein Gastgeber hat sich solche Mühe gegeben, dass ich nicht herummäkeln will.

Am nächsten Morgen nehme ich die Abkürzung über die Wiesen zur Überlandstraße. Die Landschaft ist wunderschön: der Stausee von Gölova und der kleine, südlich davon gelegene natürliche See. Nach zwei Stunden mache ich halt unter einer blühenden Akazie, in der es von Insekten nur so wimmelt. Ich nehme Farben und Düfte auf, genieße das Leben. Später, nach einem frugalen Mittagessen, verziehe ich mich in einen Hohlweg, um etwas zu schlafen. Eine Frau hat mich gesehen. Kurz darauf tauchen wie aus dem Nichts zwei große Kerle auf und fragen mich aus. Ihr Misstrauen schwindet bald, aber wieder und wieder sagen sie, ich müsse in dieser Gegend sehr aufpassen, es gebe viele Terroristen.

Und in der Tat sehe ich auf der Straße nur gepanzerte Wagen voll schwer bewaffneter Soldaten oder Laster mit *jandarmas* in Tarnuniform. Hinter Altköy komme ich durch eine großartige Schlucht. Die Steilwände zu beiden Seiten sind beeindruckend. Die Soldaten, die die Karawanen schützen sollten, müssen auf dem Grund solcher Schluchten vor Angst gezittert haben. Auf halbem Weg durch das Tal steht eines der gepanzerten Fahrzeuge etwas verborgen in einer Ausbuchtung der Straße. Das Maschinengewehr ist auf die Höhen gerichtet, die ein Soldat mit dem Fernglas absucht. Sie rufen mich heran, bieten mir Cola an und erkundigen sich nach meiner Route und meinem Alter. *Maşallah!* Großartig!

Das Hotel in Refahiye ist eines der übelsten, die mir je untergekommen sind. Keine Dusche, sondern nur ein Waschbecken, dessen ursprüngliche Farbe unter dem Schmutz nicht mehr zu erkennen ist. Als ich den Wasserhahn aufdrehe, ergießt sich ein Schwall eiskaltes Wasser über meine Füße. Auf der Toilette wate ich im Urin. Strom gibt es auch nicht. Tastend lege ich mich auf ein schmuddeliges Bett, auf dem ich zuvor meinen Schlafsack ausgerollt habe. In dem Restaurant ein Stockwerk tiefer, das rund um die Uhr geöffnet ist, werden über die voll aufgedrehte Musikanlage Volkslieder gespielt. In den Autowerkstätten dahinter wird ebenfalls die halbe Nacht gearbeitet. Doch trotz des ganzen Lärms schlafe ich gut.

Um fünf Uhr bin ich wach und vertilge eine çorba in der Annahme, dass die Küche sauberer ist als die Toilette. Inch Allah! In dieser Steppenlandschaft gibt es weit und breit keinen einzigen Baum. Es ist kühl. Ich verspüre keinerlei Müdigkeit, denn mit der kurzen Etappe gestern habe ich mich von dem Gewaltmarsch von vorgestern erholt. Nach zwei ereignislosen Stunden mache ich in einem kleinen Restaurant am Straßenrand Pause. Als ich erzähle, dass ich aus Istanbul komme, defilieren die Gäste an mir vorbei und geben mir einer nach dem anderen feierlich die Hand. Der Wirt will mich nicht bezahlen lassen, und ein Fahrer besteht darauf, mir noch eine zweite Suppe zu spendieren.

Voller Energie – und mit vollem Bauch – mache ich mich also an den Aufstieg durch die Sakaltutan-Schlucht auf den gleichnamigen Pass, von 1600 m auf 2200 m. Vier Kilometer vor der Passhöhe halten zwei vollbesetzte Militärjeeps. Einer der Soldaten verlangt barsch meine Papiere. Ich frage ihn nach Wasser, denn meine Flasche ist leer. »Ein Stück weiter gibt es welches«, sagt er unfreundlich. Fast eine Stunde brauche ich noch, bis ich oben ankomme und den Brunnen und ein Restaurant gefunden habe. Ich bin völlig ausgehungert und freue mich, dass es gegrilltes Fleisch gibt. Aber wieder darf ich nicht bezahlen – meine Tischnachbarn, mit denen ich mich unterhalten habe, haben die Rechnung bereits beglichen. Während ich esse, steigen mehrere Trupps aus gepanzerten Toyota-Jeeps mit fest installierten Maschinengewehren und kommen einen Tee trinken. Ein Minibus voller Soldaten patrouilliert auf der Straße. Die Atmosphäre ist angespannt, überall herrscht Misstrauen, überall scheint Gefahr zu lauern.

Die grandiose Landschaft auf der anderen Seite des Passes ist bunt wie die Palette eines Malers. Aride, karge Böden, graue, braune oder rote Kreidefelsen, und hier und da, wo es eine Quelle gibt, das dunkle Grün winziger Schafweiden. In der Ferne glänzt der ewige Schnee des Kaş Daği. Und dort ganz unten, an einer Kreuzung, spenden einige Pappeln ein wenig Schatten – eine Seltenheit in dieser Höhe. Um 15 Uhr bin ich schon 45 km gelaufen, aber es ist kein Dorf in Sicht oder auch nur auf meiner Karte verzeichnet. Mir wurde eindringlich geraten, nach 17 Uhr nicht mehr unterwegs zu sein. Ich würde liebend gern Station machen, aber wo? Um 17.30 Uhr bin ich immer noch 18 km von der nächsten Stadt – Erzincan – entfernt. Ich bin 62 km gelaufen und habe dabei einen 2200 m hohen Pass überquert.

Das ist mein Rekord. Meine Beine sind schwer. Die Felswände zu beiden Seiten der Straße wirken bedrohlich. Als ein Lastwagen hält, werde ich schwach und lasse mich mitnehmen. Fünf Kilometer weiter hält Irfan, der Fahrer, bei einem Hotel-Restaurant. Wenn ich gewusst hätte, dass es so nah ist! Das Restaurant ist voller Soldaten. Sie warten darauf, dass ihre Nachtpatrouille anfängt. Ich trinke mit Irfan einen Tee. Er erzählt mir, dass er 84 Millionen türkische Lira im Monat verdient, dass aber allein die Zigaretten ihn schon 18 Millionen kosten. Und Essen und Unterkunft und seine vier Kinder? Er »wurschtelt« sich durch.

Das Hotel ist nicht viel besser als das in Refahiye, hat aber im Untergeschoss – kostenpflichtige – warme Duschen. Am nächsten Morgen halte ich einen Laster an, der in die andere Richtung fährt, und lasse mich an der Stelle absetzen, an der Irfan mich aufgegabelt hat. Nicht einen einzigen Kilometer »meiner« Seidenstraße möchte ich mir entgehen lassen. Mag sein, dass diese Akribie wie die pedantische Rechnerei einer alten Buchhalterseele wirkt. Aber so ist es nun einmal, so habe ich ein ruhiges Gewissen, auch wenn meine Füße sich nach der langen Etappe von gestern nur mühsam die 18 km nach Erzincan schleppen.

Die Stadt bietet ein merkwürdiges Bild. Bei einem furchtbaren Erdbeben 1939 sind 35 000 Leute ums Leben gekommen, ein Drittel der Einwohner. Ein weiteres hat 1992 noch einmal 600 Menschenleben gefordert. Trotzdem und obschon es genügend Bauland gibt, wurden wieder vierstöckige Häuser gebaut. Doch dafür sind nicht nur die Baulöwen verantwortlich. Die Türken finden Häuser unfein, aber Apartments sind der letzte Schrei. Natürlich steht nicht mehr ein einziger alter Stein auf dem anderen. Der Direktor des Fremdenverkehrsamtes hat keine Informationen über die Seidenstraße, obwohl die Stadt eine bedeutende Station war.

Die Sonne brennt. Ich sitze auf einer schattigen Bank in einem Park und schaue den vorübergehenden Frauen nach. Wie halten sie es nur bei solchen Temperaturen aus? Sie sind alle mehr oder weniger verhüllt. An der Menge des Stoffes und an der Art, wie dieser Stoff um die Frauen drapiert ist, lassen sich religiöser Eifer und Glaubensrichtung der Männer erkennen. Die Tolerantesten begnügen sich mit Kopftuch und langem Mantel. Ein langes Kleid ginge ja noch, aber ein Mantel bei dieser Hitze! Und das ist nur die unterste Stufe des Glaubenseifers. Den Fundamentalisten reicht das nicht. Unter dem *çarşaf*, den weiten schwarzen Tüchern, sind von manchen Frauen nur Augen und Hände zu sehen. Eine noch radikalere Gruppierung zwingt ihre Frauen, sich von Kopf bis Fuß mit einem groben braunen Überwurf zu bedecken, dem *ehram*, durch den sie ihre Umwelt wohl höchstens schemenhaft wahrnehmen. Dazu stecken ihre Hände auch noch in Wollhandschuhen. Das westliche Auge, das gewohnt ist, alles *gezeigt* zu bekommen, muss die reiche Fantasie, die von dem *Verborgenen*, dem *Angedeuteten* beflügelt wird, erst wieder entdecken.

Auf dem Hauptplatz erregt eine große Ansammlung von Polizisten meine Aufmerksamkeit. Ein Schild wird hochgehalten. Natürlich verstehe ich nicht, was darauf steht, und frage nach: Warum demonstrieren diese Polizisten? Verständnislose Blicke, lautes Auflachen: Die Polizisten demonstrieren nicht, sondern halten eine Versammlung von Arbeitern in Schach, die Gehaltserhöhungen fordern und von denen ich nur das Schild sehen kann.

Ich fühle mich zerschlagen und ruhe mich darum den größten Teil des Nachmittags im besten Hotel am Ort aus. Außerdem gönne ich mir eine sehr lange Nacht und gehe am nächsten Morgen erst um zehn Uhr wieder los.

Es kommt mir so vor, als sei die Armee hier noch präsenter. In drei Stunden zähle ich etwa 15 gepanzerte Fahrzeuge. Keines davon hält an, um mich zu kontrollieren. Auf dieser großen Straße gelte ich anscheinend als ganz normaler Tourist. Die Ebene von Erzincan ist fruchtbar. Angebaut werden vor allem Getreide und Aprikosen – die jedoch zu meinem Leidwesen noch nicht reif sind.

Mittags werde ich von fünf Männern, die die Felder bewässern, zum Essen »eingeladen«. Sie sind Schiiten, Anhänger Alis, des Neffen und Schwiegersohnes von Muhammad. In diesem mehrheitlich nationalistischen und konservativen Land stehen sie links. Der Jüngste von ihnen reicht mir eine Schale Bulgur, hält aber mitten in der Bewegung inne, als ob ihn plötzlich ein Zweifel befiele:

»Demokrat oder Faschist?« will er wissen.

Diese Begriffe bedeuten für die fünf nicht das Gleiche wie für mich. Ausführlich kritisieren sie das türkische Regime, das sie als »faschistisch« bezeichnen. Das ist es natürlich nicht, der Ausdruck bezeichnet nur die Anhänger einer anderen politischen Richtung. Da ich Demokrat bin und das auch sage, darf der Bulgur in meinen Napf.

Gegen Abend überschreite ich den Euphrat (Firat Nehri) – zusammen mit Tigris und Nil die Wiege der ältesten Kulturen. Lange schaue ich gedankenverloren zu, wie das Wasser über die Steine fließt. Doch ich muss weiter, es wird bald dunkel. Auf meiner Karte ist ein kleines Dorf verzeichnet, Tanyeri, dort möchte ich übernachten. Als ich mich schon fast am Ziel wähne, erfahre ich an einer Tankstelle, dass es das Dorf nicht mehr gibt. Und auch kein anderes in den nächsten 15 km.

Da werde ich wohl oder übel auf dem Parkplatz neben der Tankstelle im Freien übernachten müssen. Während ich also mein Lager aufschlage, fahren vier gepanzerte Jeeps vor. Die *jandarmas* und Soldaten sind von meinem Marsch sichtlich beeindruckt. Während sie Tee trinken, lässt keiner von ihnen auch nur einen Augenblick seine Waffe los. Es gebe Terroristen in der Gegend, sagen sie. Bei *der* Präsenz von Polizei und Militär dürften die Terroristen hier kein leichtes Leben haben.

Kurz bevor sie weiterfahren, flüstert einer von ihnen mir ins Ohr:
»Ich weiß, warum du so weit laufen kannst: Du nimmst Drogen.«
»Wie kommst du denn darauf?«
»Mein Kamerad hat gesehen, wie du Amphetaminpillen in deine Wasserflasche getan hast.«
Ich zeige ihm die Pillen und erkläre ihm, dass sie mein Trinkwasser sterilisieren, aber er lässt sich nicht von seiner Meinung abbringen. Meine Leistung ist »nicht normal«. Doch wenn ich mich dope, ist alles wieder »normal«.

Ich habe mich auf eine Bank gelegt und schlafe sehr schlecht: Die Kälte, die Mückenschwärme, ein tankender Laster nach dem anderen, und vor allem die Musik, die voll aufgedreht ist, um wer weiß wen anzulocken und den Nachtwächter wach zu halten. Als ich endlich gerade eingenickt bin, bricht ein Gewitter los. Der Tankwart und ich flüchten uns in den Laden.

Metin ist 25, groß und dünn und arbeitet 18 Stunden am Tag, 365 Tage im Jahr, denn er spart für seine Hochzeit. Er zückt seine Brieftasche: Fotos von seiner Verlobten, seinen Brüdern, seinen Eltern, von ihm als Soldat, kahl geschoren unter 20 anderen Kahlgeschorenen, Zivil- und Militärausweis. Metins ganzes Leben ist in diesen Bildern enthalten.

Plötzlich ein Höllenlärm auf der Straße. Ich stelle mir irgendein Fantasy-Wesen vor, und das ist es in gewisser Weise auch: ein Kettenpanzer, der aus der Nacht auftaucht, kurz im Licht der Scheinwerfer aufblitzt und dann unter ohrenbetäubendem Stahlgerassel in Richtung Osten verschwindet.

Frauen ...

Zwischen den Sandsäcken erscheint ein Helm und dann ein Gewehrlauf. Der Soldat, der auf mich zielt, brüllt etwas, was ich auch ohne Übersetzung mühelos verstehe:

»Keinen Schritt weiter.« Dann ruft er mit etwas ruhigerer Stimme einen Offizier herbei, der in bellendem Ton meinen Pass verlangt. Plötzlich ein schallendes Lachen. Ein Lastwagenfahrer ruft von seiner Kabine herab:

»Das ist doch der Tourist, der zu Fuß aus Istanbul kommt!«

Der Offizier sieht mich zuerst erstaunt und dann interessiert an:

»Wohin gehst du?«

»Zum Lebensmittelladen.«

»Hast du türkisches Geld?«

»Ja, natürlich.«

»Also gut.«

Ich stecke den Ausweis, den er nicht einmal aufgeschlagen hat, wieder ein.

Metin, der Tankwart, wollte mich heute Morgen davon abbringen, so früh aufzubrechen.

»Vor 7 Uhr morgens ist es gefährlich, du musst warten, bis die Militärs die Straße frei gemacht haben.« Aber ich hatte schlecht geschlafen und einen Mordshunger. Also entschloss ich mich zu einer kleinen Etappe – 26 km bis zu dem kleinen Ort Sansa – und lief los. Das zunächst breite Tal verengte sich allmählich zu einer Schlucht. Von einer Brücke aus hatte ich den Laden und die Teestube entdeckt. Nicht gesehen hatte ich allerdings den kleinen Bunker in dem Graben, aus dem der Soldat plötzlich auftauchte.

In der Teestube werde ich neugierig und auch etwas misstrauisch beäugt. Auf meine Versuche, ein Gespräch anzuknüpfen, geht niemand ein. Es herrscht eine bedrückende, schwer fassbare Befangenheit.

Etwa 10 km weiter wieder eine Straßensperre. Links und rechts je ein Panzer, die Geschützrohre sind auf die Höhen gerichtet. Ein Soldat beordert mich heran. Ein anderer geht in ein halb verfallenes kleines Haus und kommt mit einem jungen, pausbäckigen Offizier wieder heraus. Der ist groß und dick und quillt fast aus seinem Tarnanzug. Er müht sich den kleinen Hang zur Straße hinauf und verlangt meine Papiere.

»Hier kannst du nicht durch«, sagt er.

»Warum? Gibt es hier Terroristen?«

»Nein.«

»Dann kann ich doch in aller Sicherheit weiterlaufen.«

»Nein.«

Ich finde die Antworten allzu knapp, protestiere, erkläre meine Reise und wie wichtig sie für mich ist. Der Soldat, der seinen Chef geholt hatte, will mir zu Hilfe kommen:

»Paşa ...«

Weiter kommt er nicht. Mit einem kurzen Befehl verbietet der Offizier ihm den Mund. Ich versuche, zu verstehen. Paşa heißt auf Türkisch Chef. Befehl des Chefs also? Aber warum, da doch nach eigenem Bekunden des Offiziers die Gegend nicht gefährlich ist. Ich schultere mein Gepäck und versuche, einfach weiterzugehen, aber schon nach ein paar Schritten verstellen mir zwei Soldaten den Weg. Einer von ihnen packt meinen Rucksack, und beide führen mich gewaltsam zurück zum Offizier. Per Feldtelefon kommt zehn Minuten später der Befehl von oben: kein Durchlass, jedenfalls nicht zu Fuß.

Am Straßenrand steht ein Laster. Der Offizier redet auf den Fahrer ein, und zeigt auf mich. Dann wird mein Rucksack in die Kabine gehievt, der Offizier zeigt mir auf meiner Karte ein Dorf, Kargın, 20 km von hier entfernt, und sagt etwa Folgendes:

»Der Fahrer hat den Befehl, dich in diesem Ort abzusetzen. Versuch bloß nicht, vorher auszusteigen, dann kriegst du großen Ärger.«

Schweren Herzens steige ich also in die Lkw-Kabine. Ich habe es satt, dass die *jandarmas* mich immer gegen meinen Willen transportieren. Wenn das so weitergeht, werde ich ein Drittel der Türkei im Bus oder Lkw durchqueren. Das ist natürlich übertrieben, aber ich habe gerade Lust, alles schwarzzusehen.

Der Fahrer erklärt mir, dass er jede Woche von Ankara nach Täbris im Iran fährt. Er bietet mir an, mich mitzunehmen, in zwei Tagen wäre er da. Nein danke, ich will zwar dort hin, aber zu Fuß, und je mehr Knüppel mir zwischen die Beine geworfen werden, desto sturer werde ich.

Fünf Kilometer nach der Straßensperre verstehe ich, was der Soldat mit dem Wort *paşa* sagen wollte. Was so sorgsam bewacht wird, ist das Hauptquartier des Kommandanten, des *paşa* der Antiterrorkräfte. Es ist auf einem kleinen Stück Land zwischen Straße und Fluss errichtet, ein von Stacheldraht umgebenes mobiles Zelt- und Barackenlager. 20 gepanzerte Fahrzeuge stehen in Reih und Glied nebeneinander. Der *paşa* will in Ruhe schlafen. Selbst ein harmloser Wanderer wie ich darf nicht in seine Nähe kommen. Allerdings ist die Überwachung erstaunlich oberflächlich, denn während die Militärs mit mir beschäftigt waren, sind mindestens sechs Laster unkontrolliert durchgefahren. Meiner Meinung nach sollte der *paşa* sich eher vor Selbstmordattentätern in einem mit Sprengstoff vollgepackten Fahrzeug in Acht nehmen, als vor einem einzelnen Wanderer, dessen Gepäck leicht zu kontrollieren ist.

Der Ort, den der *paşa* sich ausgesucht hat – Sansa –, ist genau der, wo ich haltmachen wollte. Mir bleibt nichts anderes übrig, als sehnsüchtig die herrliche Strecke zu betrachten, die ich jetzt nicht entlanglaufen darf. Ich schlage dem Fahrer vor, mich gleich hinter dem Hauptquartier herauszulassen, aber nein, er gibt mir zu verstehen, dass er sich an den Befehl des dicken Offiziers halten wird.

Als ich meinen Fuß wieder auf festen Boden setze, habe ich unfreiwillig eine wesentlich größere Strecke zurückgelegt, als ich heute Morgen gedacht hatte. Die nächste Stadt, Tercan, in der ich in zwei Tagen sein wollte, ist nur noch ein paar Wegstunden entfernt. Ich beschließe also, bis dorthin weiterzulaufen, womit ich dann heute 41 km zurückgelegt hätte. Wieder nichts mit einer geruhsamen Etappe!

Während ich meinen Rucksack aufsetze, sehe ich ein Pferdefuhrwerk mit zwei Männern und einer Frau näher kommen. Im Hintergrund die prächtige Bergkette. Natürlich möchte ich das für die Ewigkeit festhalten und mache ein Foto. Die Frau, die sich nicht mehr rechtzeitig verschleiern konnte, spuckt wütend vor mir aus. Ihr Abbild gehört ihr, und ich habe es ihr gestohlen. Ich werde versuchen, das in Zukunft zu berücksichtigen. Aber wie soll ich die, die gern aufgenommen werden, und die, die das als Diebstahl – oder gar als Vergewaltigung – empfinden, auseinanderhalten?

Schon vor ihren Toren ist die Stadt Tercan mit einer alten Brücke aus dem 12. Jahrhundert, deren Pfeiler nicht eingerissen sind, vielversprechend. Hier scheinen die Behörden bemüht zu sein, die Schätze der Vergangenheit zu erhalten. Tercan ist die Stadt von »Mama Hatun«, einer unglaublichen Persönlichkeit. Im Jahre 1191 erbte sie das Fürstentum ihres Vaters, Izzettin Saltuk II. Diese türkische Jeanne d'Arc setzte sich an die Spitze einer Armee, um den Einfall der Ayyubiden abzuwehren. Zehn Jahre lang verteidigte sie sich gegen ihre hitzigen Neffen, die ihr die Macht entreißen wollten. In dieser Zeit ließ sie mehrere Gebäude errichten, die heute zu den schönsten Beispielen mittelalterlich-osmanischer Architektur zählen: eine Moschee, eine Karawanserei, ein Hamam und – als das großartigste und außergewöhnlichste von allen – ihr Mausoleum.

Eines Tages verschwand Mama Hatun unter äußerst geheimnisvollen Umständen. Ebenfalls verschwunden ist ihr Marmorsarkophag, den noch der große osmanische Reisende Evliya Çelebi Mitte des 17. Jahrhunderts bewundern konnte. Normalerweise ist das Mausoleum geschlossen, aber ich kann es besichtigen. Das Gebäude ist nicht sehr groß, rund, mit zwölf *eyvans*, den Grabnischen für die engsten Verwandten von Mama Hatun. In der Mitte befindet sich ein kleiner Turm mit einer *mesçit*, einer kleinen Moschee. Im Untergeschoss steht ein falscher Sarkophag als Ersatz für den alten. Von den acht Teilstücken des schirmartigen Daches zeigt jedes zweite in eine der Himmelsrichtungen. Das Ganze strahlt eine große Harmonie aus.

Auch die Karawanserei kann ich besichtigen, nachdem ich den Mann, der die Schlüssel hat, endlich aufgetrieben habe. Die Restaurierung ist fast abgeschlossen. Obwohl die Karawanserei nicht groß ist, hat sie zwei große Gewölbeställe. Bei dem Hamam, den Mama Hatun gebaut hat, hat leider der türkische Beton wieder gesiegt.

Zwischen Tercan und Aşkale gibt es weder Überraschungen noch Mittagessen. Ein heftiges Gewitter geht nieder, doch bevor ich völlig durchnässt bin, bietet mir ein stillgelegter Tunnel Schutz. Hier kann ich warten, bis die Sonne wieder scheint, meine Sachen trocknen und mich mit ein paar Trockenfrüchten und einem Stück Brot stärken. Trotz der täglichen körperlichen Anstrengung nehme ich nur solche leichten Mahlzeiten zu mir. Ich verausgabe mich ganz schön, mein Gepäck ist auch nicht gerade eine Feder, und dennoch reicht mir eine Mahlzeit am Tag. Die Karawanenführer und Händler hatten meistens nur Wasserschläuche und etwas Trockenfleisch bei sich. Alles andere gab es in den Karawansereien.

Kommt es daher, dass ich die Denkmäler von Mama Hatun besichtigt habe? Jedenfalls nehmen die türkischen Frauen großen Raum in meinen Gedanken ein. Religion und Kultur dieses Landes erdrücken Töchter und Ehefrauen. Die noch nicht sehr weit entwickelte Wirtschaft ist auf ihren Beitrag nicht angewiesen. Sie werden von häuslicher oder politischer Macht ferngehalten und sind finanziell vollkommen abhängig von ihren Männern. Bildung und Kultur sind ihnen versagt. Vor dem Gesetz sind Mann und Frau natürlich gleich. Eine Frau war ja sogar einmal Ministerpräsidentin. Aber in den Dörfern, in den türkischen Häusern, habe ich gesehen, wie sehr sie immer noch als Menschen zweiter Klasse behandelt werden: verborgen gehaltene Arbeitstiere, die sich nach Regeln kleiden müssen, die ihnen von klein auf beigebracht werden und die ihren Körper verleugnen. Natürlich habe ich in den großen Städten junge Frauen gesehen, die die Vorschriften offensichtlich durchbrochen und sich europäisch gekleidet haben – eindeutig Zeichen der Unabhängigkeit. Doch wie lange wird es dauern, bis dieser freiere Wind auch in den Dörfern Anatoliens weht?

Noch andere Herrscherinnen als Mama Hatun haben die Geschichte des Landes geprägt. Allerdings im christlichen Oströmischen Reich.

Helena war Dienerin in einer Herberge, sie war ziemlich raffiniert, und es gelang ihr, Constantinus Chlorus zu verführen. Ihr Sohn Konstantin gründete an der Stelle des alten Byzanz eine neue Stadt, der er seinen Namen gab: Konstantinopel.

Irene regierte im 8. Jahrhundert fast 20 Jahre als Mitregentin ihres Sohnes über das Byzantinische Reich. Als dieser volljährig wurde und die ihm zustehende Macht einforderte, ließ die reizende Mutter ihn blenden und verschaffte sich mit dieser Niederträchtigkeit noch fünf weitere Jahre an der Spitze des Staates.

Theodora soll ein ziemlich lockeres Leben geführt haben, bevor sie Justinian, den größten Kaiser von Konstantinopel, geheiratet hat. Danach wird sie aber nicht nur eine untadelige Ehefrau, sondern gibt ihrem Mann auch noch Nachhilfe im Umgang mit der Macht. Als er vor einem besonders brutalen und blutigen Aufstand aus der Stadt fliehen will, sagt sie dem Sinn nach: »Wer den Purpur trägt, muss auch damit rechnen, darin begraben zu werden.« Sie bleiben, der Aufstand wird niedergeschlagen, und sie sterben in ihrem Bett.

Diese drei Frauen waren allerdings Christinnen. Mama Hatuns Leistung ist umso anerkennenswerter, als sie in einem muslimischen Land geboren wurde.

Das Schicksal der türkischen Frauen in den Dörfern empört mich jeden Tag aufs Neue. Von Geburt an werden sie auf Zurückhaltung und Arbeit getrimmt. Die Töchter von Fazil, dem Bauern, den ich am Morgen des 16. Juni kennengelernt habe, dürfen nicht wie ihre Brüder eine weiterführende Schule besuchen. Selbst in der Moschee, dem Mittelpunkt des Dorflebens, dürfen sie nur den Platz einnehmen, der ihnen auch sonst gebührt: hinter den Männern. Und die Erziehung greift; bald schon befolgen die Frauen selbst das Gesetz, das ihnen in der Kindheit aufgezwungen wurde.

Zum Glück bin ich auch auf ein paar Ausnahmen gestoßen, zum Beispiel auf die Enkelinnen von Behçet, diesem weisen alten Mann aus Hacıhamza. Andererseits habe ich mit ihm allein gegessen und seine Frau nur am nächsten Morgen gesehen, als sie sich vom Balkon aus verabschiedet hat. In Istanbul oder in anderen türkischen Groß-städten üben die meisten jungen Frauen, die zur Universität gegangen sind, die gleichen Berufe aus wie die Männer und genießen auch den gleichen Status. Die Türken sind sehr stolz darauf, schon 1934 das Frauenwahlrecht eingeführt zu haben. Damals waren auch fast 5 % der gewählten Abgeordneten Frauen, doch Atatürk, der Initiator der Reform, starb schon vier Jahre später. Seither ist es mit der Stellung der Frau stetig bergab gegangen. Ende des 20. Jahrhunderts waren nur 13 von 550 Abgeordneten Frauen.

Die Türken reagieren sehr empfindlich, wenn man behauptet, bei ihnen seien die Frauen Bürger oder sogar Menschen zweiter Klasse. Doch die Tatsachen, vor allem auf den Dörfern, sprechen dafür. Es sind die Frauen, die auf den Feldern knien und Unkraut jäten, die backen und kochen, die den Kindern den Hintern abwischen, während ihre Männer in den Teestuben das große Wort führen oder in der Moschee für ihr Seelenheil sorgen. Für die türkische Frauenrechtsorganisation KA-DER, die sich eine stärkere politische Beteiligung der Frauen zum Ziel gesetzt hat, laufen Interesse und Teilnahme am politischen Leben über die Bildung. Der Zugang zum Parlament führt über die Univer-sität. So wie die türkischen Frauen derzeit in Unwissenheit gehalten, von ihren Männern kontrolliert und überwacht werden, können sie keine Unabhängigkeit erlangen. Jedes Mal, wenn ich das Thema angeschnitten habe, bin ich auf eine Mauer des Schweigens gestoßen.

Auf meinem Weg nach Aşkale denke ich aber auch an die Frauen, mit denen ich ein paar Worte wechseln konnte: an die fröhlichen Frauen, die in der Nähe von Ilgaz Wolle glätteten, oder Shukran, die Kaukasierin, die mir die *börek* gemacht hat; und an Kurshats kleine Schwester, die mich in Tosya so spontan auf die Wangen geküsst hat.

In Aşkale, einer alten Etappe auf der Seidenstraße, erinnert nichts mehr an jene Vergangenheit. Das Hotel steht ziemlich weit oben auf der Liste der schmuddeligsten, die mir je untergekommen sind. Geschlagene zehn Minuten lang taste ich nach dem Lichtschalter für mein Zimmer. Schließlich finde ich ihn – am anderen Ende des Flurs! Aber ich bin so erschöpft, dass ich auch auf einem Müllhaufen schlafen würde. In neun Tagen bin ich 340 km gelaufen, auch heute müssen es wieder etwa 40 km gewesen sein. Wenn ich vernünftig wäre, würde ich ein paar Tage Pause einlegen oder die Etappen kürzer halten. Doch irgendetwas treibt mich, immer weiterzulaufen. Und übermorgen früh könnte ich schon in Erzurum sein.

Diese Stadt übt eine unwiderstehliche Anziehungskraft auf mich aus. Ziemlich bald nach meinem Aufbruch in Istanbul habe ich aus Gründen der Glaubwürdigkeit nicht mehr Teheran als Ziel angegeben, sondern Erzurum. Und jetzt bin ich fast da. Dennoch kann ich unmöglich die knapp 60 km bis in die größte anatolische Stadt an einem Tag laufen. Ich werde also morgen in Ilıca noch einmal haltmachen. Von da aus sind es nur noch etwas über 20 km. Allerdings wird dieses letzte Stück recht mühsam, denn Erzurum liegt über 1800 m hoch.

Nur die Aussicht darauf, mich bald in einem ordentlichen Hotel ausruhen zu können, gibt mir die Kraft, weiterzulaufen. Ich pfeife aus dem letzten Loch. Die schlechten Hotels in Tercan und Aşkale haben mir den Rest gegeben. Und in meinem kläglichen Zustand möchte ich nicht bei Privatleuten um Quartier bitten. Außerdem würde ich die drei oder vier Stunden als »Star« im Mittelpunkt der Aufmerksamkeit nicht durchstehen. Um freundlich zu sein, muss man auch fit sein. Außerdem sitzt mir, selbst wenn ich es nicht recht zugeben möchte, noch immer das Abenteuer von Alahacı in den Knochen. Dass die Bewohner so freundlich und bewundernd getan und dann die Armee gerufen haben, hat die Tugenden türkischer Gastfreundschaft für mich doch deutlich relativiert. In dem Hotel mit seinem ganzen Dreck bin ich auf wohlvertrautem Gebiet und fühle mich einigermaßen sicher.

Meine vorletzte Etappe vor Erzurum – von Aşkale nach Ilıca – fängt schlecht an. Meine Gelenke tun mir weh, und im linken Oberschenkel spüre ich einen permanenten Schmerz. Zum ersten Mal, seit ich richtig eingelaufen bin, protestiert mein Körper. Ohne selbst wirklich daran zu glauben, nehme ich mir vor, von jetzt an einen Tag in der Woche zu pausieren. Am Ortsausgang von Aşkale nehme ich nicht die neue Straße nach Osten, sondern die alte. Viele Schlaglöcher, wenig Autos, ab und zu ein Traktor – das ist ganz nach meinem Geschmack, ebenso die Steppe, die baumlose Weite bis zum Horizont. Höhe und Sonne sorgen für eine angenehme Temperatur, das Wetter ist herrlich. Eine Weile vergesse ich meine Wehwehchen. Über die Höhen ziehen Rinder- und Schafherden. Am Kurban-Bayramı-Fest opfern die Türken jedes Jahr 2,5 Millionen Widder, und hier sind sie zu Tausenden – bewegliche Flecken auf dem zarten Grün der Steppe, bewacht von Hirten und ihren furchterregenden Kangals.

In Kandili leben zwei Bevölkerungsgruppen – die zivile und die militärische – nebeneinander, ohne sich zu vermischen. Für den Nachwuchs der Militärs wurde sogar eigens ein Kindergarten eingerichtet; die anderen, die Dorfkinder, sind ganz in eine Partie Fußball vertieft, die auf dem Dorfplatz mit einer Konservenbüchse ausgetragen wird.

Kurz darauf geht ein heftiges Gewitter nieder. Ich flüchte mich in eine kleine Unterführung, durch die die Viehherden unter der Eisenbahnlinie hindurchkönnen. Die langen, über die Hänge fegenden Regenschleier bieten ein grandioses Schauspiel, der schwarze Himmel scheint das grüne Gras zu berühren. Eine knappe Stunde später, als ich wieder auf der Straße bin, zieht das nächste Gewitter herauf. Es ist noch weit weg, doch nirgends ist ein Unterstand zu sehen, kein Baum, keine Mauer. Eine Viertelstunde lang bin ich eisigem Regen und Hagel ausgesetzt. Der große Regenponcho flattert in den heftigen Windböen; er nutzt überhaupt nichts. Kalt läuft das Wasser mir den Nacken herunter, lässt meine Hose an den Beinen kleben und rinnt in meine Schuhe. Der Hagel peitscht Gesicht und Hände. Endlich zieht das Gewitter ab, ein dunkler Schleier, eine Wand aus Wasser, aus der weiter unten, in dem tiefer gelegenen Gelände, ein Zug wie aus einem Tunnel auftaucht. Das Thermometer ist deutlich gefallen. Obwohl ich versuche, so schnell wie möglich zu laufen, trocknen meine Kleider nicht, und ich bin völlig durchgefroren.

Und ich denke daran, dass die Karawanenhändler zum Schutz gegen Regen ihre Ballen mit einem speziellen Tuch umwickelten; es war aus Wolle und anderen Tierhaaren, sehr dicht gewebt und mit Fett eingerieben. Seide, Papier, Trockenfrüchte, all die wertvollen und empfindlichen Waren blieben so trocken. Außerdem verwendeten sie noch Kräuter, um Insekten abzuhalten. In vielen türkischen Dörfern werden diese Kräuter auch heute noch verwendet, so zum Beispiel Basilikum.

Fünf Kilometer vor Ilıca packt mich urplötzlich ein heftiger Durchfall, wahrscheinlich hervorgerufen von der Unterkühlung oder vielleicht auch von schlecht gewaschenen Aprikosen (dabei hatte man mir geraten, nur Obst zu kaufen, das man schälen muss). Wo kann ich in dieser endlosen Steppe nur meinem Bedürfnis nachgeben? In diesem Land, in dem schon der Anblick einer Wade als Angriff auf die Tugend verstanden wird, kann ich doch nicht meinen nackten Hintern zeigen. Doch mit präzisen Berechnungen und Sprints, die jeweils von der Dringlichkeit diktiert sind, gelingt es mir, mich in kleinen Bodenwellen oder hohem Gras unbeobachtet zu erleichtern.

Ich hoffe, mich möglichst bald in Ilıca ausruhen zu können, doch mit zehn Notstopps brauche ich mehr als eine Stunde für den letzten Kilometer. Ich kann nur kleine steife Schritte machen, weil ich den Schließmuskel so stark zusammenkneifen muss.

Hurra – es gibt ein Hotel in Ilıca. Und noch einmal Hurra – es ist sogar sauber. Es liegt über einer Bäckerei, von der die köstlichsten Düfte aufsteigen. Ich zahle einen Aufschlag, um ein Doppelzimmer für mich allein zu haben. Das Hotel hat zwar keine Dusche, aber direkt gegenüber ist der Hamam. Ich begebe mich sofort dorthin und tauche genüsslich in das große runde Becken. Die Farbe des gut 20 °C warmen Wassers lässt vermuten, dass es seit Atatürks Zeiten nicht mehr gewechselt worden ist. Doch erst das Vergnügen, dann die Hygiene – wie alle Kinder wissen. Wie neugeboren esse ich nach diesem Bad noch schnell eine *çorba* und gehe dann auf mein Zimmer.

Am nächsten Morgen ist der Durchfall weg. Die Etappe Ilıca–Erzurum ist mit 21 km eine der kürzesten seit Istanbul – das wird ein Spaziergang. Bald wird die schnurgerade Straße nach Osten in die große Stadt zu einer Art Autobahn. Nach den Gewittern, die in den letzten zwei Tagen niedergegangen sind, ist die Luft jetzt rein und klar. Auf einem Straßenschild steht, dass es noch 18 km sind. Die Ebene ist so flach, dass ich vor der Bergkulisse deutlich die Häuser von Erzurum erkennen kann. Ich glaube schon, dass ich es geschafft habe.

Doch leider habe ich meine Erschöpfung nicht einberechnet, und auch nicht die Schwächung durch den Durchfall gestern. Außerdem bin ich überhaupt nicht motiviert. Wenn ein Ziel in Reichweite ist, verliere ich das Interesse. Dann motiviert mich nur noch das nächste Ziel. Erzurum liegt etwa auf halber Strecke zwischen Istanbul und Teheran. Und in Gedanken bin ich schon bei diesem zweiten Teil meiner Reise.

Obwohl die bisher kürzeste Etappe, scheint es auch die bisher schwierigste zu werden. Ich gehe langsam, mühsam. Mein Rucksack lastet schwer. Es scheint der Stadt ein teuflisches Vergnügen zu bereiten, sich immer weiter zurückzuziehen, je näher ich ihr zu kommen glaube. Nach drei Stunden habe ich überhaupt keine Kraft mehr in den Beinen, setze mich an einen Gitterzaun und döse vor mich hin. Ich trinke mein restliches Wasser aus und esse die Trockenfrüchte, die ich noch habe. Als ich wieder ein wenig bei Kräften bin, scheint mir die Stadt noch weiter weg zu sein, ein leichter Hitzeschleier lässt sie wie eine Fata Morgana am Horizont schweben. Wieder drei Stunden später endlich die ersten Gebäude, die Atatürk-Universität, Betonklötze auf grünem Rasen. Studenten und Studentinnen – von denen einige ein Kopftuch tragen – laufen mit schweren Taschen über der Schulter oder Büchern unter dem Arm über den Campus.

Sie stellen mir Fragen, doch ich bin heute nicht sehr gesprächig, und darum führen sie mich zur Touristeninformation. Ich will lieber ausruhen, als mich informieren, aber gut, vielleicht bringe ich ja etwas in Erfahrung, was mich wieder aufmuntert. Der Direktor Muhammed Yokşuk, ein imposanter Mann, hat zwar wie üblich keine Informationen über die Seidenstraße, doch er interessiert sich für meine Reise, stellt 1000 Fragen, und während ich erzähle, führt er mehrere Telefongespräche.

»Ihre Geschichte ist unglaublich. Ich habe gerade mit ein paar Journalisten wegen einer Pressekonferenz gesprochen.«

Kurz darauf interviewen, fotografieren und filmen mich die Korrespondenten der drei wichtigsten überregionalen Tageszeitungen. Alle drei versprechen große Beiträge für den nächsten Tag und sogar eine Sendung beim Lokalfernsehen.

Muhammed ist sehr hilfsbereit und nennt mir ein neu eröffnetes Hotel, zu dem ich mich mühsam schleppe. Auf den ersten Blick bietet die Stadt nichts Besonderes: vier- oder fünfstöckige Häuser aus Stein oder Beton entlang breiter Straßen, über die sich unablässig ein Strom von Fußgängern wälzt. Das Hotel entspricht der Ankündigung. Es ist neu, sauber, funktional und nicht zu teuer. In einem Punkt gleicht es allerdings allen anderen, denn aus einer Rohrleitung tropft Wasser auf die Fliesen. Ich kann mich nicht erinnern, auf meinem Weg durch die Türkei auch nur ein einziges Bad ohne eine undichte Stelle gesehen zu haben. Nach einer ausgiebigen Dusche lege ich mich schlafen, bis es dunkel ist, denn ich möchte die Stadt von ihrer schönsten Seite kennenlernen. Im Sommer lassen sich die orientalischen Städte am besten abends erkunden. In der Unterstadt, über der die gut erhaltene Zitadelle aufragt, bieten Hunderte von kleinen Läden ihre Schätze im schummrigen Licht kleiner Lampen feil. Im Orient stützt sich der Handel auf die Kunst des Gesprächs. Schon immer hat mich das Spiel begeistert, das die hiesigen Händler mit jedem potenziellen Käufer spielen: ein Spiel mit der List, der Verführung, der hohen Diplomatie, der Durchtriebenheit. Sie wenden Taktiken an, von denen sich manchmal die größten Strategen etwas abschauen könnten, die bei uns aber oft im Namen des sakrosankten Prinzips der Offenheit, der Transparenz, wie es heute so schön heißt, verachtet werden. Doch wenn man es genau bedenkt, treten gerade in diesen Gesprächen von Mensch zu Mensch die Seelen zutage, Anständigkeit oder Arglist erkennt man, wenn man sich Auge in Auge gegenübersteht.

Muhammed Yokşuk hat mich mit einem Französischprofessor der Atatürk-Universität bekannt gemacht. Und Mehmet Baki hat für mich ein Treffen mit drei Geschichtsprofessoren organisiert, die sich für die Seidenstraße interessieren: Selahattin Tozlu hat seine Doktorarbeit über die Karawanenstraße zwischen Trabzon am Schwarzen Meer und der iranischen Grenze in der Zeit von 1850 bis 1900 geschrieben. Mehmet Tezcan interessiert sich für die Seidenstraße vom 3. Jahrhundert vor bis zum 3. Jahrhundert nach Christus. Und Doktor Kevan Çetin schließlich hat sich auf einen großen Karawanenmarkt während der Seldschukenzeit, den Yabanlu Pazarı in der Nähe von Kayseri, spezialisiert. Mehmet dolmetscht und ist nach unserem dreistündigen Gespräch vollkommen erschöpft. Das Thema begeistert uns dermaßen, dass ein nationales Fernsehteam, das mich interviewen wollte, auf Zehenspitzen wieder herausgegangen ist, um uns nicht zu stören.

Der Journalist will am nächsten Morgen in mein Hotel kommen. Abends weiß ich, dass er das nicht tun wird, denn am Nachmittag ist Öcalan, der PKK-Chef, zum Tode verurteilt worden. Die Türken im Westen werden jubeln. Im Osten, bei den Kurden, werden Tränen fließen.

Das Urteil überrascht mich nicht. Es entspricht den Erwartungen. Seit Istanbul hat mich der Prozess gegen Öcalan begleitet. Ob im Restaurant oder bei den Leuten zu Hause – jeden Tag habe ich den PKK-Führer vor seinen Richtern gesehen, von einer Panzerscheibe vor Kugeln geschützt. Von den Kommentaren habe ich natürlich nichts verstanden. Doch aus den Bildern ging unmissverständlich hervor, dass das Fernsehen nicht gerade objektiv war. Beispielsweise erinnere ich mich an eine Bildergalerie von Leuten, die bei Attentaten der PKK ums Leben gekommen waren. Sie wurden in Großaufnahme gezeigt, und bei der Nennung ihres Todesdatums verwandelte sich ihr Gesicht in eine Blutlache. Über die von der türkischen Armee in Brand gesetzten oder bombardierten kurdischen Dörfer dagegen habe ich nie etwas gesehen.

Wie werden die Kurden, zu denen ich jetzt komme, reagieren? Wird die PKK, die während des ganzen Prozesses eine Waffenruhe eingehalten hat, jetzt eine Terrorwelle folgen lassen? Wird es in den kurdischen Dörfern Unruhen geben? Vorsichtshalber beschließe ich, noch einen weiteren Tag Pause in Erzurum einzulegen. Das wird meinem ausgelaugten Körper guttun.

Mit Hüseyin, dem Freund eines Freundes aus Istanbul, esse ich im Güzelyurt, dem besten Restaurant in der Stadt, zu Abend. Er ist Apotheker, etwa 50 Jahre alt, offen, herzlich und immer zu einem Spaß aufgelegt. Zwar ist er ein tiefgläubiger Mensch, hält sich als Genießer aber nicht an das Alkoholverbot. Die Flasche türkischer Wein, die er bestellt, ist für meinen Geschmack allerdings zu tanninhaltig und sauer. Halb auf Englisch, halb auf Türkisch dreht sich unser Gespräch natürlich um das Urteil gegen Öcalan und die Stellung der Kurden.

Als wir auseinandergehen, sagt Hüseyin einen Satz, der nicht so recht zu seinen Äußerungen während des Essens passen will:

»Ich glaube an zwei Dinge: an meinen Gott und an die Armee.« In diesem Punkt gehört er zur großen Mehrheit der Türken. Ich habe schon erwähnt, was für ein positives Image die Armee hier hat, außer bei den ganz jungen Leuten. Ich weiß nicht so recht, woran das liegt. Daran, dass durch die Armee unter der Führung von Atatürk das Land seine Seele und seinen Stolz wiedererlangt hat, nachdem sich Anfang des Jahrhunderts Europa darangemacht hatte, die Überreste des zerfallenden Sultanats unter sich aufzuteilen? Oder ist es auf frühere Zeiten zurückzuführen, auf die militärische Tradition des Osmanischen Reiches? Oder auf noch frühere, auf die kriegerische Vergangenheit der Nomadenstämme, die aus der tiefsten Mongolei gekommen waren? Jedenfalls ist die Achtung vor dem Militär allgegenwärtig. Gott, der Staat und die Armee – für viele ist das eins.

Ich hole meine Post ab, auch die Briefe, die in Suşehri im Safe liegen geblieben waren. Allerdings ist ein Päckchen mit zehn Filmen verschwunden. Der Mann am Schalter erzählt mir eine Geschichte, von der ich wie üblich nichts verstehe, außer dass das Päckchen anscheinend nach Frankreich zurückgeschickt wurde. Ich bekomme es zwar später in Paris wieder, aber es werden nur noch drei Filme darin sein. Gott sei Dank treibe ich schließlich, nachdem ich alle Fotografen der Stadt abgeklappert habe, fünf Rollen auf, die ich in meinem Kameramodell verwenden kann.

Ich nutze die unvorhergesehene Ruhepause auch, um Bilanz zu ziehen. Ich bin jetzt 1450 km gelaufen. Das ist etwas mehr als die Hälfte der Strecke von Istanbul bis Teheran. Und ich habe zehn Tage Vorsprung vor meinem ursprünglichen Plan. Meine körperliche Verfassung, mit der alles steht und fällt, ist fast perfekt. Die Behandlung mit

Traktorenfett ist meinen Schuhen, und damit auch meinen Füßen, gut bekommen. Ich habe in anderthalb Monaten drei Kilo abgenommen und in Beinen, Oberschenkeln und Schultern deutlich Muskeln bekommen. Mein Ruhepuls liegt bei 56. Bei Anstrengung steigt er auf 80 bis 90, was zeigt, dass ich topfit bin. Und die äußerst kurzen Erholungszeiten bezeugen, dass ich denselben Trainingszustand habe wie ein Hochleistungssportler. Ich darf den Bogen nur nicht überspannen, wenn ich keine chronische Erschöpfung riskieren will.

Der kulturelle und historische Teil der Reise erfüllt die Erwartungen, die ich in sie gesetzt hatte, nicht ganz. Meine schlechten Sprachkenntnisse sind wirklich ein Hindernis. Doch manche intensive Beziehung, die ich knüpfen konnte, hat sich nicht um Vokabular und Syntax geschert, hier kam die Sprache des Herzens zum Zuge. Und eigentlich ist das für mich das Wichtigste.

Ich nutze die Zeit auch, um »mich zu verschönern«. Meine Hose und meine Jacke – durchgescheuert, durchgeschwitzt und Tausend Mal gewaschen – gehen allmählich in Fetzen. Aber ich finde nichts, was ebenso praktisch und bequem ist, und so lasse ich von Zühtü Atalay, einem vergnügten Schneider, die schlimmsten Stellen flicken. Er will dafür nicht eine einzige Lira haben. Nur von meiner Reise soll ich ihm erzählen.

Zwei von den drei Reportagen der Journalisten können nicht erscheinen, denn Öcalans Verurteilung ist *das* Ereignis. Ein Hochschullehrer meint zu mir:

»Die Presse wollte seinen Kopf, jetzt hat sie ihn.« In diesem Land, in dem die Demokratie nicht fest verankert sei, in dem die politischen Strukturen schwach seien, erklärt er weiter, »fabriziere« die Presse die öffentliche Meinung, wie es ihr passe. In der Tat sind die Zeitungen nicht zimperlich. In fetten Buchstaben zieren Schlagzeilen wie DER VERRÄTER ZUM TODE VERURTEILT; EIN FESTTAG FÜR DIE MÄRTYRER; BABYS GERÄCHT zusammen mit entsprechenden Fotos die Titelseiten. Das alles sieht mehr nach Rache, nach Begleichung einer Rechnung aus, als nach einem Akt der Gerechtigkeit. Und doch haben die Behörden sich bemüht, den Rechtsstaat zu respektieren, denn kurz vor der möglichen Anerkennung als Beitrittskandidat der EU sorgen sie sich um ihr Image. Doch das trägt kaum zu meiner Beruhigung bei, wenn ich mich morgen in ein Gebiet begebe, in dem seit Urzeiten eine Tradition der Gewalt herrscht.

Ich habe zwar einerseits Sorge, nach diesem Urteil in eine Spirale sich verhärtender Positionen zu geraten, bin aber andererseits auch gespannt, die Dinge mit eigenen Augen zu sehen und selbst den Standpunkt der Kurden kennenzulernen. Denn bis jetzt habe ich es nur mit Türken zu tun gehabt.

Ich gehe noch einmal meine Ausrüstung durch, schnalle meinen Rucksack zu, lege mich hin und schlafe traumlos.

Am 1. Juli verlasse ich Erzurum auf einer Art Autobahn. Kriegsatmosphäre. Rechts und links nichts als Militärcamps. Hinter Zäunen kehlige Laute. Es wird exerziert, trainiert, Laster und Panzerfahrzeuge werden instand gehalten. Auf den Straßen scheinen nur Armeefahrzeuge zu fahren.

Nach 10 km biege ich auf eine Lehmstraße ab, die alte Seidenstraße. Endlich Ruhe … und wieder eine Kaserne. Dahinter ein paar Skilifte. Erholungscamp für die Soldaten oder Trainingslager für Gebirgsjäger? Ich frage den Wachsoldaten. Er ruft einen Offizier, der mir aber nur barsch befiehlt weiterzulaufen: Militärgeheimnis.

Die Straße führt auf einen 2000 m hohen Pass hinauf. Erfolgreich widerstehe ich zwei Soldaten, die mich unbedingt in ihrem Lastwagen mitnehmen wollen. Auf der anderen Seite des Passes komme ich in ein sehr hübsches Tal mit einem klaren Bach. Ein paar Weiden bieten Schatten, ein guter Ort zum Picknicken. Im weiteren Verlauf ist die Straße dicht mit Steinen gepflastert, auf denen die Eisenräder der alten Karren ihre Spuren hinterlassen haben. Sie diente – wie die meisten Karawanenstraßen – bis zum letzten Krieg strategischen Zwecken.

Die Armee hielt sie gut instand, damit sie im Falle eines Konfliktes mit Persien oder Armenien darüber Kanonen sowie Nachschub an Lebensmitteln und Munition transportieren konnte.

An den Hängen Dutzende von verlassenen Bunkern. Sie sind alle nach Nordosten ausgerichtet, noch aus der Zeit, als die Türkei ein Vorposten der NATO war und der Westen die Invasion des sowjetischen Ungeheuers fürchtete. Die russische Gefahr gibt es nicht mehr. Die Bunker sind nutzlos geworden, dem Steppenwind überlassen.

Ich entdecke ein paar blühende Rhododendronsträucher. Die Türken nennen den Honig, der aus dem Nektar von Rhododendren und Azaleen gewonnen wird, »verrückten Honig«. Angeblich wurde Xenophons Armee geschlagen, weil der Genuss dieses Honigs seine Soldaten kampfunfähig gemacht hatte.

Der Weizen ist hier in dieser Höhe noch grün. Mittags irre ich durch das verlassene Dorf Korucuk mit seinen Lehmhäusern. Auf den runden Dächern, die ebenfalls aus Lehm sind, wachsen ein paar Grasbüschel. Hinter einer halb verfallenen Mauer taucht eine Frau auf. Ich will sie fragen, ob es im Dorf einen Laden gibt, doch als ich auf sie zugehe, verschwindet sie wieder.

Schließlich zeigen zwei scheue kleine Mädchen mir den *bakkal*, einen fensterlosen Lehmbau, den ich für eine Scheune gehalten hatte. Ich stoße die angelehnte Tür auf. Im Halbdunkel sitzen drei Männer. Es gibt nichts Essbares zu kaufen, aber ich muss meine Geschichte erzählen. Einer der Männer ist der Imam. Er geht fort, während der Ladenbesitzer ein Stück Karton auf den Boden legt, seine Waschungen vornimmt und lange betet. Gerade als ich wieder aufbrechen will, lädt der Geistliche mich zum Essen ein.

Beim Essen wird nur über Religion geredet. Der *bakkal* will wissen, welcher Religion ich angehöre. Ich antworte – fromme Lüge – ich sei Christ. Abfällig verzieht er seine Miene, so als hätte ich gesagt: »Ich bin der Teufel.« Der Imam weiß nichts über katholische Riten und

fragt mir Löcher in den Bauch. Während er mich aus dem Dorf hinaus-
begleitet, versucht er, mich zum Islam zu bekehren. Er wäre entsetzt,
wenn er wüsste, dass ich Agnostiker bin. Zum ersten Mal, seit ich in
türkischen Häusern zu Gast bin, habe ich kein Atatürk-Porträt an der
Wand gesehen.

Die Stadt Pasinler ist ein Thermalbad und hat ein gutes Kurhotel.
Oberhalb der Stadt hat man versucht, eine der drei Mauern der alten
Burg wieder zu errichten. Moderne verpflichtet: Die Zinnen sind
aus Zementsteinen. Das sieht seltsam aus, wie eine Dekoration aus
Pappmaschee. In Pasinler gibt es auch ein sonderbares Brot, eine Art
flaches, weiches, über einen Meter langes Baguette. Eine wunderbare
Erfindung für jemanden, der sich im Schneckentempo fortbewegt. Ich
habe eines davon gekauft, zusammengerollt, und es hat mehrere Tage
vorgehalten.

Jetzt möchte ich tiefer in das Kurdenland eintauchen. Das Urteil
gegen Öcalan scheint keine größeren Zwischenfälle hervorgerufen zu
haben. Ich glaube verstanden zu haben, dass das Ganze eher zu einer
Polemik innerhalb der PKK geführt hat. Öcalan hatte während seines
Prozesses signalisiert, dass er bereit sei, über das Kurdenproblem zu
verhandeln, sogar eine Waffenniederlegung der Partisanen hatte er ins
Auge gefasst. Einige seiner Anhänger wollen nun seinen Vorschlägen
folgen, in der Hoffnung auf eine Begnadigung ihres Führers, den sie
zärtlich *apo* (Onkel) nennen. Der harte Flügel der Bewegung dagegen
macht geltend, Öcalan sei während seines Prozesses unter Drogen
gesetzt und zweifellos manipuliert worden, und niemand könne seine
Befehle ernst nehmen. Diese Fraktion will den Guerillakampf noch
verschärfen und in die großen Städte tragen. Nur eine Großoffensive,
sagen sie, verschaffe ihnen die Position der Stärke, von der aus sie in
Verhandlungen das Schlimmste für *apo* verhindern könnten.

Ich fühle mich nicht sehr sicher, als ich Pasinler in Richtung Süden
auf einer kleinen Lehmstraße verlasse, die schnurgerade durch eine
bewässerte Ebene mit Frühobst und -gemüse führt. Aber ich möchte

das Land der Kurden sehen, kennenlernen, mit ihm in Berührung kommen. Als Erstes stelle ich fest, dass hier vorwiegend Landwirtschaft betrieben wird, allerdings mit völlig veralteten Mitteln. Auf dem Marktplatz von Pasinler habe ich mehr Pferde als Traktoren gezählt, und hier auf dem Land sehe ich nur Karren. Die Frauen und die wenigen Männer, an denen ich vorbeikomme, arbeiten tief gebeugt auf den Feldern und antworten nicht auf meinen Gruß.

Yastıktepe ist ein Bergdorf, das sich zu beiden Seiten des Weges über einen Kilometer in Terrassen die Hänge hinaufzieht. Hin- und hergerissen zwischen Interesse und Angst, darauf bedacht, heute noch so weit wie möglich zu kommen, beschließe ich, keinen Kontakt mit den Einwohnern aufzunehmen. Kein Wort, nicht einmal »Guten Tag«, denn allein das würde schon einen Schwall von Fragen auslösen. Ich bemühe mich also, lächelnd und dennoch distanziert auf die Blicke zu reagieren. 10, 20, schließlich 30 stehen still und stumm da und sehen zu, wie ich Wasser- oder Güllepfützen ausweichend die Hauptstraße hinaufgehe. Bei den letzten Häusern des Dorfes holt mich völlig außer Atem ein Mann ein. Er wirkt verärgert:

»Wo willst du hin?«

»Nach Payveren.«

»Da bist du auf dem falschen Weg.«

»Auf meiner Karte liegt es aber im Süden.«

»Ja, schon, aber du läufst falsch. Egal, komm erst mal Tee trinken.«

»Ich habe es eilig, Payveren ist noch weit.«

»Komm Tee trinken!«

Eine Einladung, die ich nicht ablehnen kann. Der Ton ist, wenn nicht aggressiv, so doch sehr bestimmt. Während wir die Straße wieder hinuntergehen, packt der Kerl mich am Arm, um sicherzugehen, dass ich ihm nicht entwische. Ein wahres Komitee finsterer Gestalten erwartet uns. Wir gehen in den Dorfladen. Die übliche Ausstattung. Kaum Nahrungsmittel, aber drei Bänke. Wie überall, kommen die Leute hier vor allem zum Reden in den *bakkal*. Ein großer Junge macht Tee. Sobald ich meinen Rucksack abgesetzt habe, entspannt sich die Atmosphäre. Mit mir sprechen sie türkisch, aber untereinander kurdisch. Als ich merke, dass es der Sohn des Ladenbesitzers ist, der den Tee macht, müssen sie lachen – bei zwölf Kindern braucht der *bakkal* den Tee wohl kaum selbst zuzubereiten. Bevor ich mich wieder auf den Weg mache, schlage ich vor, sie zu fotografieren. Alle gehen hinaus. Manche wollen nicht auf das Bild und treten zur Seite. Aber alle winken, bis ich nicht mehr zu sehen bin. Diese erste Begegnung mit einem kurdischen Dorf ist ermutigend. Niemand hat von *apo* gesprochen.

Es ist nicht leicht, dem Höhenweg zu folgen. »Immer geradeaus« wurde mir gesagt. Nur gelange ich alle 2 km an eine Gabelung. Also: geradeaus rechts oder geradeaus links? Die einzige Möglichkeit, die ich habe, ist es, Bauern zu fragen, aber die machen sich in dieser Höhe rar. Nach einer Stunde kommt ein Mann auf einem Traktor mit einem Anhänger voll gegeneinander scheppernder Milchkannen vorbei und bestätigt, was ich schon geahnt habe: Ich habe den falschen Weg eingeschlagen. Bei der ersten Gabelung hätte ich geradeaus links gemusst. Er bietet an, mich dorthin zurückzubringen.

Dicht am Abgrund fahren wir über einen in den Felsen geschlagenen Weg. Die Milchkannen werden immer heftiger durchgerüttelt und machen einen Höllenlärm. Es hat keinen Zweck, ein Gespräch anzuknüpfen. Im Fahren dreht sich der gute Mann um und macht sich an seinem verrutschten Sitzkissen zu schaffen. Mein Blick folgt dem seinen, denn besagtes Kissen ist mit einem eleganten Seidenstoff überzogen, der überhaupt nicht zum Rest passt. Während er noch an seinem Sitz herumwerkelt, blicke ich auf und brülle. Die Straße macht eine scharfe Rechtskurve, und wir fahren geradeaus, direkt auf den Abgrund zu. Bei meinem Schrei reißt der Mann, ohne sich überhaupt umzudrehen, instinktiv das Steuer nach rechts, zum Berg. Das linke Vorderrad des Traktors bleibt haarscharf am Abgrund stehen.

Er schaltet den Motor aus und dreht sich langsam zu mir um. Alles Blut ist ihm aus dem Gesicht gewichen, und wahrscheinlich bin ich genauso aschfahl wie er. Plötzlich fangen wir an zu lachen. Ein lautes, befreiendes Lachen, dessen Echo von den Felsen widerhallt. Dann erstirbt es, und Stille kehrt wieder ein. Unsere Blicke begegnen sich, wandern zur Straße und zu dem Abgrund, wo uns 100 m tiefer der Tod in einem wilden Durcheinander von Steinblöcken erwartet hätte. Wie schön das Leben ist, wenn man dem Tod, einem dummen, idiotischen Tod, noch einmal von der Schippe gesprungen ist!

Schweigend legt der Mann einen Gang ein und startet seinen Unglückstraktor wieder. Ich bin froh, bei der Gabelung absteigen zu können und wieder festen Boden unter den Füßen zu haben. Der Schreck sitzt mir noch zu sehr in den Knochen, also setze ich mich erst einmal eine Viertelstunde hin.

Der Weg führt in ein Tal und durch einen Weiler mit ein paar armseligen Häusern. Im Schatten einer großen Mauer schert ein Mann Schafe. Rotznäsige Kinder hören auf zu spielen und starren mich schweigend an. Der Traktorfahrer hat mir erzählt, hier würden schiitische Kurden wohnen. Querfeldein über die Wiesen laufe ich zu der asphaltierten Straße, die ich in der Ferne im Tal sehen kann.

Meiner Karte zufolge muss ich eine befahrbare Straße nach Osten nehmen. Ich finde sie auch, aber nach 3 km kommen zwei Grundschullehrer in einem Auto vorbei und meinen, ich hätte mich verlaufen. Sie bringen mich wieder auf den richtigen Weg. Ihnen zufolge sind die Kurden sehr aufgebracht. Es habe mehrere Attentate gegeben, und in Istanbul habe man ein Waffenlager gefunden. Ich solle mich bloß in Acht nehmen, und wenn ich auf eine Militärpatrouille stieße, würde die mich keinesfalls über die Dörfer nach Aşrı laufen lassen.

Die Erdstraße, an der sie mich absetzen, führt leicht bergan, einen flachen Hügel hinauf. Sensen schwingende Männer und Kinder, die im Bach nach Krebsen suchen, während sie ein paar Kühe und Pferde hüten. Kann eine so idyllische Umgebung, in der Koriander und Süßholz am Wegesrand wachsen, Gefahren bergen?

Gegen fünf Uhr winken mich Bienenzüchter vom Schwarzen Meer, von denen viele in diese Gegend kommen, zu sich heran.

»Gel, çay!« Sechs geladene Gewehre stehen auf einem Gestell in der zerlegbaren Hütte, in der sie wohnen. Und ein furchterregender Kangal mit kupiertem Schwanz und Ohren ist angeleint. Er knurrt zuerst und bellt dann wütend, als ich hereinkomme. Sie erzählen mir, dass sie ihn nachts loslassen:

»Sollen die Terroristen ruhig kommen, sie werden schon sehen«, sagt der Älteste. Er ist verhutzelt wie ein alter Apfel, und für ihn ist es die letzte Saison hier in den Bergen.

Ich frage mich, ob ich in Erzurum nicht wenigstens eine Pistole hätte kaufen sollen.

Das Dorf Payveren ist 2 km von hier entfernt. Nach einer Straßenkurve kann ich es schon sehen. Die Lehmhäuser, die sich kaum vom Hang abheben, gruppieren sich um zwei weiße, von der untergehenden Sonne rosa gefärbte Gebäude: die Moschee und die Schule. An welche Tür soll ich klopfen? Vor Reiseantritt hatte ich noch einen Verantwortlichen der kurdischen Vertretung in Paris aufgesucht, und auch er hatte mich gewarnt.

»Ich wäre sehr viel ruhiger, wenn Sie von Erzurum aus einen Bus bis zur iranischen Grenze nehmen würden. Aber ich gehe davon aus, dass Sie das nicht tun werden?« Das hatte ich bestätigt, und als ich ihm erzählte, dass ich nicht über die große Straße laufen, sondern die Dörfer kennenlernen wollte, meinte er:

»Also gut. In den kurdischen Dörfern gibt es immer ein Haus, das größer ist als die anderen, das des Dorfherrn. Dort klopfen Sie an. Wenn eine Frau Ihnen aufmacht, sagen Sie nur: ›Ich will zum Hausherrn.‹ Nichts sonst. Bei ihm sind Sie in Sicherheit. Und erklären Sie

Ihrem Gastgeber, wie Sie am nächsten Tag laufen wollen. Mit großer Wahrscheinlichkeit wird er dem ganzen Clan Bescheid sagen, dass Sie vorbeikommen. So sind Sie einigermaßen sicher. Und nicht vergessen: Niemals mit einer Frau sprechen!«

Ich schaue mich also um und versuche herauszufinden, welches das größte Haus in Payveren ist. Es gibt keines. Was wieder einmal beweist, wie wenig sich die Wirklichkeit um das schert, was man über sie zu wissen glaubte. In Paris schien mir alles ganz einfach, ein Kinderspiel: das »große Haus« suchen, wo man aufgenommen und der Weg für den nächsten Tag geebnet wird. Ein schönes Bild, an das ich mich klammern konnte, wenn ich mir Sorgen machte. Doch Payveren – wahrscheinlich die Ausnahme zu jeder Regel – macht mir einen Strich durch die Rechnung. Nach vielen fruchtlosen Fragen findet sich schließlich ein wortkarger Mann, der bereit ist, mich zum Haus des *muhtar* zu bringen. Es ist eine Bruchbude wie alle anderen mit einer Satellitenschüssel auf dem Dach. Ich klopfe. Eine junge schwangere Frau macht auf. Ich frage nach dem Hausherrn. Wortlos geht sie wieder hinein. Kurz darauf kommt schwankend ein ungehobelter Kerl heraus, behaart wie ein Affe. Er hat ein aufgedunsenes Gesicht und einen finsteren Blick. Hat er geschlafen, Drogen genommen oder ist er betrunken?

... und Diebe

Der etwa 40-jährige Mann ist gut 20 cm größer als ich. Mit seiner wilden Mähne, seinem Dreitagebart und den schwarzen Haarbüscheln, die aus seinem offenen Hemdkragen herausschauen, strahlt er etwas Grobes aus. Als Erstes brüllt er: »Papiere, Papiere!«

Ich hole meinen Pass heraus, den er in seine Tasche steckt, ohne ihn überhaupt anzusehen. Dann macht er die Tür weit auf und stößt mich fast ins Haus. Ein großes Empfangszimmer. Die komfortable Einrichtung überrascht mich, sie passt überhaupt nicht zum Äußeren dieser kurdischen Häuser: fensterlose Würfel aus grauen Bausteinen mit Flachdächern aus Lehm, auf denen halb vertrocknete Gräser wachsen. Drinnen ist es gemütlich: Teppiche, Bilder und ein kleines Fenster, durch das gedämpft, aber ausreichend Licht einfällt.

Ob aus Misstrauen oder Angst, aufgrund von Alkohol oder einer Droge, jedenfalls ist mein Gastgeber unruhig, gereizt. Wird er – wie Arif – die *jandarmas* anrufen, bevor er überhaupt weiß, wer ich bin und was ich mache? Bei den bürgerkriegsähnlichen Zuständen und vor allem nach Öcalans Verurteilung verstehe ich, dass hier eine gewisse Nervosität herrscht. Doch ich bin zuversichtlich. Ich werde ihm alles erklären, wir werden uns unterhalten, und er wird sich beruhigen.

Kaum habe ich meinen Rucksack abgesetzt, als der Mann ihn auch schon ergreift und aufzumachen versucht. Er glaubt wahrscheinlich, dass in diesem fremden Ding eine Waffe oder irgendeine andere Gefahr verborgen ist. Ich will ihn gern beruhigen, aber nicht in meinen Sachen herumwühlen lassen. Um sein Vertrauen zu gewinnen, hole ich also eine nach der anderen die Plastik- und Stofftüten heraus und erkläre ihm, was darin ist: Kleider, Medikamente, Essen, Schlafsack.

Er hat sich neben mich auf den Boden gesetzt und begutachtet flüchtig meine »Reichtümer«. Als der Rucksack leer ist, will er wissen, was in den Seitentaschen ist. Das Erste, was zum Vorschein kommt, ist ein Kugelschreiber. Er steckt ihn sofort ein. Ich finde das gelinde gesagt unhöflich, aber soll er ihn behalten, wenn er unbedingt will. Mein Messer nimmt denselben Weg, doch damit bin ich überhaupt nicht einverstanden. Es kann mir bei einem Angriff oder einem Unfall sehr nützlich sein. Also hole ich meine Taschenlampe, die noch nie funktioniert hat, aus ihrer Hülle und reiche sie ihm.

»Das Messer nicht, aber das hier kannst du haben.«

Als er danach greifen will, trete ich zurück und verlange das Messer. Widerstrebend reicht er es mir und probiert die Lampe aus. Ich gebe ihm zu verstehen, die Batterien seien leer. Und noch während er das Ding begierig untersucht, klärt sich das Rätsel auf. Mir war der Bursche schon ziemlich jung für einen *muhtar* vorgekommen. Alle *muhtar*, die ich bisher kennengelernt habe, waren reife, zum Teil sogar alte Männer. Und sein Verhalten hat nichts mit Angst vor Terrorismus zu tun: Er will mein Messer und meine Taschenlampe.

»Bist du der *muhtar*?«

»Nein, mein Bruder ist der *muhtar*.«

»Und wo ist er?«

»In Erzurum, er kommt heute Abend.«

»Dann gib mir meinen Pass zurück, ich zeige ihn ihm, wenn er wieder da ist.«

»Nein, morgen früh.«

Und er widmet sich wieder der hübschen und unnützen Taschenlampe. Er will wissen, was ich noch in meinem Rucksack habe. Aber ich setze der Inventur ein Ende, froh, dass ich nicht die Tasche mit dem Fotoapparat aufgemacht habe. Da aus dem Rucksack nichts mehr zu holen ist, steckt er seine Hand in eine meiner Jackentaschen. Ich schüttele ihn heftig ab und werfe ihm einen vernichtenden Blick zu. Ich markiere den starken Mann, weiß aber sehr wohl, dass er mich in der Gewalt hat. Ich packe meine Sachen wieder ein. Wenn sein Bruder kommt, zeige ich ihm alles. Zu dumm, dass ich diesen Rüpel nicht früher gefragt habe, wer er ist.

Er setzt sich etwas weiter weg, holt die Taschenlampe und den Kuli heraus und streichelt sie verzückt. Seine Frau, die sich vor Neugierde verzehrt, kommt herein. Der Grobian steht auf, schiebt sie, schubst sie, will sie wieder hinausdrängen. Sie wehrt sich. Da versetzt er ihr einen kräftigen Schlag auf die Schulter, und sie besinnt sich eines Besseren. Doch in den folgenden zwei Stunden kommt sie immer wieder, und jedes Mal verjagt er sie mit derselben Brutalität.

»Ist das deine Frau?«

»Ja.«

»Warum schlägst du sie?«

Ohne zu antworten geht er auf meinen Rucksack zu. Da wird mir plötzlich alles klar. Er ist weder betrunken, noch steht er unter Drogen, er ist krank. Aber ist er nun ein gutmütiger oder ein bösartiger Verrückter? Mit seiner Größe, seinem wirren Blick jagt er mir Angst ein. Wenn ich nicht aufpasse, kann sich die Brutalität, die er seiner Frau gegenüber an den Tag legt, auch schnell gegen mich richten. Und ich sitze hier fest, kann nirgendwohin, solange ich meine Papiere nicht wiederhabe.

Eine alte Frau kommt herein. Er behandelt sie mit großem Respekt. Es ist seine Mutter. Auf Kurdisch berichtet er ihr, was ich von meiner Reise erzählt habe. Jedenfalls stelle ich mir das so vor. Sie macht keine Anstalten, mit mir zu reden, und auch ich spreche sie nicht an. Zwei etwa zwölfjährige Jungen sind mit ihr ins Zimmer geschlüpft und haben sich leise in eine Ecke gesetzt. Nachdem seine Mutter wieder hinausgegangen ist, zeigt der Behaarte den Kindern die »Schätze«, die er mir entlockt hat. Dann zieht er meinen Pass aus der Tasche und gibt ihn einem der Jungen. Plötzlich verstehe ich, warum er ihn bisher nicht angesehen hat: Er kann gar nicht lesen. Der Kleine liest stockend die fremde Sprache. Mit unschuldigem Gesicht gehe ich auf den Jungen zu:

»Soll ich dir den Stempel der türkischen Polizei zeigen?«

Er sagt weder Ja noch Nein, aber ich nehme ihm das Dokument einfach aus der Hand. Ich zeige ihm den Stempel und auch noch die Seite mit dem bunten iranischen Visum. Dann gehe ich aufs Ganze. Ich stecke den Pass in meine Tasche und knöpfe sie sorgfältig zu. Der Grobian springt auf.

»Gib her.«

»Ich gebe ihn dem *muhtar*. Du bist nicht der *muhtar*.«

Er ist wütend, versucht aber nicht, das Dokument mit Gewalt wieder an sich zu bringen. Ich atme auf. Jetzt muss ich nur noch aus diesem Haus herauskommen. Ich werfe mir den Rucksack über die Schulter und gehe zur Tür.

»Heute Abend komme ich wieder. Wenn dein Bruder mich sucht: Ich bin bei den Bienenzüchtern am Ortseingang.«

»Nein, bleib! Mein Bruder kommt gleich zurück.«

Ich überlege, denn ich darf jetzt keinen falschen Schritt tun. Ich fühle mich bedroht. Doch die Gefahr ist eine ganz andere als in Alahacı. Die Kurden holen nicht die Armee. Die Beziehungen sind viel zu konflikt-geladen. Von jetzt an muss ich alle Probleme mit den Dorfbewohnern selbst regeln. Wenn ich jetzt zu den Bienenzüchtern gehe, wechsele ich vom Lager der Kurden in das Lager der Türken. Und ich kränke den *muhtar*, wenn ich seine Gastfreundschaft ausschlage. Er ist sicher ein ehrbarer und geachteter Mann. Ihm kann ich das abartige Verhalten seines beschränkten Bruders nicht anrechnen. Und bei den Bienen-züchtern wäre ich zwar für diese Nacht in Sicherheit, aber dann? Der Kurde in Paris hatte gesagt: In jedem Dorf weiß man, was im ande-ren passiert ist. Die anderen Dörfer kann ich also vergessen, wenn der *muhtar* hier wegen mir sein Gesicht verliert.

Schließlich war das Wichtigste für mich, meinen Pass wiederzube-kommen. Und sobald der Bruder da ist, wird alles in Ordnung sein. Ich fasse mich also in Geduld und warte. Ich setze meinen Rucksack wieder ab. Der Riese atmet auf. Dennoch ist er mir offensichtlich böse.

Doch mit der Taschenlampe als Tauschobjekt glaube ich die Situation im Griff zu haben.

In den nächsten Stunden das übliche Spiel. Zuerst kommen die Alten, die viel Zeit haben. Dann die Würdenträger. Einer von ihnen ist noch ziemlich jung, etwa 35, trägt einen Dreiteiler und ist glatt rasiert. Er ist etwas füllig, die anderen dagegen sind alles hagere Bauern mit wettergegerbten Gesichtern. Ich weiß sofort, wer er ist: der Imam. Bald drängt sich alles, was sich im Dorf auf den Beinen halten kann, im Raum. Die Erinnerung an Alahacı verfolgt mich. Was denken diese Männer? Was wollen sie von mir? Sie sind freundlich, erkundigen sich nach meiner Reise.

Die Frommen mit dem Scheitelkäppchen scharen sich um den Imam, dem sie große Achtung entgegenbringen. Der schweigt lange und stellt dann 100 Fragen über meine Reise, meine Religion, meinen Beruf, meine Einkünfte. Sobald er etwas sagt, nicken seine Anhänger zustimmend mit dem Kopf.

Inzwischen ist es Nacht geworden. Wieder beschleicht mich ein Gefühl der Unruhe. Der *muhtar* ist immer noch nicht da. Wenn er nicht kommt, bin ich heute Nacht mit dem schrecklichen Kerl allein. Bei jeder Gelegenheit wirft dieser einen begehrlichen Blick auf meinen Rucksack, über den er im Vorbeigehen auch hin und wieder mit der Hand fährt, so als wolle er sich davon überzeugen, dass er immer noch da ist. Kein Zweifel, dieser Typ ist schier verrückt vor Habgier. Und wahrscheinlich überhaupt verrückt. Während die Dorfbewohner meine Wanderstiefel bewundern, die auch nach 1500 km noch mehr als brauchbar aussehen, sagt er breit grinsend:

»Die gehören mir.« Verlegen wenden die Männer sich ab. Und ich bin gewarnt: Er wird sich nicht mit der Taschenlampe begnügen.

Um elf Uhr bin ich sicher, dass der *muhtar* nicht mehr kommt. Der Behaarte bringt einen Teppich. Der Imam und vier weitere Männer beten, während die anderen einfach weiterreden. Misstrauisch frage ich mich, warum sie zum Gebet nicht in die Moschee gegangen sind.

Zugleich finde ich diese Religion aber auch sehr flexibel: Das Gotteshaus kann immer dorthin verlegt werden, wo die Gläubigen gerade sind. Dann verabschieden sich die Männer nach und nach. Um Mitternacht sind alle außer dem Imam gegangen. Der Verrückte holt Joghurt, Brot und Käse, und wir essen zu Abend. Dann legt er Matratzen und Decken auf die Pritschen. Misstrauisch verfolge ich diese Vorbereitungen. Aber der Imam beruhigt mich:

»Ich werde hier schlafen.«

Wenn der Imam, der mir erzählt hat, dass er mit Frau und Kindern im Haus nebenan wohnt, hier schläft, dann um mich in Abwesenheit des *muhtar* zu schützen. Der Beweis, dass ich es wirklich mit einem Geisteskranken zu tun habe. Die Angst hält mich wach. Manchmal döse ich für ein paar Augenblicke ein und schrecke dann wieder hoch. Der Verrückte schläft, auf dem Teppich in eine Decke eingerollt, wie ein Murmeltier. Der Imam schnarcht.

Um fünf Uhr werde ich beim ersten Lichtstrahl wach, denn ich will mich so schnell wie möglich aus dem Staub machen. Aber ich kann nicht gegen die sakrosankten Gesetze der Gastfreundschaft verstoßen und muss das Frühstück abwarten. Während der Verrückte es mit den Frauen zubereitet, fragt mich der Imam lang und breit über den Katholizismus und die christlichen Riten aus. Ich antworte so gut ich kann und blättere hektisch in meinem Taschenwörterbuch, um die religiösen Begriffe zu finden, die alle nicht zu meinem Vokabular gehören. Zum Frühstück gibt es das Gleiche wie zum Abendessen: Brot und Käse mit Tee. Einfaches Essen und harte Arbeit: kein Wunder, dass es hier kein Übergewicht gibt wie im westlichen Teil des Landes.

Als ich Anstalten mache, aufzubrechen, hält der Imam mich zurück:

»Noch nicht, die Hunde sind noch nicht mit den Herden draußen. Du würdest in Stücke gerissen.«

Meine Stimmung ist im Keller, denn ich will endlich los. Der Behaarte tigert durch den Raum. Schließlich kann er nicht mehr an sich halten und fragt nach der Taschenlampe. Ich gebe sie ihm mit dem nettesten Lächeln, zu dem ich fähig bin. Ich hoffe, dass er jetzt zufrieden ist, habe aber so meine Zweifel.

Endlich, gegen sieben Uhr, grünes Licht. Das Dorf ist wie ausgestorben. Gestern Abend konnte ich meine Flasche nicht wie sonst auffüllen und das Wasser über Nacht desinfizieren. Darum gehe ich zum Brunnen. Auf dem Weg dorthin stellt der Imam mir immer noch religiöse Fragen. Ich bin mit meinen Gedanken ganz woanders. Was wird mich im nächsten Dorf erwarten? Wenn er nur wüsste, wie wenig mich die Tugenden in den verschiedenen Religionen scheren! Ich möchte nur die Angst loswerden, die mir seit gestern Abend die Kehle zuschnürt, seit ich an die Tür dieses Debilen geklopft habe.

Dann kommt dieser Unglückskerl auf uns zu und sagt, dass er mit mir laufen wird. In der Hand hat er ein scharfes Beil. Ich werfe dem Imam einen verzweifelten Blick zu. Doch von dieser Seite kann ich keine Hilfe erwarten. Er gibt mir die Hand, sagt, er habe sich sehr gefreut, mich kennenzulernen, und geht, die Hände in den Taschen, in aller Ruhe davon. Wahrscheinlich ist er heute Nacht nur geblieben, weil niemand wollte, dass ein Ausländer im Dorf ausgeraubt oder verprügelt wird. Aber was außerhalb des Dorfes geschieht – da wäscht er seine Hände in Unschuld. Der Verrückte strahlt. Sobald wir außer Sichtweite sind, kann er mich nach Lust und Laune ausrauben.

Ich versuche, nicht in Panik zu verfallen. Der Waffe, mit der er vor meinen Augen herumfuchtelt, und seiner Körperkraft kann ich nicht viel entgegensetzen.

Wenn ich meinem Impuls nachgeben würde, würde ich meinen Rucksack stehen lassen und, so schnell mich meine Beine tragen, davonrennen. Doch vor dem Haus des *muhtar* steht ein Traktor. Der Verrückte hätte mich im Handumdrehen eingeholt. Während ich meine Wasserflasche verstaue, überlege ich. Wie kann ich Zeit, Abstand gewinnen? Plötzlich kommt mir eine Idee. Als ich gestern Abend gedroht habe, zu den Bienenzüchtern zurückzukehren, hat er nachgegeben. Damit könnte ich es noch einmal versuchen.

»Ich habe versprochen, mich von meinen Freunden, den Bienenzüchtern, zu verabschieden. Auf dem Rückweg komme ich wieder hier
vorbei, und dann kannst du mit mir gehen.«

Er schmollt wie ein kleiner Junge, findet sich aber mit meiner Laune
ab. Ich setze meinen Rucksack auf und verschwinde. Die Bienenzüchter sind schon lange bei der Arbeit. Ich erzähle ihnen kurz von meinem
Abenteuer der letzten Nacht, von dem Beil und seinem Vorschlag,
mich zu begleiten.

»Dann geh in die andere Richtung. Wenn er hier vorbeikommt,
versuchen wir, ihn aufzuhalten.«

Ich glaube, ich bin noch nie so schnell gegangen. Ab und zu bleibe
ich stehen und horche, damit ich mich verstecken kann, wenn ich ein
Motorengeräusch höre. Einmal will ein großer Kerl, der sich als *muhtar*
vorstellt, meinen Pass sehen. Voller Angst halte ich ihm den Ausweis
hin. Er blättert ihn durch und gibt ihn mir zufrieden zurück. Das tröstet mich, denn ich hatte die Hoffnung auf ein bisschen Höflichkeit
schon fast aufgegeben. Eine halbe Stunde später bin ich wieder auf der
asphaltierten Straße und halte einen Lkw an, der in Richtung Pasinler
fährt. Als er wieder losfährt, fühle ich mich endlich außer Gefahr.

Ich bitte den Fahrer, mich am Ufer des Aras abzusetzen, des Flusses, der später die Grenze zwischen der Türkei und dem Iran sowie
zwischen der muslimischen Türkei und dem christlichen Armenien
bildet. Im 17. Jahrhundert befürchteten die Muslime, ihre christlichen
Feinde könnten den Fluss verseuchen. Darum tranken sie nur Wasser
aus ihren Zisternen. Die Christen ihrerseits hatten dieselbe Angst
und schöpften Wasser nur aus ihren Brunnen. Heute ist der Aras so
verschmutzt, dass er ohne Unterschied der Religion alle Menschen
vergiften und mühelos Paradies und Hölle bevölkern könnte.

Auf der anderen Seite des Flusses stoße ich wieder auf die D 100,
15 km hinter Pasinler, wo ich gestern Morgen losgelaufen bin. Die
40 km von gestern und die 10 km von heute Morgen waren also quasi
umsonst, da ich praktisch wieder an meinem Ausgangspunkt bin.

Aber ich lebe noch und erfreue mich bester Gesundheit. Ich kann also nicht klagen!

Adieu, ihr kurdischen Dörfer! Falls ich je wiederkomme, dann nicht allein und nicht genau in der Woche, in der man euer Idol zum Tode verurteilt hat. Ich werde jetzt auf der großen Straße bleiben, bin aber ziemlich sauer auf mich selbst. Ich hatte doch genau Bescheid gewusst. Aber nein, ich musste es trotzdem versuchen, auf meinen Schutzengel vertrauen. Eines schönen Tages wird er mich noch fallen lassen, mein Engel. Als alter Westernfan werde ich jedenfalls das nächste Mal, wenn ein Revolverheld einen Cowboy tötet, um an seine Stiefel zu kommen, des Debilen von Payveren gedenken.

Der Ort, bei dem der Lkw-Fahrer mich abgesetzt hat, heißt Köprüköy – Brückendorf. Und es gibt dort wirklich eine alte und sehr schöne Steinbrücke mit acht Bögen. Heute ist sie für den Verkehr gesperrt, aber früher verband sie die beiden Teile des Dorfes, das aus irgendeinem Grund, den kein Mensch mir erklären kann, um 3 km versetzt wurde. Während ich sie mir genauer anschaue, kommt ein Radfahrer vorbei. Ein Tourist, beladen wie ein Seidenstraßenkamel. Er ruft mir etwas zu, was ich nicht verstehe, nutzt aber seinen Schwung und fährt weiter. Was beweist, dass er nur ein Ausländer sein kann. Etwas weiter ein Familienpicknick im Grünen. Das Ehepaar und die beiden Kinder sind westlich gekleidet. Der Mann sagt, er sei *jandarma*. Seine Frau ist hinreißend. Sie laden mich ein zu Gemüse- und Fleischbörek. Das alles ist so ländlich, so friedlich und freundlich, dass ich meine schlimme Nacht vergesse. Im Fluss stehen Frauen und Kinder bis zum Bauch im Wasser. Sie tauchen große Teppiche ins Wasser, schwenken oder schrubben sie kräftig und lassen sie dann auf Felsen in der Sonne trocknen. Die Kinder toben herum und spritzen sich nass, die Mütter schimpfen. Diese idyllischen Szenen trösten mich. Dass ich das Pech hatte, an einen Schwachsinnigen zu geraten, sollte noch lange kein Grund sein, meine gute Laune zu verlieren! Doch sobald ich weiterlaufe, stellen sich die düsteren Gedanken wieder ein. Kurdistan ist eine der interessantesten Gegenden, durch die ich komme. Und jetzt muss ich über diese unpersönliche und internationale Straße laufen.

Die Landschaft zwischen Köprüköy und Horansan an jenem Tag nehme ich gar nicht richtig wahr. Eine innere Wut treibt mich die ganzen 27 km.

Im Hotel ist der Zorn zwar verraucht, dafür packt mich jetzt der Katzenjammer. Ich bin nur noch 200 km von der Grenze entfernt, auf deren Überquerung ich mich so gefreut habe. Und jetzt ist alles von Zweifel und Angst überschattet. Einer irrationalen Angst. Nicht vor der PKK. Deren militärische Kämpfer sind brutal und töten, aber sie gehen logisch vor. Die PKK könnte mich gefangen nehmen, mich für einen Tauschhandel benutzen. Dieses Risiko nehme ich auf mich. Aber dass irgendein Verrückter mich wegen meiner Schuhe umbringt? Natürlich ist mir klar, dass diese bitterarmen Leute fasziniert sind von dem ganzen westlichen Flitter und Glitter auf dem Bildschirm. Das weckt Träume und Begehrlichkeiten.

Aber ist meine Haut nicht genau wie ihre von der Sonne verbrannt, sind meine Kleider nicht zerschlissen wie ihre, und ächze ich nicht den ganzen Tag unter dem Gewicht meines Rucksacks so wie sie unter dem der Heuballen? Trotzdem, ob es mir nun gefällt oder nicht, wir gehören zwei unterschiedlichen Welten an. Ich repräsentiere Europa und seine Reichtümer. Sie stellen sich vor, dass ich lauter Schätze in meinem Rucksack habe. Nicht ein Tag, an dem ich nicht gefragt werde, wie viele Autos ich habe, wie viel ich verdiene; nicht einer, an dem mein angebliches Vermögen geschätzt wird, da ich – anders als sie – ja reisen kann. Tausende von Jahren haben sie zugesehen, wie in große Ballen verpackte Reichtümer auf den Kamelrücken an ihnen vorbeizogen. Auch ich trage auf meinem Rücken einen, wenn auch bescheidenen Ballen. Das regt die Fantasie an. Werde ich hier oder im Iran noch auf weitere Verrückte stoßen? Bei dem Pech, das mir seit einiger Zeit an den Schuhsohlen zu kleben scheint, ist das gut möglich.

Zum ersten Mal bedaure ich, allein losgelaufen zu sein. Trotz meiner Müdigkeit wegen der letzten schlaflosen Nacht, schlafe ich erst sehr spät ein und wache schon nach vier unruhigen Stunden wieder auf.

Von Horasan nach Eleşkirt sind es mehr als 70 km, und es gibt kein einziges Hotel. Ich laufe los, ohne zu wissen, wo oder wann ich Station machen werde. Gegen Mittag, als ich gerade einen kleinen Pass erklommen habe und mich am Straßenrand ausruhe, taucht ein Radfahrer auf, der anders als der von gestern allerdings anhält. Er ist Engländer, aus Liverpool. Kurz darauf stößt ein Pärchen dazu. Die drei, die zusammengenommen kaum älter sind als ich, fahren nach Neuseeland, wo sie Weihnachten ankommen wollen. Sie zelten, und ihre Fahrräder verschwinden buchstäblich unter den ganzen Taschen und Bündeln. Jeden Vormittag fahren sie 60 bis 80 km, und nachmittags, während der heißen Zeit, ruhen sie sich dann aus. Ich fotografiere sie, sie fotografieren mich, und dann fahren sie mit voller Geschwindigkeit den Pass auf der anderen Seite hinunter. Die kurze Unterhaltung mit diesen fröhlichen und sympathischen jungen Leuten hat meine düsteren Gedanken vertrieben. Gerade noch habe ich bedauert, allein unterwegs zu sein. Doch ich habe meine Meinung schon wieder geändert. Natürlich machen sie eine fantastische Reise, von der sie einzigartige Erinnerungen mit nach Hause bringen werden. Aber sie lernen nur einen Teil des Landes kennen, durch das sie fahren, in erster Linie die Landschaften. Sie sprechen eine gemeinsame Sprache, schlafen im Zelt und sind weniger als ich der Gefahr ausgesetzt, ausgeraubt zu werden. Allerdings kommen sie so auch weniger mit den Einheimischen in Berührung. Sie sehen die Welt, ich erlebe sie.

Heute wollen mich alle mitnehmen. Man könnte fast meinen, sie hätten sich abgesprochen. Ein Busfahrer hält an und ruft: »Para yok! (Es kostet nichts!)« Ein Vater und seine beiden Söhne in einem Lieferwagen bieten mir etwas zu essen an und lassen sich meine Reise erzählen. Der Vater hält seinen Söhnen einen langen Vortrag: soweit ich verstehe, ein ausführliches Lob der Mühe und Anstrengung. Mehrmals zeigt er auf mich, und seine Söhne sehen mich an, als würde ich gerade heiliggesprochen.

Es ist sehr heiß. Das eine T-Shirt trocknet auf meinem Rucksack, während ich das andere nass schwitze. Dutzende von Herden weiden unter Aufsicht der Hirten in der Steppe. Einer von ihnen kommt auf mich zugelaufen, stellt mir einen Haufen Fragen und kehrt dann wieder zu den anderen zurück, um ihnen alles zu erzählen. Zu gern würde ich seinen Bericht hören, die Fragen und die Antworten, die der kleine Hirte bei Bedarf sicher auch erfindet.

Die kurdischen Dörfer verschmelzen regelrecht mit ihrer Umgebung. Die Mauern haben dieselbe Farbe wie die Berge, aus denen die Steine geschlagen wurden, die grasbewachsenen Lehmdächer heben sich kaum von den Wiesen ab. Häuser und Ställe – kaum voneinander zu unterscheiden – sind alle nach Süden ausgerichtet. Die Häuser haben nur wenige Fenster, die Ställe gar keine, damit sie besser vor Kälte und Hitze schützen. Meistens liegen die Dörfer am Rand einer Ebene und ziehen sich in Terrassen die Hügel hinauf. Unten und vor ihnen die Felder, oben und hinter ihnen die Weiden. In dieser Gegend, die in 3000 Jahren immer wieder von bewaffneten Horden verwüstet wurde, sind die nahen Berge eine wichtige Zuflucht.

Auf der Straße ist das Militär präsenter denn je, auf den Höhen haben gepanzerte Fahrzeuge Stellung bezogen. Ein Traktor zieht einen Anhänger mit drei großen Eisenbetten. Vorn auf dem Anhänger eigens ein Sitz für den Großvater – ein würdiger Alter, in der Hand zum Schutz vor der Sonne einen riesigen schwarzen Schirm, den er so gerade hält, als salutiere er.

Als ich oben auf dem Saç-Daşı-Pass, auf 2300 m, ankomme, bin ich fast zerflossen. Ein Hirte bietet mir etwas zu trinken an.

»Wenn du willst«, fügt er hinzu, »lasse ich ein Kalb zur Ader, dann kannst du sein Blut trinken, das gibt dir wieder Kraft.«

Ich überspiele meinen Ekel eher schlecht als recht, danke ihm aber herzlich.

Das kleine Dorf Aydıntepe auf der anderen Seite des Passes wäre perfekt, um Station zu machen. Doch obwohl ich das große Haus des Dorfherrn sofort ausmache, hält mich die Erinnerung an Payveren davon ab, um Gastfreundschaft zu bitten. Weiter unten führt die Straße durch eine tiefe Schlucht. Es ist spät, und zu meiner eigenen Sicherheit sollte ich nicht mehr weiterlaufen. Ich halte also ein großes schwarzes Auto an, in dem bereits fünf Männer sitzen. Kaum hat sich die Tür geschlossen, als der Fahrer, ein stämmiger Typ mit dickem schwarzem Schnurrbart, auch schon fragt:

»Was hältst du von dem Urteil gegen Öcalan?«

O je! Jetzt bloß nicht leichtfertig antworten. Türken oder Kurden? Ich ziehe mich zunächst einmal mit einer Gegenfrage aus der Affäre:

»Ich bin Ausländer, ich kenne diesen Fall und auch diese Gegend nicht besonders gut. Wird das Urteil hier nicht Unruhen auslösen?«

Die Antwort, von der ich nicht viel verstehe, klingt eher beruhigend. Doch plötzlich fällt das Wort »Türke«, und dabei fährt der Mann, der es sagt, sich mit dem Finger wie mit einer Klinge über die Kehle. Jetzt weiß ich Bescheid. Sie sind gut gekleidet, sehen nicht aus wie Bauern, aber auch nicht wie Geschäftsleute. Nach 15 Jahren als Politikjournalist erkenne ich diese Spezies sofort: Aktivisten. Vielleicht Mitglieder der PKK. Eine Frage brennt mir auf der Zunge, aber wie soll ich sie formulieren? Ich blicke so unschuldig drein wie ich nur kann:

»Kennen Sie Leute von der PKK? Ich wüsste gern, wie sie über all das denken.«

Eiseskälte. Nach einem Schweigen zeigt der Fahrer auf eine Felswand:

»Hier gibt es Gold!«

Ich hatte natürlich keinerlei Chance auf eine Antwort, aber ich habe es wenigstens probiert. Ich knüpfe an die Sache mit dem Gold an:

»Und warum fördern Sie es nicht?«

Wieder fährt der Finger über die Kehle.

»Die Türken wollen es nicht.«

In diesem Auto werden viele Kehlen mit dem Finger durchgeschnitten. Auch – und alle fünf wie auf Kommando – als wir an einer Kaserne vorbeifahren, wo Dutzende von Panzern ihre Geschützrohre drohend auf die Straße gerichtet haben.

In Eleşkirt verabschiede ich mich von den Halsabschneidern. Ich gäbe viel darum, ordentlich Türkisch sprechen und mich mit ihnen unterhalten zu können. Doch ich kenne nur ein paar kümmerliche Worte, die gerade reichen, um mich fürs Mitnehmen zu bedanken und ihnen einen schönen Abend zu wünschen.

Das einzige Hotel in Eleşkirt ist sehr laut, denn es befindet sich über einer Tankstelle und einem Restaurant, das die ganze Nacht geöffnet hat. Doch ich muss viel Schlaf nachholen. Sobald es dunkel wird, lege ich mich hin und schlafe tief und fest bis fünf Uhr am nächsten Morgen. Die meisten Sachen lasse ich im Hotel, nehme nur das Allernötigste mit und mache mich auf den Weg zur großen Straße. Ein Laster, der Holz nach Erzurum bringt, nimmt mich bis zu der Stelle mit, an der ich gestern Abend in die Limousine der Kurden gestiegen bin. Die Schlucht vor Eleşkirt habe ich ja bereits vom Auto aus gesehen, aber ich habe sie nicht erlebt, und deshalb möchte ich sie mir erlaufen. Und in der Tat finde ich sie diesmal ganz anders: großartiger, majestätischer, beeindruckender. Und realer. Sandkorn für Sandkorn hat der Fluss sich ein Bett in den Felsen gegraben, ein Bett, in das sich auch noch die Straße gedrängt hat. Ein Reiter auf einem schönen weißen Pferd grüßt mich und verschwindet dann in einer Art Felsspalte. Drei Jungen, die mit der Sichel in der Hand zur Arbeit gehen, schenke ich ein paar Bonbons. Der Kleinste, der etwa zehn ist und auf einem Esel sitzt, meckert. Ich erkläre ihnen, dass ich nichts anderes für sie habe. Aber der Bengel schimpft, wird frech und sagt immer lauter: »*Para, para, para* – Geld.« Als ich ihn frage, was er damit anfangen will, führt er seine Hand zum Mund und tut so, als würde er rauchen. Einige Hundert Meter weiter überholen mich die englischen Radfahrer winkend und laut klingelnd. Sie haben wohl am Eingang der Schlucht gezeltet und sind spät aufgestanden.

Am anderen Ende der Schlucht mache ich eine Pause und betrachte die Landschaft. Zu meiner Rechten eines der armseligen kurdischen Dörfer, von denen ich in den letzten zwei Tagen viele gesehen habe: ein paar rostfarbene Häuser, von den Weiden zurückgekehrte Schafe, nicht einmal eine Moschee. Zu meiner Linken, auf einem Vorsprung, eine Kaserne, die den Eingang zur Schlucht bewacht. Neue und saubere, mit Blech gedeckte Gebäude, Blumenbeete und die üblichen aufgereihten Panzer. Hinter dem Stacheldraht schieben Soldaten mit Sturmgewehr vor der Brust Wache. Zwei Welten, die nichts voneinander wissen oder sich feindlich gegenüberstehen, weder die eine noch die andere Seite zum Dialog bereit.

Mit meinem leichten Gepäck laufe ich vollkommen mühelos. Mein großer Katzenjammer nach der Nacht in Payveren schmilzt unter der hoch stehenden Sonne dahin. Ein paar Viehherden und Jungen, die Steine nach abtrünnigen Kühen werfen. Dann komme ich an einer Baustelle für eine Gasleitung vorbei. Sie ist fast fertig. Die gerade wieder zugeschütteten Gräben ziehen sich durch die Steppe wie eine frische, noch offene Wunde. Durch die großen schwarzen Rohre, in denen ich beinahe aufrecht stehen kann, soll das Gas in die Gegend von Ankara geleitet werden.

Etwas weiter im Süden befindet sich der riesige Atatürk-Stausee. Er ist der größte von insgesamt 22 in derselben Gegend. Sie stauen das Wasser des Tigris und des Euphrat – der beiden Flüsse, an denen die ersten Kulturen das Licht der Welt erblickt haben – und bilden das GAP (*Great Anatolian Project*). Der Strom, den sie produzieren, wird in den industrialisierten Westen des Landes transportiert. Durch Kurdistan ziehen die Reichtümer immer nur hindurch. Wenn nicht ein Teil der Arbeitsplätze und der Einkommen hier verbleiben, wird die Armee auf unabsehbare Zeit Schluchten, Strompfeiler und Gasleitungen bewachen müssen.

Als ich wieder nach Eleşkirt komme, hat sich eine Menschenmenge um einen blutüberströmten Mann versammelt. Er ist von einem Auto überfahren worden, alle warten auf den Krankenwagen und kommentieren vehement und wild gestikulierend den Unfall. Aber ich bin sicher, dass der Fahrer ungeschoren davonkommen wird. In der Türkei haben, wie gesagt, die Autos Vorrang – auf belebten Straßen ebenso wie auf friedlichen und idyllischen Landstraßen.

Am nächsten Morgen bin ich schon früh auf den Beinen, und nach etwa 10 km hält ein voll besetzter Minibus neben mir. Ein Mann kurbelt eine Fensterscheibe herunter. Ich will gerade sagen, dass ich lieber laufe, da lächelt er mich an und sagt auf Französisch:

»Du bist Franzose.«

»Woher wissen Sie das?«

»Das haben mir mehrere Leute gesagt. Aus welcher Stadt?«

»Paris.«

»Ich habe in Créteil gearbeitet. Kennst du Créteil? Ich war dort zur gleichen Zeit wie Mitterand. Hast du Mitterrand gekannt?«

Fünf Stunden später kann ich bereits Aşrı weit hinten in der Ebene sehen. Doch ich brauche noch mehr als zwei Stunden bis ins Zentrum: weit vor der Stadt schon an der Straße entlang lauter Häuser mit kleinen Gärten und dahinter die Felder. Im Gehen schiebe ich meine Hände unter den Rucksack, um die Schultern ein wenig zu entlasten. Dabei stelle ich fest, dass mein Hosenboden völlig durchgescheuert ist und einen großen Riss hat. Das gute Stück wird wohl nicht bis Teheran halten. Mit zwei Sicherheitsnadeln befestige ich an meinem Rucksack ein T-Shirt als Sichtschutz.

Sobald ich ein Hotel gefunden habe, mache ich mich auf die Suche nach einem Schneider, der mir die Hose flicken kann. Ich hebe auch viel Geld von meinem Bankkonto ab und tausche die türkischen Lira, die ich noch habe, in Dollar um. Ich befürchte nämlich, dass ich in Doğubayazıt, der letzten Stadt vor der iranischen Grenze, kein Geld tauschen kann. Außerdem kaufe ich ein langärmeliges Hemd, denn mit den Ayatollahs ist nicht zu spaßen. Auf einer quer über die Straße gespannten Banderole wird für ein Internetcafé geworben. Ich eile dorthin, treffe aber nur ein paar Anstreicher an, von denen ich erfahre, dass es erst am nächsten Tag eröffnet wird – falls alles fertig und die Farbe trocken ist. In Doğubayazıt gibt es angeblich kein Internetcafé, und ich kann mir nicht vorstellen, dass ich im Iran eines finden werde. Jetzt bin ich schon seit über einem Monat von den Meinen und von allen Nachrichten abgeschnitten.

Den 7. Juli nutze ich dazu, mich auszuruhen und vor allem, die Überschreitung der Grenze zum Iran vorzubereiten. Wie am Anfang meiner Reise übermannt mich der Pessimismus, und ich stelle mir Fragen, auf die es keine Antworten gibt. Die Grenzformalitäten sollen langwierig, lästig und kompliziert sein. Wie soll ich mich mit den Iranern verständigen? Was soll ich mit einer Karte im Maßstab 1:3 000 000, geeignet höchstens für Autofahrer? Plötzlich befürchte ich, dass ich über die großen Überlandstraßen laufen muss, die ich so hasse. Und anders als in der Türkei, habe ich kein Arrangement mit einer iranischen Bank und werde immer viel Geld bei mir haben müssen. Ich bin wirklich sehr unvernünftig. Positiv ist lediglich, dass ich dank meiner Gewaltmärsche kein Problem mit meinem Visum bekommen werde. Es ist bis zum 29. Juli gültig, am 11. werde ich an der Grenze sein, zwischen dem 20. und 25. in Täbris, wo ich es verlängern lassen kann. Ich schaue mir an, was für Etappen hinter der türkischen Grenze möglich sind. Wenn alles gut geht, werde ich bei durchschnittlich 30 km pro Tag und einem Ruhetag pro Woche Ende der ersten Augustwoche, spätestens am 15., in Teheran sein.

Die Hose war überall gerissen. Der Schneider, ein wahrer Künstler, hat nicht weniger als neun Flicken aufsetzen müssen. Und was für ein Ergebnis! Ein Harlekinkostüm in den feinsten Schattierungen vom Ocker der Savannen bis zum Goldbeige der Dünen. Hoch leben die kleinen erfinderischen türkischen Schneider! Und die angebliche »Abenteurer«-Kleidung? Die hält gerade mal ein paar Pariser Café-Besuche lang. In Täbris werde ich mir neue Sachen kaufen. Für die Grenzformalitäten mache ich ein paar Passfotos, und ich kopiere meinen Pass, der in den Hotels ja immer verlangt wird. In Ağrı ist es kalt und regnerisch. Immer wieder gehen eisige Schauer über der Stadt nieder. Die Altstadt finde ich nicht sehr interessant, und trotz mehrerer Versuche gelingt es mir nicht, mit irgendjemandem ins Gespräch zu kommen. Misstrauen oder Gleichgültigkeit?

Ich verlasse Ağrı also ohne Bedauern. Anstatt weiter der D 100 zu folgen, will ich noch einmal einen Versuch starten, über die kurdischen Dörfer zu laufen. Gestern Abend habe ich mir überlegt, dass ich unmöglich die Türkei verlassen kann, ohne ein paar Kontakte mit den Bauern in dieser Gegend geknüpft zu haben. Das Abenteuer von Payveren war einfach Pech. Es können doch nicht alle *muhtar* auf Reisen sein und von einem debilen Bruder vertreten werden. Dort, hinter diesen kahlen Hügeln, werde ich, wie schon so oft, auf herzliche und großzügige Bauern treffen. Vorsichtshalber habe ich eine Strecke gewählt, die über Land und durch die Dörfer führt, mich aber dennoch in die nächste, an der großen Straße gelegene Stadt bringt. Dort werde ich heute Nacht in aller Ruhe schlafen.

Zuversichtlich und fröhlich nehme ich am Ortsausgang eine von den Regenfällen der letzten Tage aufgeweichte Erdstraße. Ich wate durch glitschigen Lehm. Ein Auto mit *jandarmas* schliddert heran und bleibt stehen. Sie wollen meinen Pass sehen. Routine. Sie fahren weiter, ich laufe weiter. Nachdem die letzten Häuser nicht mehr zu sehen sind, überhole ich einen jungen Mann, der mit seinen Einkäufen aus der Stadt zurückkommt. Wir kommen zu einer dieser verflixten Gabelungen. Rechts oder links? »Links«, sagt er, obwohl es dem Kompass zufolge nach rechts gehen würde. Doch der junge Mann wird wohl recht haben, er kennt sich ja hier aus. Nach etwa einem Kilometer wird die Straße zu einem Weg und schließlich zu einem Pfad, der sich auf der Wiese verliert. Ich bleibe stehen, Zweifel kommen mir:

»Das ist doch nicht die Straße nach Eskiharman!«

»Doch, doch! Und schau mal, das Haus da drüben, das ist meins, ich lade dich zum Tee ein.«

»Nein, danke. Ich gehe nach Eskiharman.«

»Willst du mir nicht das Brot oder die Zigaretten abkaufen?«

Aha! Daher also weht der Wind! Seine nächste Frage räumt jeden Zweifel aus:

»Das Geld, das du bei dir hast, sind das Mark oder Dollar?«

Ich muss über seine naive Frage lachen. Auf der Schwelle des Hauses taucht noch ein Bengel seines Alters auf. Ich mache schleunigst kehrt. Als der Zweite mir nachläuft, bleibe ich stehen, bereit, ihm die Stirn zu bieten. Ich weiß nicht, ob meine Entschlossenheit oder mein Stock ihn überzeugen, jedenfalls gibt er die Verfolgung auf.

Drei oder vier Kilometer hinter der Gabelung hält ein Auto mit zwei jungen Leuten.

»Was machst du denn hier? Hier ist es gefährlich. Ein Stück weiter gibt es ›Terror‹.«

Der Fahrer lädt mich ein, bei ihm zu essen und zu übernachten. Doch sein Dorf liegt zu weit ab von meinem Weg. Damit er nicht darauf besteht, sage ich, dass ich bei ihm vorbeikomme, wenn ich in seinem Dorf bin. Sie fahren weiter. Kurz darauf hält ein Taxi. Der Fahrer steigt aus und kommt auf mich zu.

»Wo willst du hin? Die Straße hört bald auf.«

Auf meiner Karte zeige ich ihm die Strecke, die ich laufen will. Er kennt sie nicht. Seine Kunden führen ihn immer. Sie haben ihn auch zu mir geschickt und sind bereit, meine Fahrt zu bezahlen, wenn ich bereit bin, mit ihnen zu kommen. Wieder lehne ich ab.

Endlich kann ich die Steppe und die Ruhe genießen. Die Straße mit ihren vielen Schlaglöchern schlängelt sich zwischen den kahlen

Hügeln hindurch. Wieder eine Gabelung, aber diese ist auf meiner Karte verzeichnet, und ich laufe direkt nach Süden. Laut der Karte kommt auch nach einem oder zwei Kilometern ein Weg, der nach Osten führt und mich wieder zur D 100 bringt. Aber so viel ich auch laufe und suche – nichts als Getreidefelder und Weiden. Vier Männer in einem Jeep der Stromversorgungsgesellschaft bestätigen mir, dass es keine Straße gibt, nur in ungefähr 5 km ein kleines Dorf, von dem aus eine Nebenstraße in meine Richtung abzweigt. Es ist ein großer Umweg, aber ich will es versuchen.

Als ein junger Hirte zu Pferd mich sieht, galoppiert er mit einem sonoren »Salamlek« an mir vorbei und ins Dorf. Ich werde also angekündigt. Und vom ersten Haus an eskortiert mich auch gleich eine Gruppe Kinder. Aus einem Stall kommt, einen Eimer in der Hand, ein rüpelhafter Kerl, ein wahres Kraftpaket, auf mich zu.

»Wohin gehst du?«

»Nach Taslıçay. Wenn meine Karte stimmt, muss es von hier aus einen Weg dorthin geben.«

Er streckt die Hand nach meiner Karte aus, und ohne sie überhaupt anzusehen, steckt er sie ein.

»Ich gehe mit dir nach Taslıçay.«

»Okay, aber gib mir meine Karte wieder.«

»In Taslıçay.«

Ich werde hellhörig. Die Stadt ist etwa 30 km entfernt, und ich kann mir schlecht vorstellen, dass dieser Typ seine Arbeit unterbricht, nur um des Vergnügens willen, mit mir zu laufen. Dass er meine Karte eingesteckt hat, beruhigt mich auch nicht gerade. Er ist etwa 25, klein, stämmig, hektisch. Er trägt ein Karohemd unter einem völlig durchlöcherten Pullover, und einen seiner Schuhe hat er wie einen Braten mit einer Schnur umwickelt, damit die Sohle nicht verloren geht.

Ich habe keine Wahl, ich muss ihm folgen, aber wenigstens werde ich so erfahren, was er von mir will. Die Kinder hinter uns kichern. Sie wissen schon, was kommt. Zwischen zwei Häusern hindurch führt der Kerl mich in die Steppe hinaus. Von einer Straße keine Spur, aber vor uns eine Art Einschnitt in der flachen Landschaft. Ich bleibe abrupt stehen.

»Und wo ist sie, diese Straße?«

»Da hinten.« Er zeigt auf den Horizont hinter den Viehweiden und versucht, die Kinder mit ein paar Steinen zu verjagen. Dann fragt er, was ich in meinem Rucksack habe. Inzwischen ist mir klar, dass er mich in die Vertiefung locken und dort, vor unliebsamen Blicken geschützt, ausrauben will. Die Kinder halten Abstand, damit die Steine sie nicht treffen, aber sie bleiben. Sie wollen das Schauspiel nicht verpassen und hoffen vielleicht, dass auch für sie von der Beute etwas abfällt.

Ungeachtet seines Protestes laufe ich wieder auf das Dorf zu. Im Beisein von Zeugen wird er es nicht wagen, zur Tat zu schreiten. Immer hektischer zieht er mich am Ärmel und behauptet, die Straße verliefe dort hinten. Ein paar Frauen sind auf die Türschwellen getreten und schauen amüsiert zu. Ich mache mir selbst heftige Vorwürfe. Schon wieder habe ich mich in etwas hineingeritten. Und ich kann nicht sagen, ich sei vorher nicht gewarnt worden. Seit heute Morgen haben sich die Anzeichen gemehrt. Und jetzt sitze ich in der Falle. Hier gibt es kein »Herrenhaus«, nur ein knappes Dutzend armseliger Bruchbuden, eher Hütten als Häuser.

Ich muss schnell eine Lösung finden. Wenn ich durch die einsame Gegend, durch die ich heute Morgen gekommen bin, nach Ağrı zurücklaufe, liefere ich dem Hektischen die ideale Gelegenheit. Unter den Augen der Dorfbewohner bin ich halbwegs sicher. Ich erinnere mich, dass auf meiner Karte ganz in der Nähe zwei Häusergruppen eingezeichnet waren. Ich steige eine kleine Anhöhe hinauf und kann in etwa 2 km Entfernung schon einen der beiden Weiler sehen. Dort werde ich hingehen! Vielleicht ist es dort noch schlimmer, aber: Inschallah! Zu allem Überfluss ist es auch noch genau die entgegengesetzte Richtung zu der, die ich eigentlich einschlagen müsste. Doch das Wichtigste ist, diesem Typen zu entkommen. Fest entschlossen laufe ich los, der Mann folgt mir, passt seinen Schritt dem meinen an. Und es gibt noch einen weiteren Grund, warum es besser ist, weiterzulaufen. Wenn er es auf eine Kraftprobe ankommen lässt – das beweist das Verhalten der Frauen und Kinder –, wird das Dorf auf seiner Seite stehen. Dann hätte ich nicht nur einen Kerl gegen mich, sondern zehn.

Heute ist wirklich nicht mein Glückstag! Kaum bin ich zum Dorf hinaus, als ein Junge hinter uns hergelaufen kommt. Freund oder Feind? Er ist etwa 17 bis 18 Jahre alt, hat ein offenes Gesicht und lächelt mich freundlich an. Mir fallen vor allem seine schönen, ehrlichen Augen auf, und ich rede mir ein, dass von dieser Seite kein Verrat droht. Obwohl sie kurdisch sprechen, verstehe ich, dass der Hektische den Jungen überzeugen will, ihm zu helfen. Der andere dagegen scheint ihn beruhigen zu wollen. Da ändert der Hektische seine Taktik und lässt plötzlich seine Hand in meiner Hosentasche verschwinden. Ich packe sie, und mit einem kräftigen Stoß katapultiere ich ihn auf die andere Seite des Weges. Ich bin so empört, dass ich mich am liebsten auf ihn stürzen würde. Da tippt der Junge sich mit dem Zeigefinger an die Stirn: »Er spinnt.« Man könnte fast glauben, ich wollte eine Sammlung von Dorftrotteln aufmachen.

Ich verzichte also darauf, mich zu schlagen, und laufe weiter. Der Hektische hält sich jetzt an den jungen Mann. Er hat meine Karte aus der Tasche geholt und zeigt sie stolz vor. Ich habe schon oft festgestellt, dass dieses rätselhafte Papier für die einfachen Bauern etwas Magisches hat – ein Buch, das selbst Analphabeten lesen können, denn auch sie erkennen Städte und Dörfer der Umgebung darauf. Mein Dieb ist zu sehr in die Betrachtung seiner Beute vertieft und nicht mehr auf der Hut. Mit einer raschen Bewegung reiße ich ihm die Karte aus den Händen. Zorn flammt in seinen Augen auf. Dieses Mal werden wir uns wohl prügeln. Aber da kommt gerade im rechten Augenblick der Reiter von vorhin in gestrecktem Galopp auf uns zu. Er reitet ohne Sattel auf einem schönen Apfelschimmel. Ein kräftiger Kerl. Der

Hektische spricht kurdisch mit ihm. Das nutze ich, um meine Karte wegzustecken. Und wieder die Frage: Freund oder Feind? Leider ist die Antwort schnell klar. Er spricht nur mit dem Hektischen und ignoriert den Jungen mit dem offenen Blick. Sobald er den Mund aufmacht, weiß ich, woran ich bin.

»Dein Rucksack ist schwer, ich nehme ihn auf mein Pferd.«

Für wie blöd halten sie mich eigentlich? Der Reiter hilft mir also auch nicht weiter, im Gegenteil. Wenn ich, so schnell ich nur kann, gegangen wäre, hätte der Hektische wohl bald nicht mehr mitgehalten, denn er ist zwar jünger, aber nicht so durchtrainiert wie ich. Jetzt, da er Verstärkung von dem anderen Kerl bekommen hat, muss ich mir eine andere Strategie einfallen lassen.

Wir sind jetzt auf halbem Weg zu dem anderen Dorf. Ich bin sehr konzentriert, angespannt, renne fast. Ich habe keine Angst. Ich bin nur wütend. Zuallererst auf mich selbst, aber auch auf diese Gegend, denn hier scheint es in jedem Dorf einen Typen zu geben, der mich ausrauben will. Der Reiter spricht ziemlich grob mit dem Jungen. Zweifellos will er ihn ins Dorf zurückschicken. Meinen einzigen Verbündeten! Ich gehe zu ihm, lege ihm die Hand auf die Schulter und sage *arkadaş*, Freund. Er lächelt, ist aber offensichtlich etwas beunruhigt, denn die beiden Gangster werden ihm nach dieser Begebenheit das Leben schwer machen.

Der Hektische probiert ständig neue Taktiken aus. Er tut so, als hätte er furchtbare Kopfschmerzen, und weil ich in meinem Rucksack ja vielleicht ein Medikament habe, versucht er, eine der Taschen aufzumachen. Kurz danach drängt er mich auf das Pferd zu, und der Reiter kommt auch immer näher. Da taucht ein Traktor mit Anhänger auf. Der Fahrer sieht vertrauenerweckend aus. Ich hebe die Hand, und er hält 20 m weiter an. Ich laufe auf ihn zu, aber als ich schon fast den Anhänger berühren kann, fährt er wieder los. Die beiden Schlauberger haben ihm wohl hinter meinem Rücken ein Zeichen gegeben. Ich laufe also weiter auf den Ort zu, der jetzt nicht mehr sehr weit ist. Der Reiter ist etwas pfiffiger als der andere. Ihm ist klar, dass ich ihnen entwischen könnte, wenn ich es bis ins Dorf schaffe. Er versucht es mit einer List.

»Alle in diesem Dorf sind Terroristen. Wir beschützen dich auf dem Weg da durch und bringen dich dann zu der richtigen Straße.«

Die richtige Straße ist dort zu meiner Linken. Aber mich mit solchem Geleit hinaus in die Landschaft zu wagen, wäre glatter Selbstmord. Ich tue so, als sei ich einverstanden, versuche, sie in Sicherheit zu wiegen.

Vor dem zweiten Haus gräbt ein Mann ein wenig lustlos die Erde um. Er hält inne und beobachtet uns. Unvermittelt gehe ich auf ihn zu und frage nach dem Haus des *muhtar*. Er weist mit dem Kopf auf den Weg, der westlich an seinem Haus entlangführt, hebt den Arm und lässt ihn wieder sinken. Auch ihm hat der Hektische wohl hinter meinem Rücken ein Zeichen gegeben. Er sagt also nichts, aber seine Kopfbewegung hat mir schon gereicht. Ich biege in die Straße ein – und habe gewonnen, denn die drei komischen Kerle bleiben nach ein paar Schritten stehen. 100 m weiter frage ich noch einmal zwei scheue kleine Mädchen, die sich an der Hand halten. Sie kichern und zeigen auf ein Haus, das hinter einer Mauer mit einem geschlossenen Eisentor liegt. Die drei in meinem Rücken haben sich nicht gerührt. Als ich an das Tor klopfe, drehen sie sich um und gehen. Jetzt bin ich völlig beruhigt. Wenn sie den *muhtar* als Verbündeten betrachtet hätten, hätten sie sich nicht aus dem Staub gemacht.

Im Hof wäscht eine junge verschleierte Frau Wäsche. Sie ist etwa 20 Jahre alt und hat funkelnde Augen. Der *muhtar* ist nicht da, aber ich kann hereinkommen.

Was soll ich diesen Leuten sagen? Ich möchte keinen Staub aufwirbeln und den Hektischen und den Reiter beschuldigen. Letztlich ist ja nichts passiert, und es wäre ihnen ein Leichtes, alle meine Vorwürfe kategorisch abzustreiten. Aber ich kann unmöglich weiter nach Süden laufen, das bringt mich zu weit von meiner Strecke ab. Und in Richtung Norden müsste ich wieder durch das Dorf des Hektischen. Also so schnell wie möglich zurück nach Ağrı und dann über die öde D 100, um die Gefahren in Grenzen zu halten.

In dem großen Empfangszimmer sitzen etwa zehn Frauen und ebenso viele Kinder auf Kissen und erfüllen die Luft mit ihrem Gezwitscher. »Sprich auf gar keinen Fall mit Frauen«, war mir von dem Kurden in Paris ans Herz gelegt worden. Aber was tun? Ich sehe hier keinen einzigen Mann! Eine füllige Frau kommt auf mich zu, sie ist die Frau des *muhtar*.

»Ich habe mich verlaufen. Ich möchte nach Ağrı zurück, aber ich bin zu müde. Können Sie mir ein Taxi rufen?«

»Natürlich«, sagt sie, lässt mich meinen Rucksack absetzen und bietet mir Tee an.

Ein Junge macht sich am Telefon zu schaffen und dreht sich mit einer ulkigen Mimik zu mir um: kein Freizeichen. Wenn es weiter nichts ist – ich warte gern! Alle scharen sich um mich, die Frauen lassen sich meine Odyssee erzählen. Ich nehme mir Zeit, schmücke meine Geschichte aus. Allerdings übergehe ich lieber die beiden Schurkenstreiche von heute Morgen. Die mollige Frau erklärt mir, wie sich das Leben in diesem Mikrokosmos, für den ihr Mann verantwortlich ist, abspielt. Das meiste verstehe ich nicht, nur so viel, dass die meisten Männer in Deutschland arbeiten und einmal im Jahr kommen.

Nach und nach entspanne ich mich in dieser angenehmen, wohligen Atmosphäre. Ich fühle mich wie in Abrahams Schoß. Die Zeit vergeht langsam, das Telefon bleibt stumm, alles scheint in der Schwebe. Als wir zu Ende Tee getrunken haben, gibt es endlich ein Freizeichen, und die Außenwelt tritt wieder in ihre Rechte ein. Ein Auto kommt, aber nicht sofort. Ich habe Zeit. Ein junger, etwa 30-jähriger Mann, der Autorität und Rechtschaffenheit ausstrahlt, gesellt sich dazu. Er ist der Sohn des Hauses, Selattin Akbalik. Auch er möchte von meiner Reise hören und alles über Paris wissen. Währenddessen bereiten die Frauen das Essen zu. Ich fasse mir ein Herz und schlage vor, die Frauen zu fotografieren. Ich rechne damit, dass zumindest ein paar von ihnen das nicht wollen, aber sie sind alle einverstanden. Die Frauen von Doğutepe haben eindeutig eine Freiheit, die ich ansonsten in der Türkei nur bei Städterinnen angetroffen habe. Wenn die Männer fort sind, wachsen den Frauen Flügel.

Selattin und ich werden von der rundlichen Frau und ihren Töchtern bedient. Nur zwei Männer: Und die Rangordnung ist wieder hergestellt. Bei den ganzen verschiedenen Gemüsegerichten lacht mir das Herz im Leibe: Pilaf-Reis mit karamellisierten Zwiebeln, jede Menge schmackhafter Auberginen und Joghurt, diese besondere Gaumenfreude. Wunderbare Gerichte, die einem im Munde zergehen. Ja wirklich, die Frauen sind Zauberinnen.

Als wir satt sind, bittet Selattin mich, mit ihm den Raum zu verlassen, denn die Frauen möchten auch essen, und wir dürfen bei ihrer Mahlzeit nicht dabei sein. Ich folge ihm auf die Veranda, wo wir unsere Gespräche fortsetzen.

Nachdem die Frauen gegessen haben, kommt eine von Selattins Schwestern und fragt ihn etwas auf Kurdisch: Ob ich die Frauen noch einmal fotografieren könnte? Das tue ich sehr gern. Ganz ernst nehmen sie genau die Plätze wieder ein, die sie bei der ersten Aufnahme hatten. Spiegelt das nun eine Hierarchie wieder, geht es nach Alter, oder stellen sie sich einfach je nach Zuneigung zusammen? Schon vorhin hatte ich festgestellt, wie wichtig die Anordnung war, und bewundert, wie schnell alles ging.

Gegen 17 Uhr kommen der *muhtar* und sein Schwager mich holen. Sie werden mich nach Ağrı bringen, wenn ich ihnen das Benzin bezahle, denn das ist sehr teuer. In der Stadt tanken wir voll, und sie danken mir herzlich. Ich dagegen, ich werde ihnen niemals genug danken können dafür, dass sie mich aus dieser verflixten Situation gerettet haben, in die ich Dickkopf mich selbst hineingeritten habe.

Jetzt bin ich also wieder an meinem Ausgangspunkt und ein für alle

Mal davon geheilt, über die Dörfer laufen zu wollen. Morgen werde ich – endlich versöhnt mit der D 100, mit der ich seit 1600 km hadere – die letzten Kilometer bis zur iranischen Grenze in Angriff nehmen.

Depression auf der Höhe

Vor meinem Hotel steigen an diesem Freitag, dem 9. Juli, Passagiere in den Bus, der in die Grenzstadt Doğubayazıt fährt. Einen Augenblick lang bin ich versucht, mitzufahren. Der Raubversuch gestern ist mir mehr unter die Haut gegangen, als ich dachte. Es ist weniger die Tatsache an sich, als dass sich ein generelles Misstrauen eingeschlichen hat und ich jetzt ständig das Gefühl habe, auf der Hut sein zu müssen. Ich würde am liebsten alles hinschmeißen. Die schwärzesten Gedanken gehen mir durch den Kopf, ich bin hin- und hergerissen zwischen Niedergeschlagenheit und Zorn. Ich habe überhaupt keine Lust, weiterzulaufen. Widerstrebend mache ich mich auf den Weg zur Überlandstraße. Obwohl ich gerade erst ausgiebig im Hotel gefrühstückt habe, bestelle ich mir in einer lokanta eine kochendheiße çorba, in die ich ein halbes Brot bröckele. Ich nutze jede Gelegenheit, noch ein wenig herumzutrödeln. Als ich aus dem Restaurant trete, habe ich eine hundsmiserable Laune. Es wird gerade hell. Wie fast jeden Tag, werden die Autos von ihren Besitzern gewienert. Wäre es nicht besser, das Wasser, das hier so knapp ist, zu sparen? Weniger die Autos zu putzen und dafür etwas mehr die Toiletten? Und bei der nächsten Kaserne überlege ich, dass man mit dem Geld für die Panzer Landwirtschaftschulen für die kleinen Kurden bauen könnte. Dann würden diese sicher gern die Gewehre ihrer Väter gegen Stifte eintauschen.

Ich hadere mit der ganzen Welt. Und das Wetter passt zu meiner Stimmung. Der Regen gestern hat den Boden aufgeweicht. Und zu allem Übel tun mir plötzlich das linke Bein und der linke Knöchel weh und machen das Laufen beschwerlich. Die Augen auf die Straße geheftet, trotte ich vor mich hin, ohne die Landschaft eines Blickes zu würdigen. Die Bilder von gestern dagegen – das des Reiters und das des Diebes mit den umschnürten Schuhen – lassen mir keine Ruhe. Hinzu kommt die Angst vor dem, was mich im Iran erwartet, in jenem Land, das noch ärmer ist als die Türkei. Myriaden von Mücken in den Sümpfen und in den Wüsten der Durst. Wird man mich auch dort für einen Millionär halten, für einen Außerirdischen oder einen Terroristen?

Was mache ich hier? Auf der Welt, in Europa, in den USA, in den Alpen und den Rocky Mountains gibt es traumhafte Gegenden, genauso schön wie diese hier, wo das Laufen ein reines Vergnügen ist. Es gibt andere legendäre Routen, auf denen man nicht bei jedem Schritt sein Leben riskiert. Die Panamericana zum Beispiel, den Inka Trail oder den Santa Fe Trail auf den Spuren der amerikanischen Pioniere in den mythischen Westen. Warum dieses Land, in dem mein Leben in Gefahr ist? Schließlich hat mich niemand dazu gezwungen. Ich könnte bequem von meiner Rente leben, und wenn ich morgen nach Hause fahre, kann es mir niemand zum Vorwurf machen, dass ich nicht bereit war, in Anatolien mein Leben zu lassen. Wenn ich querfeldein gelaufen bin, dann oft, um mich zu finden, um mich an mir selbst zu messen. Das ist mir durchaus bewusst. Entsprechend Josées Bonmot, die meinte, mein Projekt ließe sich auf die Formel bringen: »Ich werd's mir zeigen.« Doch es gibt dumme Herausforderungen. Gehört diese Reise – zumindest so, wie sie in den letzten zwei Wochen verläuft – dazu?

Und dann vollbringt das Laufen sein übliches Wunder. Je wärmer meine Muskeln werden, desto mehr versiegt der Gallenfluss, desto mehr legt sich meine Wut. Nach zwei Stunden schaue ich zurück und sehe die Häuser von Ağrı in der Sonne glänzen. Zu meiner Rechten in fünf oder sechs Kilometern Luftlinie das Dorf Bezirhane, wo ich gestern so Schlimmes erlebt habe. Von hier sieht es gar nicht so furchterregend aus. Eigentlich ist die Bilanz meiner Reise doch gar nicht so schlecht. Drei Versuche, mich auszurauben, aber in allen drei Fällen hat mein guter Stern mich auch wieder aus der Bredouille gerettet. In Payveren und in Bezirhane habe ich jeweils einen Tag verloren. Na und? Ich habe alle Zeit der Welt, denn ich habe ja 14 Tage Vorsprung vor meinem ursprünglichen Plan. Ich bin körperlich topfit, und der Schmerz im linken Bein von heute Morgen ist nach den ersten Schritten verschwunden. Beinahe wäre ich gestern zwar ordentlich gerupft worden, aber ich habe auch ein paar Stunden mit kurdischen Frauen verbracht, die mich rührend bemuttert haben. Wer kann das schon von sich sagen? Nicht alle kurdischen Dörfer sind Bezirhane oder Payveren.

Und was die Frage angeht, was ich hier mache und ob ich eine Chance habe, ans Ziel zu gelangen, da fällt mir eine Frau ein, der ich auf dem Jakobsweg begegnet bin. Anders als ich, pilgerte sie aus religiösen Gründen nach Santiago de Compostela.

»Das Ziel ist nicht so wichtig für mich, kaum wichtiger als für dich«, hatte sie gesagt. »Das Wichtige für uns alle ist nicht das Ziel, sondern der Weg.«

Der Weg! Gibt es einen sagenumwobeneren, einen mythischeren als den, auf dem ich gerade bin? Auf dem ich in Verbindung treten kann mit all denen, die vor mir mehr als zwei Jahrtausende lang über diese rauen Pfade Anatoliens gelaufen sind? Ihr Weg ist der meine, und auch die Gefahren, die sie in Kauf nahmen, sind die meinen.

Allmählich kehrt meine gute Laune zurück. Mein Blick löst sich allmählich vom Asphalt der Straße und schweift über das kurze Gras, das wie ein dicker, weicher Teppich auf den Hügeln liegt und dessen zartes Grün bis zum Horizont in der Sonne leuchtet. Ağrı ist schon lange nicht mehr zu sehen. Ich lebe wieder meinen Traum.

Ich denke wieder an all die Türken und Kurden, die mir uneigennützig ihre Zeit, ihre Suppe und manchmal auch ihr Bett angeboten haben. Die Erinnerung an diese freundschaftlichen Gesten lässt mein Herz ein wenig schneller schlagen. Natürlich hat es dunkle Tage gegeben, aber doch nur wenige im Vergleich zu den schönen und hellen

Stunden in dieser Türkei, die ich nun bald verlassen werde. Selim, der Philosoph; Mustafa, der *bakkal*; Hikmet, der Student; Shukran, die Gastgeberin; Behçet, der alte Intellektuelle; Arif, der Bauer, und all die anderen: Ihr seid Freunde, außergewöhnliche Freunde. Freundschaften für einen Tag, und dennoch stark und beständig, als ob die Zeit sie gefestigt hätte. So etwas hatte ich noch nie erlebt: dass Freundschaft keine Sache der Zeit ist, sondern auf einer verborgenen Alchemie beruht, und dass auch die Ewigkeit keine Sache der Dauer ist. Es heißt, eine Pilgerreise verändere jeden Menschen. Ich bin ein Pilger der Brüderlichkeit; das Lächeln und die Abschiedsumarmung meiner kurdischen und türkischen Freunde bewahre ich im Herzen und nehme sie mit nach Hause.

Im Laufen esse ich etwas Brot und Käse. Als ich über einen kleinen Pass komme, sagt plötzlich jemand laut und deutlich:

»Hello.« Geräuschlos ist ein Radfahrer herangekommen und stehen geblieben. Sein Fahrrad verschwindet fast unter den Satteltaschen, und den Gepäckträger ziert eine Art weiche Wurst: der Ersatzreifen. Der Mann, nicht viel älter als 20, lächelt mich an. Er ist groß, blond, athletisch. Mit seiner runden Brille sieht er ein wenig intellektuell aus, und eine Golferkappe schützt seine blitzenden Augen vor der Sonne. Gesicht, Arme und Beine sind braun gebrannt. Ich gehe auf ihn zu, während er mühsam von seinem Fahrrad steigt, ganz steif von der Position, in der er seit mehreren Stunden gefahren ist.

Der junge Deutsche heißt Toralf Benz. Er ist in Berlin gestartet und auf dem Weg nach Sydney zu den Olympischen Spielen. Wegen eines Todesfalls in seiner Familie musste er für eine Woche nach Deutschland fliegen. Bis Erzurum war er mit einem Freund gefahren (der, den ich auf der Brücke von Köprüköy gesehen habe). Sie wollen sich im Iran wieder treffen, in Isfahan, der Stadt der Teppiche und der 130 Paläste. Toralf spricht hervorragend Englisch. Wir laufen nebeneinander her und reden und reden und reden. Er möchte einmal um die Welt radeln, weiß aber noch nicht, ob er durch Nord- oder Südamerika fahren soll. Er hat noch viel Zeit, darüber nachzudenken, bis er an den Pazifik kommt. Außer Englisch kann er keine Sprache der Länder, durch die er kommt. Ab und zu begegnet er Türken oder Kurden, die früher einmal in Deutschland gearbeitet haben und mit denen er sich unterhalten kann.

Gegen 15 Uhr sind wir in der kleinen Stadt Taslıçay. Ich will hier übernachten, Toralf weiterfahren. Da wir uns noch viel zu erzählen haben, lade ich ihn zum Mittagessen ein. Bei einem sehr guten *tass kebab* tauschen wir unsere Reiseerfahrungen aus. Sein Ziel scheint vor allem die Gewalttour, seine Weltumradelung zu sein. Ich finde diesen jungen Mann ganz schön waghalsig. Aber bin ich das nicht genauso?

Doch dann muss Toralf wieder los. Er möchte heute noch bis Doğubayazıt oder jedenfalls so weit wie möglich in die Nähe der Stadt. Ich notiere mir seine Adresse, denn ich möchte gern wissen, wie seine »Tour um die Kugel« ausgeht, und ich verspreche ihm, seinen Eltern das Foto zu schicken, auf dem er stolz und strahlend neben seinem Fahrrad steht.

Wir verabschieden uns im Beisein eines jungen Türken, der uns angesprochen hat, weil er sein Englisch üben möchte. In Taslıçay gibt es kein Hotel. Ich werde also wieder einmal um Gastfreundschaft betteln müssen. Der junge anglophile Türke hat eine Idee. Er bringt mich ... zu den *jandarmas*! Ein Offizier erklärt ihm auf Kurdisch, was wir tun sollen. Und so stehe ich dann auf einmal im Büro des obersten Verwaltungschefs der Region.

Ismaïl ist ein hochintelligenter und viel beschäftigter junger Mann, der sich aber trotzdem meine Reise erzählen lässt. Seine Mitarbeiter bewundern und respektieren ihn ganz offensichtlich. Zumal es ein höchst politischer und gefährlicher Posten ist, für die türkische Zentralgewalt eine Region im Kurdengebiet zu verwalten. Denn alle, die die Regierung in Ankara repräsentieren – sogar die Grundschullehrer, die in den kurdischen Dörfern Türkisch unterrichten sollen – stellen eine Zielscheibe für die PKK dar.

Wie überall, habe ich mich als pensionierter Grundschullehrer ausgegeben. Auf Ismaïls Anweisungen hin werde ich in einer Art Lehrerwohnheim untergebracht, einem sehr sauberen Neubau. Dieser liegt ganz in der Nähe der Station der *jandarmas* und des Büros von Ismaïl, und das ist kein Zufall, sondern eine Frage der Sicherheit: Die Angst vor einem Attentat ist allgegenwärtig. Jetzt am Wochenende sind nur wenige Lehrer da. Ich bekomme ein helles Zimmer, Duschen gibt es auch. Am Abend gehe ich in dem Restaurant im Erdgeschoss essen, und Ismaïl überzeugt sich davon, dass ich alles gut angetroffen habe. Hier hat er offensichtlich ebenfalls seine Anweisungen gegeben, denn der Kellner lässt mich nicht bezahlen. Der Abend ist sehr angenehm. Es wird Schach, *stira* oder Karten gespielt. Die meisten widmen sich allerdings der Lieblingsbeschäftigung in diesem Land: dem Reden.

Einer von Ismaïls Mitarbeitern, der gut Englisch spricht, bestätigt, dass es hier im Kurdengebiet Gold gibt, die Zentralregierung sich aber unerklärlicherweise weigert, es zu fördern. Und er bestätigt auch, dass die Hardliner der PKK für die Hinrichtung ihres Führers sind. Denn nachdem dieser an seine Truppen appelliert hat, die Waffen niederzulegen, hat sich die Organisation in Tauben und Falken gespalten. Wir sind uns einig, dass Öcalans Hinrichtung ein politischer Fehler wäre, denn sie würde die Befürworter von Verhandlungen aufs Abstellgleis schieben.

Es ist das erste Mal, dass ich mich mit einem Türken sachlich über die kurdische Frage unterhalten kann, ohne dass der unvermeidliche Finger unter dem Kinn das letzte Wort hat. In den vergangenen Tagen habe ich mehrmals mit Kurden über den Fall Öcalan gesprochen, und die Antworten haben mich überrascht. Junge und Alte, Männer und Frauen stimmen in einem Punkt überein: Sie sind gegen die Gewalt der PKK. Und doch wird Öcalan, ohne jede Ausnahme, von allen unterstützt: »Er ist unser Präsident.«

Der Fall Öcalan wird die politischen Kreise im Land noch lange beschäftigen. Die Armee und die große Mehrheit der türkischen

Bürger fordern seinen Tod. Doch die Kurden identifizieren sich einhellig mit *apo*. Zudem verlangen die europäischen Länder von den türkischen Behörden gewisse Friedensbemühungen im Konflikt mit den Kurden. Öcalans Exekution würde also Zustimmung bei den Türken, aber Unmut bei den Kurden hervorrufen und der Türkei das Tor nach Europa verschließen. Es wird wohl Tage geben, an denen sich die Politiker in Ankara wünschten, man hätte ihn nie gefasst.

Das Gespräch mit Ismaïls Kollegen dreht sich lange darum, dass die örtliche Wirtschaft dringend gefördert werden muss. Manches sei schon in Angriff genommen, zum Beispiel die Forellenzucht. Forellen. Schön und gut! Meiner Meinung nach müsste allerdings viel dringender die Landwirtschaft modernisiert werden. Eine schwierige Aufgabe. Umso mehr, als die Armee sich redlich bemüht, die Bergdörfer zu entvölkern, um das Gebiet, in dem sich die Terroristen angeblich wie Fische im Wasser bewegen, besser kontrollieren zu können.

Doch selbst für die aufgeschlossenen Leute, mit denen ich heute Abend zusammen bin, spielen die jahrhundertealten Traditionen eine große Rolle. Ich erzähle eine Anekdote vom Anfang meiner Reise, als ich meine Übernachtung bei Nevzat bezahlen wollte und seine Tochter Shukran sich eingemischt und ihren Vater gefragt hat: »Du hast doch wohl kein Geld genommen?« Alle lachen aus vollem Halse, so laut, dass mich das Gefühl beschleicht, hier entgehe mir etwas. Ich frage, warum sie diese Geschichte so lustig finden.

»Weil dieser Mann sich etwas von einer Frau sagen lässt«, sind sich alle einig.

Auf gut Deutsch: ein »Weichei«. Für sie hat ein Mann also alle Rechte, er darf sogar gegen Tabus verstoßen. Seine Frau, seine Töchter müssen wortlos alles akzeptieren, was er tut, selbst wenn es etwas Verbotenes ist. Eine Frau darf niemals über einen Mann urteilen. Umgekehrt darf der Mann seiner Frau widersprechen, über sie bestimmen und urteilen.

Hier, wie auch woanders schon, werde ich mit einer Freigebigkeit empfangen, wie sie bei uns nur hochrangigen Gästen zuteil wird. Die Türkei hat mich die Bedeutung eines ihrer schönsten Worte am eigenen Leibe erfahren lassen: misafir. Auch das französische Wort hôte mit seiner zweifachen Bedeutung Gast und Gastgeber mag ich: derjenige, der die Ehre hat, jemanden zu empfangen, und derjenige, der das Vergnügen hat, empfangen zu werden. Kann man besser zum Ausdruck bringen, dass das Gelingen von beiden Seiten gleichermaßen abhängt? Doch noch nie auf meinen vielen Reisen habe ich eine solche Herzlichkeit erlebt, noch nie, dass die Häuser so selbstverständlich Fremden geöffnet werden wie in der Türkei. Und es hat mich immer wieder erstaunt, dass die anderen Dorfbewohner ebenso stolz waren wie der Gastgeber. In unseren »zivilisierten« Ländern ist diese Auffassung von Gastfreundschaft allmählich in Vergessenheit geraten. Wir laden die Familie oder den engen Freundeskreis ein. Für die anderen gibt es Hotels – je internationaler, desto unpersönlicher. Leute, die nicht zum engen Kreis gehören, lädt man meistens aus einem bestimmten Grund zu sich ein. Eine uneigennützig geöffnete Tür, ohne Aussicht auf eine Gegeneinladung oder einen Vorteil, gibt es nur noch selten. Und ein gastfreier Tisch aus Freude an Neuem, an Austausch und Unterhaltung, ist das bei uns überhaupt noch möglich? Ich würde das stark bezweifeln, wenn ich es nicht selbst auf dem Jakobsweg in französischen oder spanischen Häusern erlebt hätte. Doch während es bei uns eine Ausnahme ist, ist es hier in der Türkei eine Kultur.

Darum hatte mir der kurdische Aktivist in Paris auch empfohlen, im Haus des Dorfchefs um Gastfreundschaft nachzusuchen. Er ist immer noch der Garant der alten Tradition, und wenn er sie verraten würde, hätte das schlimme Folgen für sein Ansehen.

Als ich aufwache, wird es gerade Tag. Bis Doğubayazıt, der letzten Stadt vor der iranischen Grenze, sind es mehr als 60 km. Ich will versuchen, so weit wie möglich zu laufen, mich dann, wie ich es schon zweimal gemacht habe, von einem Auto oder Laster mitnehmen lassen und am nächsten Morgen auf dieselbe Art und Weise in die umgekehrte Richtung wieder zurück. Ich stehe also schnell auf und packe meinen Rucksack, aber ich komme nicht raus. Auf leisen Sohlen tigere ich durch das ganze Gebäude auf der Suche nach einem Ausgang. Mein Zimmer liegt im ersten Stock. Eine erste Tür versperrt bereits den Zugang zur Treppe. Und ich könnte wetten, dass die Tür zur Straße ebenfalls abgeschlossen ist. Ich warte eine kleine Weile, aber niemand steht auf. Nach mehr als einer Stunde entdecke ich schließlich im hinteren Teil des Gebäudes eine Feuerleiter. Der Zugang ist ein kleines Fenster, durch das mein Rucksack kaum hindurchpasst. Ich muss mich ganz schön abmühen, und als ich es fast geschafft habe, macht mir der Mann, der sich gestern um mich gekümmert hat, die Tür auf. Wir gehen frühstücken. Und unterhalten uns. Als ich aufbreche, ist es bereits 8.30 Uhr, und mein Vorsatz, eine möglichst große Strecke zurückzulegen, hat sich erledigt. Ich habe drei wertvolle Stunden verloren, in denen es noch kühl ist und ich ohne allzu große Anstrengung schnell marschieren kann. Also gehe ich gemächlich, denn ein Teil meiner Energie ist von meiner unvorhergesehenen Gefangenschaft gekappt worden. Einer der Lehrer hat mir gestern gesagt, in dem kleinen Kurort Diyadin gebe es ein Hotel. Dort will ich übernachten. Die Landschaft verändert sich kaum. Weite Steppe und Wolkenschatten, die schnell über die Ebene und die Hänge hinauf auf die Berggipfel ziehen. Vereinzelt ein paar Häuser. Ein Bauer, der mit seinem Sohn auf einem Feld arbeitet, erzählt mir: In dem Dorf, das ich in der Ferne sehen kann, gebe es eine Kirche, denn dort hätten früher einmal Armenier gewohnt. Nachdem sie fort waren, verfiel das Gebäude. Manchmal wurden diese Kirchen in Moscheen umgewandelt, so wie die Hagia Sophia bei der osmanischen Eroberung Istanbuls im 15. Jahrhundert.

Die kurdischen Häuser sind architektonisch ganz anders als die türkischen, aber beide zeugen von derselben Herkunft. Beide Völker haben das Erbe ihrer nomadischen Vorfahren bewahrt, und alles erinnert an ein Zelt. Nichts hat sich geändert, außer dass Steinmauern die Zeltwände aus Segeltuch oder Filz ersetzt haben. Die Türken halten nicht viel vom trauten Heim auf Lebenszeit. Wenn ein Haus verfällt, wechselt man es, so wie man früher eine Weide verlassen, das Feuer gelöscht, das Zelt zusammengepackt und woanders wieder aufgebaut hat. Die Gebäudekomplexe und Hochhäuser, die ich in den Außenbezirken von Istanbul gesehen habe, üben auf das Volk eine Faszination aus, der auch unsere Landbevölkerung erlag, als sie ohne jedes Bedauern ihre alten Häuser in den Dörfern gegen Betonklötze in den Vorstädten tauschte und ihre Eichenbetten gegen Resopalbuffets.

Eine unveränderliche Sozialstruktur? Nicht wirklich. Die Informationsgesellschaft treibt auch hier ihr Unwesen. In jeder Wohnung hat nämlich ein ganz bestimmtes Möbel Einzug gehalten: eine Schrankwand, in deren Mitte der Fernseher thront, für den sie angeschafft wurde. Die Fernbedienung ist stets griffbereit für den Hausherrn. Die mündliche Überlieferung, das gesprochene Wort, steht immer noch im Mittelpunkt der anatolischen Kultur und fügt sich nahtlos in die modernen Zeiten mit Internetcafés und Handys, die hier »Taschentelefon« genannt werden.

Die Sozialordnung weist in Kurdistan mehr noch als anderswo die hierarchische Clanstruktur der alten Stämme auf. Das trifft sowohl auf die Beziehungen der Männer untereinander zu, als auch auf die Stellung der Frau. Nur in den großen Städten, in den gebildeten Familien, hat der Einfluss der westlichen Kultur die überlieferten Gebräuche verändert. Hier isst man am Tisch und schläft in einem eigens dazu bestimmten Raum. Und die strenge Unterwerfung unter den »Herrn« lockert sich, umgeben von namenlosen Menschenmassen, in Städten wie Ankara, Izmir oder Istanbul.

Heute Morgen bin ich in Gedanken schon im Iran. Vor zwei Wochen hatte ein Lastwagenfahrer mir gesagt, die Grenze sei geschlossen. Warum, wusste mein Gesprächspartner nicht, aber er war sich sehr sicher. Von Erzurum aus habe ich eine Freundin in Paris über Internet gebeten, sich bei der iranischen Botschaft zu erkundigen. Man hatte ihr sehr freundlich mitgeteilt, das sei eine falsche Information. In diesem Punkt kann ich also beruhigt sein; was immer gerade in der Politik geschieht, die Iraner scheinen die Ausländer mit ihren Dollars zu begrüßen. In einer türkischen Zeitung habe ich ein Foto und eine Überschrift zum Iran gesehen. Irgendetwas ist dort los, aber ich weiß nicht, was.

Diyadin liegt, wie viele Orte in Anatolien, abseits der Überlandstraße. An der Abzweigung wird ein ultramoderner Hotelkomplex für Kurgäste gebaut. Leider ist er noch nicht fertig. Ich laufe also bis Diyadin, wo ich gegen 16 Uhr ankomme. Es ist eine kleine Stadt mit Lehmstraßen voller Pferdeäpfel. Das Hotel, das von außen ganz besonders heruntergekommen aussieht, ist seit Langem geschlossen. In einer Teestube nebenan trinke ich einen Fruchtsaft und erkundige mich. Fünf Kilometer in Richtung Südosten gibt es ein Hotel mit einer Kuranlage für Schwefelwasser. Da ich Hunger habe, mache ich mich erst einmal auf die Suche nach einem Restaurant. Die Runde ist schnell gemacht: Es gibt nur eines. Als ich den dunklen Raum betrete, in dem ein paar Männer an Tischen sitzen, rutsche ich aus und wäre mit meinem schweren Rucksack beinahe hingefallen. Der grobe Holzboden ist von einer undefinierbaren Fettschicht überzogen, auf der ich mich nur schwer im Gleichgewicht halten kann. Noch nie habe ich ein so widerwärtiges Restaurant gesehen, aber wer weiß, was mir auf meiner Reise noch so alles unterkommt. Eine Wahl habe ich sowieso nicht. In der Hoffnung, dass es beim Kochen mit mehr Sorgfalt zugeht als beim Putzen und im Vertrauen auf meinen guten Stern, bestelle ich ein – durchaus essbares – Auberginenragout. Bleibt nur abzuwarten, ob mein Magen es auch verträgt.

Wie üblich ist die Angabe 5 km sehr vage, und ich brauche fast zwei Stunden. Unterwegs hält ein Auto an, und zu meiner Überraschung steigt der *muhtar* aus, der mich vorgestern in seinem Wagen nach Ağrı zurückgebracht hat. Er stellt mir viele Fragen, so als seien wir alte Bekannte. Er ist ein herzlicher Mann, und ich bekräftige immer wieder, wie gut es mir bei ihm ergangen ist und was für eine interessante Unterhaltung ich mit seinem Sohn geführt habe.

Unterwegs wird an mehreren Stellen nach dem Wasser gebohrt, das Hautkrankheiten heilen soll. Ein riesiges Rohr spuckt stoßweise dampfende, gelbe Fontänen auf ein Feld. Eine Pipeline, die noch im Bau ist, wird sie bald zu dem Hotelkomplex an der Überlandstraße leiten.

Das Thermalbad besteht aus zwei kleinen Kurhäusern, einem privaten und einem öffentlichen. Um sie herum stehen ein paar Steinbauten und ein Dutzend Zelte. Das »Hotel« ist in Wirklichkeit ein einziges fensterloses Zimmer mit kalten, feuchten Wänden, Bruchsteinmauern, durch die es zieht wie Hechtsuppe. Dort hat man vier Betten hineingepfercht, deren Laken vielleicht einmal weiß waren. Drei sind von Männern belegt, die schon schlafen, obwohl es noch gar nicht Nacht ist. Der Besitzer will mir das vierte zu einem völlig überhöhten Preis überlassen.

Gerade will ich mich daran machen, zu verhandeln, als ich von vier Männern gerufen werde. Es sind die Angestellten der Elektrizitätsgesellschaft, denen ich vor dem Zusammenstoß mit meinen letzten Banditen über den Weg gelaufen bin. Wir trinken einen Tee. Dann schlagen sie vor, gemeinsam in dem wundersamen Wasser zu baden. Ein kleines Gebäude umschließt ein ca. vier Quadratmeter großes Zementbecken unter freiem Himmel. Darin dicht gedrängt wie Sardinen in der Büchse etwa 30 Kerle. Umziehkabinen gibt es nicht. Die Kleider hängen an Nägeln an den Wänden rund um das Becken. Die Männer sind in Bade- oder Unterhose, die sie anschließend am Körper trocknen lassen. Das Wasser hat jenen braunen Ton, den ich auch in vielen Hamams gesehen habe. Es ist kochend heiß. Nach zehn Minuten werden wir vertrieben, denn es gibt nur ein Becken, und jetzt sind die Damen an der Reihe.

Meine neuen Freunde stellen mich Yakup vor, einem jungen Mann, der einen kleinen Stand betreibt. Während der Saison verkauft er den Kurgästen Fruchtsäfte und Kekse. Er hat einen Kompagnon und einen Gehilfen, einen Studenten, der während der Ferienzeit bei ihm arbeitet. In dieser Höhe dauert die Saison nur drei Monate. Davor und danach ergreifen Schnee und Kälte Besitz von der Gegend.

»Und was machst du den Rest des Jahres, Yakup?«

»Nichts, ich bastle an meinem Auto und besuche meine Freunde.«

Glücklicher Mann! Von drei Monaten Arbeit ein ganzes Jahr leben zu können!

Yakup fährt jeden Abend nach Diyadin in sein Haus zurück und bietet mir einen Platz in dem Zelt an, in dem sein Kompagnon und sein Gehilfe schlafen. Es ist sehr geräumig, und es gibt noch eine Matratze und eine dicke Decke für mich. Zum Abendessen holt sein Gehilfe aus einem kleinen Gefrierschrank eine Trockenerbsensuppe, die er ins kochende Wasser wirft. Beim Abendessen aus Suppe, Wasser und einem Stück Brot schauen wir zu, wie die letzten Kurgäste bibbernd aus dem Schwefelbad steigen. Der Sonnenuntergang, der die fernen Hügel entflammt, bietet uns ein fantastisches Schauspiel. Sobald es dunkel ist, legen wir uns hin.

Ich schlafe schnell ein, wache aber wieder auf, weil mir kalt ist. Ich habe vergessen, dass wir uns auf über 2200 m Höhe befinden und dass die Nächte hier eisig sind. Schnell hole ich meinen Schlafsack aus dem Rucksack, aber ich friere noch mehrere Stunden lang; dann erst fällt mir ein, dass ich ja noch eine Rettungsdecke habe. Im Dunkeln, um meine Gastgeber nicht zu wecken, wickele ich die dünne Folie um mich herum, schlüpfe wieder in den Schlafsack und lege noch die Decke darüber. Endlich wird mir wieder warm, aber ich Idiot habe drei Stunden lang geschlottert, und es wird schon allmählich Tag, als ich einschlafe.

Das erwachende Lager, die Minibusse, die vom frühen Morgen an Kurgäste herbeikarren, holen mich viel zu früh aus meinem endlich warmen Bett. Wir essen ein Stück Brot und trinken dazu Tee, als ich plötzlich zu den Toiletten neben dem Heißwasserbecken rennen muss. Und gleich noch einmal, als ich meinen Rucksack gepackt habe und gerade losgehen will. Doch das beunruhigt mich nicht sonderlich. Es ist das dritte Mal seit Istanbul und wird in zwei Tagen wieder vergessen sein.

Als ich loslaufe, steht die Sonne schon hoch. In ein paar Kilometern werde ich den Ararat sehen können. Im Mittelalter bekreuzigten sich die Armenier, wenn sie den heiligen Berg erblickten. Denn um diesen 5300 m hohen ruhenden Vulkan rankt sich beharrlich die Legende, dass hier die Arche Noah gelandet sein soll. Mehrere wissenschaftliche Expeditionen wollen Spuren der heiligen Arche gefunden haben, aber die Datierung der Holzstücke hat ihre Hoffnungen jedes Mal zerstört. Doch mir gefällt einfach die Vorstellung, dass Noah mit seiner Arche am Fuße dieser wunderbaren blauen Berge gelandet ist.

Vor mir steigt die Straße sanft zu einem 2500 m hohen Pass hinauf. Ich versuche zu vergessen, dass Abendessen und Frühstück einen wilden Tanz in meinen Gedärmen veranstalten. Doch der Kampf zwischen Bauch und Kopf ist ungleich. Zum Glück ist die Straße aufgeschüttet, sodass ich mich auf jeder Seite geschützt vor den Blicken der Auto- und Lastwagenfahrer erleichtern kann, denn die heftigen Koliken erfordern immer häufiger kurze Sprints. Noch nie hat mich Montezumas Rache so heftig erwischt. Die Straße steigt immer noch an, und das Gehen fällt mir immer schwerer. Die heftigen Kopfschmerzen führe ich auf die immer heißer brennende Sonne zurück und setze meinen Hut auf. Doch das nützt überhaupt nichts. Auf den 6 oder 7 km, die auf den Pass hinaufführen, muss ich wegen des Durchfalls ungefähr zehnmal anhalten. Die Kopfschmerzen waren Vorboten eines Fiebers, und bald zittere ich trotz der Hitze vor Kälte. Auf der Passhöhe steht ein kleines Steinhaus, in dem eine Gruppe Soldaten untergebracht ist. Zwei Kangals liegen an einer Kette davor. Der befehlshabende Offizier, ein junger Mann mit kahl geschorenem Schädel, den meine Aufmachung stutzig gemacht hat, ruft mit einer Mischung aus Amüsement und Neugierde zu mir herüber: »Gel, çay!«

Ich zögere nicht einen Augenblick, die Einladung anzunehmen. Ich fühle mich schwach und kraftlos, und das Fieber steigt. Der Unterstand der Soldaten ist eine Art Bunker. Er steht an einer strategisch wichtigen Stelle, denn von hier aus kann man die Straße 10 km weit nach Westen und nach Osten überwachen. Bevor wir hineingehen, zeigt der Offizier auf den wolkenumhüllten Gipfel des Ararat. Doch ich habe überhaupt keinen Sinn dafür, irgendetwas anzuschauen, denn ich fühle mich immer schlechter. Ich lasse mich auf eine Bank fallen und warte auf den Tee. Dann nehmen der Offizier und ich an einem kleinen Tischchen Platz, während in der Mitte des Raumes mehrere Soldaten damit beschäftigt sind, sorgfältig ihre Waffen zu putzen. Der Offizier lacht viel. Ah, haha! Istanbul! Teheran! Ich verstehe nichts von dem, was er sagt, außer dass ich für ihn eine unerschöpfliche Quelle der Belustigung bin und dass es im Iran »Probleme« gibt. Aber das beunruhigt mich nicht. Auf »Probleme« stoße ich, seit ich losgelaufen bin. Ein paar mehr spielen da keine Rolle. Aber hier und jetzt ist mir gleichzeitig kalt und ich schwitze. Als ein Soldat mir Brot und Käse bringt, wird mir übel. Es kostet mich alle Mühe der Welt, sie davon zu überzeugen, dass ich nur etwas heißen Tee trinken möchte. Ganz allmählich, nach mehreren Gläsern dieses wohltuenden Getränkes, geht es mir ein klein wenig besser.

Ich habe überhaupt keine Lust, weiterzulaufen, nur noch mich hinzulegen und zu schlafen. Doch ich muss auf die unvermeidliche Frage antworten:

»Güzel, Türkiye, ist die Türkei schön?«

Die Frage wird immer in einem Ton gestellt, dass sich die Antwort von selbst gebietet. Ich antworte, natürlich sei die Türkei çok güzel, sehr schön. Das ist im Türkischen eine Art Zauberformel. Schon gleich in den ersten Tagen hatte ich verstanden: Wenn ich einen einzigen Ausdruck auf Türkisch kennen sollte, dann den. Doch liegt es an diesem Durchfall, der mir so zu schaffen macht? Jedenfalls fällt meine Antwort verhalten aus. Natürlich ist die Türkei schön, aber schade, dass dieser Kriegszustand herrscht.

Der junge Offizier steht auf, um überzeugender zu wirken, und versichert mir, sie seien von Feinden umzingelt. Armenier, Iraner, Iraker, Griechen, die PKK – alle seien gegen sie.

Ich weiß, dass die Grenze zu Armenien in der Tat geschlossen ist und dass die traditionellen Feinde der Türken immer noch die Griechen sind. Die latenten Konflikte mit den Iranern und Irakern resultieren aus dem Kampf gegen die PKK, denn die Türken werfen ihren Nachbarn vor, Kämpfern aus Öcalans Partei auf ihrem Gebiet Zuflucht zu gewähren. Außerdem lässt es sich die türkische Armee gelegentlich nicht nehmen, ihre Gegner auch über die Grenze hinweg zu verfolgen, was die Beziehungen nicht gerade verbessert. So weit zu den äußeren Feinden. Im Landesinnern ist die PKK überall, Heckenschützen in den Bergen und Bombenattentate in den Städten. Doch wenn man mit allen seinen Nachbarn auf schlechtem Fuße steht, hat man vielleicht auch selbst dazu beigetragen, gebe ich zu verstehen. Das wirkt wie eine kalte Dusche. Jetzt wollen die Soldaten, die alle Türken sind, wissen, was ich vom Urteil gegen Öcalan halte. Sie sind schockiert, als ich darauf tippe, dass er mit großer Wahrscheinlichkeit nicht hingerichtet wird.

»Aber er ist ein Kindermörder!«

Gibt es eine Armee, die keine Kinder getötet hat? Aber ich will nicht polemisieren und setze meinen antimilitaristischen Argumenten einen Dämpfer auf. Im Eifer des Gefechts habe ich meine Unpässlichkeit von vorhin beinahe vergessen, und der kühle Raum und der Tee haben mich wieder etwas zu Kräften kommen lassen.

Wie schade, dass ich mich nicht besser auf Türkisch ausdrücken kann! Ich könnte diesen etwas naiven Soldaten zum Beispiel Mehmets

Buch empfehlen, das im April dieses Jahres erschienen ist. Nur Monate später wurde es von der türkischen Regierung verboten und die Autorin wegen »Beleidigung der Armee« angeklagt. Mehmet ist ein sehr häufiger Vorname und eine allgemeine Bezeichnung für türkische Soldaten. Autorin des Buches ist die Journalistin Nadine Mater. Sie hat Interviews mit etwa 40 Wehrpflichtigen geführt, die vor allem als jandarmas im Krieg gegen die Kurden eingesetzt worden waren. Diese jungen Männer berichten von schlechter Behandlung durch Offiziere und schlechtem Essen und dass die Söhne aus reichem Hause dank ihrer Beziehungen an dieser Schinderei vorbeikommen. So viel zum Hintergrund. Dann die täglichen Gräuel: Zivilisten, die umgebracht werden, nur weil sie im Verdacht stehen, der PKK anzugehören, Zwangsevakuierung von Dörfern, die, sobald der letzte Bewohner fortgebracht worden ist, in Brand gesetzt werden. Und die Liste ließe sich fortsetzen. Doch ich behalte das alles für mich und nicke nur zu den Betrachtungen des Offiziers.

Er wird von zwei Typen in abenteuerlicher Aufmachung unterbrochen. Es sind Bauern aus der Umgebung. Über ihren Jacken tragen sie, ähnlich wie die Soldaten und jandarmas, eine Art Tarnweste mit vielen Taschen, die voller Patronen stecken. Sie sind Helfer, die die Armee in den Dörfern ausbildet, und die sich zum Rapport melden. Ihre alten Gewehre sind vom gleichen Modell wie das, mit dem der Mann vor meiner Tür in Alahacı herumgefuchtelt hat. Der Offizier zeigt auf sie und meint, es gebe auch »gute« Kurden, diese beiden seien der Beweis. Da ich von der Unterredung nichts verstehe und es mir besser geht, mache ich mich wieder auf den Weg.

Die Sonne brennt heftig, als ich aus dem kleinen Fort mit den dicken Mauern heraustrete. Die Straße führt sanft bergab in ein Tal mit einem träge dahinfließenden Fluss. In der Ferne, im Dunst, liegt der Berg Ararat. Mehrmals muss ich in den folgenden zwei Stunden anhalten, um mich zu erleichtern. Ich habe ständig Durst, meine Wasserflasche ist fast leer, sodass ich mit den letzten Tropfen äußerst sparsam umgehe. Ich ziehe meine Jacke über, denn das Fieber ist wieder gekommen, und trotz der senkrecht stehenden Sonne schlottere ich. Mehrmals tauche ich meinen Hut in den Fluss, doch er ist jedes Mal nach wenigen Minuten wieder trocken. Ich sehne mich nach dem kühlen kleinen Fort.

Meine Beine werden immer schwächer. Um ein bisschen zu Kräften zu kommen, versuche ich, ein Stück Brot zu essen. Doch ich kann weder Anblick noch Geruch ertragen. Mir klappern die Zähne. Der Rucksack scheint Tonnen zu wiegen. Dann stelle ich fest, dass ich trotz allen Bemühens, gerade zu gehen, im Zickzack über die ebene Straße laufe. Gott sei Dank sind nur wenige Autos und Laster unterwegs, denn sonst könnte ich wirklich leicht überfahren werden. Erneut bleibe ich stehen und will mich gerade setzen, als meine Beine plötzlich unter mir nachgeben.

Als ich wieder zu mir komme, liege ich am Straßenrand, mit dem Gesicht auf dem dichten Gras, und das Gewicht meines Rucksacks erdrückt mich schier. Wie lange war ich ohnmächtig? Ich kann nicht aufstehen. Unter großer Anstrengung gelingt es mir, den Rucksack abzuschnallen. Ich setze mich ins Gras. Mir ist schwindelig. Als ich meinen Hut, der etwas weiter weg liegt, holen möchte, merke ich, dass ich nicht mehr laufen kann. Ich muss ein Auto anhalten, das mich nach Doğubayazıt bringt.

Es ist einer jener kleinen Busse, die zwischen den anatolischen Städten hin- und herfahren. Er hält ein paar Meter entfernt. Der Junge, der dem Fahrer hilft, öffnet die hintere Tür. Ich schleppe meinen Rucksack dorthin, der Junge nimmt ihn und stellt ihn in die letzte Reihe, wo auch ich mich hinsetze. Der kleine Busbegleiter sieht mich aufmerksam an, ich mache wohl ein seltsames Gesicht. Praktisch veranlagt, greift er in eine Schachtel und holt eine Plastiktüte heraus, die er mir wortlos hinhält. Das war auch höchste Zeit. Nachdem ich mich übergeben habe, versinkt alles in einem angenehmen Nebel. Erst in Doğubayazıt komme ich wieder zu mir. Die Leute sind ausgestiegen, und der Junge steht schweigend vor mir. Ich reiche ihm einen 10-Millionen-Lira-Schein. Ich versuche, meinen Rucksack aus dem Minibus zu hieven, und als ich es fast geschafft habe, kommt er mir zu Hilfe. Ich stehe direkt vor einem Dreisternehotel mit frisch gestrichener Fassade. Ich gehe hinein.

Das Zimmer kostet sieben Millionen Lira. In der Hotelhalle herrscht eine Atmosphäre bürgerlicher Rechtschaffenheit. Doch aus Erfahrung weiß ich, dass ich mich besser nicht darauf verlasse. Eigentlich müsste ich mir erst einmal das Zimmer ansehen, das mir für diesen Preis angeboten wird, aber dazu bin ich nicht in der Lage, ich verliere schon wieder fast das Bewusstsein. Ein Angestellter wird beauftragt, mich auf mein Zimmer zu bringen. Pech: Der Aufzug funktioniert nicht. Ich lasse den Rucksack von meiner Schulter gleiten und gebe dem Jungen zu verstehen, dass er ihn nehmen muss, denn mit dem Gewicht käme ich nicht einmal eine einzige Stufe hinauf. Im ersten Stock, in den ich es schließlich nach mehreren Pausen geschafft habe, öffnet er eine Tür. Sofort höre ich das undichte Wasserrohr, aber jetzt muss ich erst einmal schlafen. Ich mache die Tür hinter dem Jungen zu und stürze ins Bad. Durchfall, Erbrechen. Endlich eine kurze Pause. Ich lasse mich auf eines der Betten fallen. Ein Pfosten fällt zu Boden. Ich schlottere. Um mich aufzuwärmen, nehme ich mir auch noch die Decken vom zweiten Bett. Das Bett, das ich mir ausgesucht habe, droht bei jeder Bewegung zusammenzubrechen. Aber das ist mir egal, ich schlafe ein.

Zwei Tage lang muss ich ständig ins Bad rennen. Mein Bauch ist vollkommen leer, aber dennoch habe ich furchtbare Krämpfe, und bald sehe ich, dass Blut in meinem Stuhl ist. Alle Vorsichtsmaßnahmen beiseite lassend, lösche ich meinen quälenden Durst am Wasserhahn. Zehn Minuten später ist das Wasser wieder in der Toilettenschüssel. Wegen des undichten Rohres ist das Bad überschwemmt, und jeder noch so kurze Aufenthalt dort bedeutet ein eiskaltes Fußbad.

Am ersten Morgen bitte ich den Jungen, der das Zimmer macht, mir im nächsten Restaurant etwas gekochten Reis zu besorgen. Ich bitte auch um ein Telefon im Zimmer. Er vergisst es. Am nächsten Tag wird das Zimmer gar nicht gemacht, und ich riskiere einen kurzen Ausflug in die Hotelhalle, um noch einmal nach Reis und Telefon zu fragen. Doch ich muss gleich schon wieder dringend zur Toilette, komme die Treppe aber nur ganz langsam hinauf, wie ein impotenter Greis. Meine Kräfte haben mich vollkommen verlassen. Im Laufe des Nachmittags bringt der junge Mann mir den Reis – und eine gesalzene Rechnung dazu. Ich protestiere, aber er hat mich in der Hand. Sein Reis schmeckt nach nichts und knirscht zwischen den Zähnen. Kaum habe ich zwei Löffel gegessen, kommen sie mir auch schon wieder hoch. Mein Bauch steht in Flammen. Jeder Gang zur Toilette ist unerträglich. Ich habe mich bei der Direktion wegen des schlechten Bettes und des undichten Rohres im Bad beschwert, und mir wird ein Zimmer im zweiten Stock angeboten. Noch eine Etage höher? Nein danke! Dann schon lieber Fußbäder.

Beim Telefon dagegen bleibe ich hartnäckig, und es kommt auch im Laufe des Abends. Wir mühen uns eine Stunde lang damit ab, es anzuschließen, denn der Apparat hat zwar eine Schnur, aber keinen Stecker. Und die Steckdose ist hinter meinem Bett, also schwer zugänglich. Nach endloser Bastelei und vielen vergeblichen Versuchen, schiebt dieser Nichtsnutz schließlich zwei nackte Drähte in die Steckdose und bekommt ein Freizeichen. Doch dann bewegt sich das Bett, und die Drähte lösen sich wieder. Also noch einmal von vorn.

In die anatolische Medizin habe ich nur sehr begrenzt Vertrauen. Ich hole die Karte der Gesellschaft heraus, über die ich während meiner Reise versichert bin. Als ich endlich jemanden erreiche, werde ich um eine Nummer gebeten, unter der man mich zurückrufen kann. Ein paar Minuten später klopft der Zimmerjunge an die Tür: Ich werde am Telefon verlangt, aber die Drähte sind wieder herausgerutscht, er kann mich nicht verbinden. Also basteln wir wieder. Die Ärztin, mit der ich schließlich spreche, hat eine sehr beruhigende Stimme. Ihre Diagnose ist klar und deutlich, an ihr ist nicht zu rütteln: Amöbenruhr. Soweit ich weiß, ist das keine harmlose Krankheit. Sie war der Schrecken der Armeen, denn sie war mörderischer als Kugeln. Ich muss, sagt die freundliche Stimme, unverzüglich ein Medikament nehmen mit einem Wundermolekül – dessen Namen ich sofort wieder vergesse – und das es von drei verschiedenen Herstellern gibt – die ich mir aufschreibe. Eines der drei werde ich ja wohl finden. Für heute Abend ist es schon zu spät. Außerdem befürchte ich, dass ich die Treppe nicht hinunter und vor allem nicht wieder hinaufkomme. Ich versuche über mich selbst und diesen plötzlichen Einbruch zu lachen, wo ich mich doch vor zwei Tagen noch für unbesiegbar hielt. Alles habe ich überstanden: die Entzündungen an den Füßen, die Gewaltmärsche, die Kangals, einen Beinahesturz die Böschung hinunter, türkische und kurdische Banditen, das Militär – und jetzt falle ich mikroskopisch kleinen Tierchen zum Opfer, die mir die Gedärme zerfressen. Ironie des Schicksals. Humor kann wunderbar von der Angst ablenken, aber mir fehlt ein guter Freund, mit dem ich zusammen lachen könnte.

Am nächsten Morgen wage ich den Ausflug auf die Straße, die mir furchtbar laut und hektisch vorkommt. Im Hotel hatte man mir gesagt, zum nächsten Apotheker seien es 50 m. Erstes Wunder: Er ist wahrscheinlich der einzige englisch sprechende Apotheker in ganz Anatolien. Zweites Wunder: Er hat das Medikament. Völlig erschöpft kehre ich in mein Zimmer zurück. Schon nach der zweiten Einnahme beginnt das Medikament zu wirken, und ich komme ein wenig zur Ruhe. Von meinem Bett aus kann ich endlich den Berg Ararat betrachten. Wer immer nach mir in diesem Zimmer übernachtet, wird dieses Glück nicht haben, denn zwei Hochhäuser, die derzeit im Bau sind, werden bald die Sicht versperren.

Der majestätische Berg mit seiner Schneekrone ist prächtig. In der Morgendämmerung, in Dunst gehüllt, wirkt er geheimnisvoll. Im Laufe des Tages dann ziehen sich Wolken um seinen Gipfel zusammen und verbergen ihn vor Blicken. Neben dem Berg Ararat gibt es noch einen kleineren Vulkankegel, den die Türken *Kleinen Schmerzensberg* nennen. Und der Ararat selbst heißt *Büyük Ağrı Dağı, Großer Schmerzensberg.*

Wie passend!

Der große Schmerz

Deprimiert von der Krankheit und geschwächt von drei Tagen Zwangsdiät, bin ich nicht in der Lage, weiterzulaufen. Mich auch nur auf den Beinen zu halten, ist schon eine Leistung. Wie viele Tage wird es wohl dauern, bis ich wieder meinen Rucksack tragen und mich auf den Weg machen kann? Mit meinem von Amöben zerfressenen Bauch, Blut und Schleim von mir gebend, bin ich nur noch ein Wrack. Das Wichtigste ist jetzt ein anderes Hotel. In diesem hier untergraben die Gleichgültigkeit des vollkommen unfähigen Personals und die Zwangsfußbäder den Rest meiner Moral.

Da ich mich am Abend ein kleines bisschen besser fühle, wage ich einen Ausflug auf die Straße. Jetzt, im Juli, sind auch viele englischsprachige Touristen da. In Shorts und T-Shirts, geben sie sich als Abenteurer in ihren bis unters Dach mit Campingausrüstungen und Kleidern vollgestopften Geländewagen, aber sie reisen ganz anders als ich. Sie fahren durch das Land, sehen es, fotografieren es, treten jedoch nicht ein. Aber ich bin gerade der Richtige, mir etwas auf meine authentische Art zu reisen einzubilden, schelte ich mich selbst, während ich auf eine Waage steige, die ein gewitzter Junge auf den Bürgersteig gestellt hat. Ich bin baff, als ich die Zahl sehe, steige wieder herunter und überlege, ob das Ding richtig eingestellt ist. Eine andere Waage, die ein anderes Kind an einer anderen Stelle aufgestellt hat, bestätigt es: Es sind wirklich 60 Kilogramm. In Istanbul habe ich 74 gewogen, in Erzurum vor einer Woche, nach zwei Monaten Wandern, noch 71. Ich habe also in weniger als drei Tagen elf Kilo abgenommen.

Dann beobachte ich eine Szene, über der ich einen Augenblick lang meine Nöte vergesse. Auf einem Gemüsekarren vor einem Schaufenster sitzt ein alter Mann in sich zusammengesunken auf einem Haufen

Lumpen. Er sieht aus, als hätte er keine Wirbelsäule, und seine Beine sind missgestaltet. Mit zitterndem Finger fährt er die Zeilen in einem arabischen Koran entlang und leiert die Verse halblaut vor sich hin, ohne die Passanten zu beachten, von denen einige ihm Geldstücke oder -scheine zuwerfen. Unter dem Karren sitzen zwei kleine Rotzbengel im Schneidersitz und spielen Karten. Plötzlich macht der alte Mann sein Buch zu und schlägt mit der flachen Hand dreimal auf den Boden. Die beiden Jungen kommen sofort hervor und gehen schnell auf ihre Posten. Der eine zieht, der andere schiebt den Karren, und sie verschwinden in der Menge.

Bevor ich wieder in mein Hotel zurückkehre, schaue ich mir ein anderes an, ein besseres und günstigeres. Ein Internetcafé finde ich leider nicht. An der Rezeption meines falschen Dreisternehotels gebe ich Bescheid, dass ich am nächsten Tag gehe, und verlange die Rechnung. Dem Wirt passt mein Umzug überhaupt nicht, und ich stelle mich darauf ein, ordentlich über den Tisch gezogen zu werden. Dann schleppe ich mich in mein Zimmer, wo ich nur noch auf das Bett sinke und die ganze Nacht durchschlafe.

Am nächsten Morgen muss ich wie erwartet einen Kampf mit diesem Halsabschneider ausfechten. Die »Rechnung« ist ein Fetzen Rechenpapier, auf den er eine astronomische Summe gekritzelt hat: das Dreifache des Zimmerpreises, den er mir am ersten Tag genannt hat. Ich habe 30 Sekunden mit Frankreich telefoniert, aber er behauptet, es sei eine Viertelstunde gewesen. Außerdem will er mir noch ein zweites Gespräch berechnen. Als ich damit drohe, mich an die *polis* zu wenden, reduziert er die Rechnung um zwei Drittel.

Die meisten Touristen im *Ararat Hotel* sind Europäer oder Amerikaner, die sich mit ihren Ray-Bans und Safarihüten groß aufspielen und nicht ein Wort Türkisch sprechen. Da ich ganz anders daherkomme, ist das Personal sehr freundlich zu mir und kümmert sich rührend um mich. Nachdem ich mich vergewissert habe, dass es einen Zähler gibt, telefoniere ich mit meinen Kindern und der Versicherung. Bald darauf ruft mich ein Arzt an und erkundigt sich nach meinem Gesundheitszustand. »Es wird mehrere Wochen dauern, bis Sie sich wieder auf den Weg machen können«, sagt er. »Unserer Meinung nach müssen Sie nach Hause gebracht werden. Unser Partner in der Türkei wird sich mit Ihnen in Verbindung setzen.«

Diese Möglichkeit hatte ich zwar nicht ganz ausgeschlossen, aber das haut mich doch ganz schön um. Allerdings wäre ich wirklich frühestens in 14 Tagen oder drei Wochen in der Lage, weiterzulaufen. Ich bin nur 35 km, also einen normalen Tagesmarsch, von der iranischen Grenze entfernt, aber dann? Ohne genaue Karte kann ich nur von Stadt zu Stadt laufen. Und das bedeutet Etappen von mehr als 40 km. Daran ist in meinem Zustand nicht zu denken. Und dann gibt es noch eine weitere Schwierigkeit: Heute ist der 14. Juli, und mein iranisches Visum ist nur noch zwei Wochen gültig. Da ich vor dem 29. nicht aufbrechen kann, muss ich es verlängern lassen. In Paris oder Istanbul dauert das 14 Tage. Es gibt zwar ein iranisches Konsulat in Erzurum, aber dort dauert es einen Monat. Im einen wie im anderen Fall könnte ich frühestens am 15. August weiterlaufen, mitten in der heißesten Jahreszeit. Nicht gerade ideal für einen Rekonvaleszenten.

Ich weiß nicht, wie ich mich beschäftigen soll. Bisher war der Tagesablauf einfach: laufen, essen, Unterkunft suchen. Und jetzt stehe ich plötzlich vor einer großen Leere. Das Vernünftigste wäre es, nichts zu tun. Aber das kann ich nicht. Um die Zeit totzuschlagen, blättere ich in meinen Unterlagen über den Iran. Täbris war am Ende des 16. Jahrhundert der größte Markt der Welt. Der Basar erstreckte sich über 30 Quadratkilometer – das muss man sich mal vorstellen! 30 Quadratkilometer Stände, die sich unter lauter Schätzen biegen, unter Ballen von Seiden- und Brokatstoffen, Pyramiden von Pulvern und Gewürzen, Stapeln kostbarster Teppiche – nicht zu vergessen den besten Falkenmarkt im ganzen Orient. Während ich mir diese märchenhafte Welt mit ihren schillernden Farben und betörenden Düften vorstelle, schlafe ich ein.

Um die Mittagszeit versuche ich es mit einem kurzen Ausflug auf die Straße. In einem Restaurant, das ganz vertrauenerweckend aussieht, versuche ich, etwas zu essen. Doch schon beim dritten Bissen Reis muss ich schleunigst ins Hotel zurück. Ich versuche, ständig zu trinken und die Dehydratation in Grenzen zu halten. Kurz und gut, ich halte durch.

Endlich habe ich ein Internetcafé gefunden. Da es im ersten Stock liegt, war es nicht so leicht zu entdecken. Um dorthin zu gelangen, muss man durch einen Möbelladen, zwischen Betten, Sesseln und Schränken hindurch, und dann eine kleine Wendeltreppe hinauf. Die meisten Besucher sind jung. Sie kommen vor allem wegen der Computerspiele und der Chatseiten, auf denen sie sich mit unbekannten Damen in einer westlichen Großstadt unterhalten können. Ich habe ein paar Mails von meinen Kindern bekommen und eine von Geneviève, einer befreundeten Journalistin, die sich über meinen Informationshunger lustig macht: »In die Türkei kommst du, wenn der Prozess gegen Öcalan eröffnet wird, nach Erzurum, wenn er zum Tode verurteilt wird, und in den Iran rechtzeitig zu den Studentenunruhen. Das ist zu viel für einen Rentner. Wann hörst du endlich auf, dem aktuellen Geschehen hinterherzujagen?«

Im Hotel schlafe ich sofort völlig erschöpft ein. Als ich wieder wach werde, muss ich aus einem schönen Traum in den Albtraum der Wirklichkeit zurück: Ich liege krank, ans Bett gefesselt, in Doğubayazıt. Wird der erhabene Berg Ararat mit seiner Krone aus Wolken die letzte Etappe meiner Reise sein?

Das Telefon reißt mich aus meinen Betrachtungen. Es ist Doktor Günay, der IMA-Repräsentant in der Türkei, der aus Istanbul anruft. Er hat eine warme Stimme und spricht Französisch ohne jeden Akzent, denn er ist im Osten Frankreichs aufgewachsen und hat dort auch einen großen Teil seines Studiums absolviert.

»Ich habe Ihren Krankenbericht gelesen und mich mit den Ärzten unterhalten, die Sie behandeln. Ich glaube, es gibt keine andere

Möglichkeit, als Sie nach Frankreich zu bringen: Aber ich weiß nicht recht, wie.«

Ich bin nämlich kaum transportfähig. Unmöglich, als normaler Passagier zu fliegen, denn ich bin nicht in der Lage, mehr als ein paar Minuten aufrecht zu sitzen. Aber jetzt in der Ferienzeit kann es mehrere Tage dauern, bis man eine Liege in einem Flugzeug bekommt. Das lässt mein Zustand aber auch nicht zu. Außerdem müsste ich mit einem Krankenwagen nach Erzurum gebracht werden, und von dort mit dem Flugzeug über Ankara nach Istanbul. Über den Iran ist es auch nicht einfacher. Zwei Stunden später ruft mein ärztlicher Retter wieder an: Ein Krankenwagen soll mich von Doğubayazıt nach Istanbul bringen. Heute Abend wird er an den Ufern des Bosporus losfahren und morgen Abend hier ankommen. Außer zwei Fahrern wird auch eine Krankenschwester dabei sein, aber dennoch wird es wohl sehr beschwerlich und anstrengend. Nicht zuletzt, weil die Schmerzen schlimmer werden, je mehr sich die eigentliche Ruhr bessert. Doktor Günay berichtet von Studentenunruhen im Iran, die von der Armee brutal niedergeschlagen würden. Ich solle also nicht allzu enttäuscht sein, meint er, ich hätte sowieso kaum weiterlaufen können.

Und wie enttäuscht ich bin! Ich wäre gerade dann in den Iran gekommen, wenn dort Ereignisse stattfinden, die mich faszinieren. Das erzwungene Nichtstun ist kaum zu ertragen. Ich liege auf meinem Bett, und während ich den Gipfel des Ararat mit seiner Wolkenkrone betrachte, kann ich mich einfach nicht damit abfinden: Das soll nun – wenn auch vielleicht nur vorläufig – das Ende meines Abenteuers sein? In diesen Minuten muss der Krankenwagen in Istanbul losfahren. Der Countdown für meine motorisierte Rückkehr durch die Türkei hat begonnen. Um mich abzulenken, lese ich den *Lonely Planet* über den Iran.

Trotz der Medikamente zerfressen die Amöben mir weiterhin die Gedärme. Mein ganzer Bauch fühlt sich an wie eine einzige Wunde.

Endlich falle ich in einen immer wieder vom Gebell streunender Hunde unterbrochenen Schlaf. Eisiger Regen fällt auf die leeren Straßen. Auf dem Ararat schneit es jetzt wahrscheinlich. Ich wache früh auf. Im Morgengrauen zeichnet sich allmählich der schneebedeckte Berg ab, der mit seinen 5300 m die Stadt überragt. Es ist noch früh, die Wolken sind noch nicht da. Der erloschene Vulkan ist genauso schön wie der Fudschijama, den ich letztes Jahr gesehen habe: ein perfekter Kegel, der majestätisch aus der Ebene aufragt und sich heute in die verschiedensten Weißschattierungen gehüllt hat. Ist es verwunderlich, dass die Menschen, die im Schatten dieses Berges lebten, ihn als Gottheit verehrten?

Gebeugt und verkrampft gehe ich in die Stadt, in der Hoffnung, dass sich der wilde Tanz in meinen gequälten Eingeweiden allmählich legt.

An den Straßenecken kleine Abfallhaufen. Unmengen von Hühnern und Enten machen sich über die Reste des Festmahls her, das die Hunde bei Tagesanbruch gesättigt übrig gelassen haben. Es gibt auch keine Kanalisation, und ekelige grünliche Pfützen haben sich unter den Plastiksäcken gebildet, die von ihrem verfaulenden Inhalt aufgebläht oder aber geplatzt sind und einen schaumigen Schleim absondern. Vom Stadtrand aus betrachte ich den Ararat, der sich als perfektes Dreieck vor dem Horizont abzeichnet. Er hatte ein Meilenstein auf meinem Weg sein sollen, keine Endstation. Langsam, mit kleinen Schritten, kehre ich ins Stadtzentrum zurück. Obwohl es gerade erst hell wird, haben die Geschäfte schon auf. Wie überall im Orient, sind die Läden zur Straße hin offen, und die Waren werden draußen aufgebaut. Die wenigen Wagen, die um diese Stunde unterwegs sind, wirbeln einen feinen Staub auf, der sich auf die Auslagen legt und durch die weit offenen Türen auch ins Innere dringt. Ich fühle mich klein, elend, schmutzig von innen und außen, wie diese Stadt am Ende der Welt. Der Ekel packt mich so stark, dass ich Angst habe, mich auf offener Straße übergeben zu müssen. Dabei habe ich neun Wochen lang mit Schmutz und Dreck gelebt, ohne dass mich das jemals abgestoßen hätte. Doch hier widert es mich an.

Um 7.30 Uhr bin ich wieder im Hotel. Es gelingt mir, ein paar Gläser Tee zu trinken und bei mir zu behalten, und auch, ganz langsam ein Stückchen Brot zu kauen. Wie soll ich diesen Tag nur überstehen? Die Vorstellung, tatenlos auf den Krankenwagen zu warten, ist unerträglich.

Da ich nicht laufen kann, werde ich dem Tourismus huldigen. Es gibt hier drei Sehenswürdigkeiten. Vor allem natürlich den Ararat. Aber seit dem Beginn des Krieges gegen die PKK hat die Armee ihn praktisch gesperrt. Dann den *meteor çukuru*, etwa 30 km von der Stadt entfernt, in der Nähe der iranischen Grenze. 1920 ist hier ein riesiger Meteorit eingeschlagen und hat einen Krater von 60 m Durchmesser und 30 m Tiefe geschaffen, den zweitgrößten der Erde. Auch hier machen die Schikanen der Armee einen Besuch unmöglich. Der Krieg gegen die kurdischen Partisanen hat den Tourismus, der früher von diesen beiden Attraktionen lebte, zum Erliegen gebracht. Doch für mich sind Berg und Krater ohnehin zu weit weg.

Bleibt die dritte Sehenswürdigkeit, die in erreichbarer Nähe für mich ist. Fünf Kilometer vor der Stadt erhebt sich aus der Ebene ein wahrer architektonischer Schatz, einer der größten des Landes, der burgähnliche Palast Ishak-Pasa. Der Bau wurde 1685 von einem Pascha begonnen und ein Jahrhundert später von seinem Sohn, der dem Gebäude auch seinen Namen gab, fertiggestellt. Die Burg bewachte den östlichen Zugang zur Türkei und verteidigte ihn gegen die Armeen der Perser, Armenier und Russen, die immer wieder die Gegend verwüsteten. Die Menschen lebten in den Bergen, geschützt vor säbelrasselnden Herumtreibern. Bevor die Republik ausgerufen wurde, gab es Doğubayazıt gar nicht. Ende der 1930er-Jahre, als das neue Regime sich der Landesgrenzen sicherer sein konnte, holte man die Leute aus den Bergen und Tälern und siedelte sie in dieser Stadt an.

Für den Ausflug decke ich mich mit einem großen Vorrat an Toilettenpapier ein und verhandele mit einem Taxifahrer. Wir vereinbaren, dass er nur mich allein zum Palast bringt, dort auf mich wartet und mich wieder hierher zurückfährt. Da ich nicht sitzen kann, strecke ich mich auf der Rückbank aus, und dann fahren wir los, nachdem ich ihn noch gebeten habe, so gut es geht die Schlaglöcher zu umfahren. Halb amüsiert, halb ärgerlich – schließlich ist es sein Beruf – geht er darauf ein. Doch nach noch nicht einmal 100 m habe ich das unangenehme Gefühl, dass mein Körper gleich explodiert. Ich bitte den enttäuschten Fahrer, mich ins Hotel zurückzubringen. Ich lege mich hin und versuche, zu schlafen.

Kurz nach Mittag geht es mir besser, und ich gehe wieder hinaus. Derselbe Taxifahrer steht da. Wollen wir es noch einmal versuchen? Er ist einverstanden. Dieses Mal fährt er äußerst vorsichtig. Ich gebe mir alle Mühe, auf der holperigen Straße nicht bei jedem Stoß aufzuschreien. Sobald wir da sind, stürze ich aus dem Taxi und auf die Toilette des Restaurants. Dann mache ich mich an die Besichtigung – mit kleinen Schritten und zusammengekniffenen Pobacken. Die vergoldeten Tore kann ich nicht sehen, denn sie sind von den Russen nach Sankt Petersburg in die Eremitage gebracht worden. Die etwa 360 Räume des Palastes sind zum größten Teil verfallen. Große Bereiche sind für Besucher gesperrt, denn das Wunderwerk wird wieder aufgebaut. Das Minarett mit seinen Ringen aus roten und weißen Steinen ist gut erhalten, ebenso wie die benachbarte türbe, das Mausoleum. Zum Glück bin ich der einzige Besucher. Wenn mich ein dringendes Bedürfnis packt und ich es nicht mehr bis zum Restaurant schaffe, kann ich so in einem verborgenen Winkel eine kleine Erinnerung hinterlassen. Sie wird schneller verschwinden als das »Mehmet liebt Fatima«, das in ein Herz in den weichen Kalkstein geritzt ist.

Der Blick, den man von diesem Palast auf die Ebene hat, ist einzigartig. Ich verweile einen Augenblick, schaue in die Ferne und hänge meinen Träumen nach. Wie oft habe ich mich auf einer Höhe oder einem Pass darauf gefreut, dass ich die Schönheiten, die sich wie jetzt zu meinen Füßen ausbreiten, beim Abstieg genauer in Augenschein nehmen kann! Leider muss ich mit dem Auto wieder hinunter, muss auf das Vergnügen verzichten, die Bilder in meinem Rhythmus und in aller Ruhe zu genießen.

Als ich mit gepressten Schritten aus dem Palast komme, wartet mein Fahrer zuverlässig vor dem Tor. Voller Verständnis hält er auf dem Rückweg bei ein paar Haselnussbüschen an. Die Zeit ist nur so verflogen. Im Hotel sinke ich völlig erschöpft aufs Bett. Der Ausflug war sehr schmerzhaft, aber trotzdem habe ich diesen endlosen Tag auf ziemlich angenehme Art und Weise verbracht.

Am Abend, so gegen zehn Uhr, ist der Krankenwagen da. Die beiden Fahrer und die Krankenschwester sehen mitgenommen aus. Ich sehe zu, wie sie ohne großen Appetit etwas essen, dann besprechen wir das weitere Vorgehen. Sie werden drei oder vier Stunden schlafen, und gegen drei Uhr morgens wollen wir aufbrechen. Die Schwester, die nicht gerade zartfühlend wirkt, kneift meine Haut.

»Sie sind dehydriert, Sie müssen trinken, trinken, trinken.« Das will ich ja gern, aber ich habe – wahrscheinlich wegen der Schmerzen – eine Harnblockade und seit heute Morgen so gut wie nicht gepinkelt.

»Trinken Sie, dann können Sie auch pinkeln«, lautet die Anweisung der zuvorkommenden Dame.

Als ich um drei Uhr nachts herunterkomme, läuft der Motor des großen Krankenwagens schon und verbreitet im Hof des Hotels einen widerlichen Gestank. Ich komme auf die Liege. Die Krankenschwester setzt sich auf einen Sitz daneben. Ich bin nicht gerade in Hochstimmung. Ich hatte mir geschworen, bis Teheran unter keinen Umständen in ein Auto zu steigen. Und jetzt fahre ich den ganzen Weg auf vier Rädern zurück. Ich muss an den Fahrer denken, der mir kurz vor Suşehri angeboten hatte, mich in seinem Krankenwagen mitzunehmen, und dem ich damals ironisch und großmäulig geantwortet hatte: »Noch nicht. Vielleicht später.« Nun, da bin ich jetzt! Aber ich habe mir fest vorgenommen, ganz bald wiederzukommen. In der Nacht habe ich gerechnet: Wenn ich nach drei Wochen oder einem Monat wieder bei Kräften bin, könnte ich nach Erzurum fliegen, mit dem Bus zu dem Punkt fahren, an dem ich zusammengebrochen bin, und weiterlaufen, als sei nichts geschehen. Das hätte sogar den Vorteil, dass ich im Herbst durch den Iran laufen könnte, wenn die größte Hitze vorbei ist. Doch so sehr ich mich auch bemühe, das alles durch die rosarote Brille zu sehen, ich kann doch meine Bitterkeit über Krankheit und Rückbeförderung nicht beiseiteschieben.

Mein Bauch ist hart, aufgebläht, und die Schmerzen sind so stark wie noch nie seit dem Beginn dieser Krankheit. Wenn die Räder über ein Schlagloch fahren, zucken meine Muskeln wie bei einem Stromschlag. Der Wagen fährt schon ziemlich vorsichtig und in Schlangenlinien, um den größten Unebenheiten auszuweichen, aber die Straßen sind eine einzige Katastrophe. Bereits nach einer Stunde hat sich mein heroischer Vorsatz, still zu leiden, in Nichts aufgelöst. Jedes Mal, wenn meine Liege einen Stoß bekommt, schreie ich laut auf. Der Fahrer drosselt das Tempo, aber so werden wir zwei Tage bis Istanbul brauchen.

Werde ich durchhalten? Normalerweise kann ich Schmerzen ganz gut ertragen. Aber die Bauchschmerzen sind schlimmer geworden. Ich spüre, dass der Aufruhr in meinen Gedärmen eine Schwellung der Prostata und dadurch eine Harnblockade hervorgerufen haben muss. Außerdem würde mir das alles weniger ausmachen, wenn ich eine rühmliche Verletzung davongetragen hätte – eine Kugel der PKK oder ein paar gebrochene Knochen bei einem Sturz in eine Schlucht. Dann könnte man erhobenen Hauptes zurückkehren, geziert mit einem Gips oder blutgetränkten Verband.

Als wir etwas mehr als eine Stunde unterwegs sind, muss ich so dringend pinkeln, dass ich den Versuch wagen will. Das wird schwierig, weil noch das Bedürfnis nach einem – wie die Kinder sagen – großen Geschäft hinzukommt. Ich frage mich, wie das möglich ist, wo ich doch seit vier Tagen nichts zu mir genommen habe. Die Krankenschwester hat natürlich für alles vorgesorgt. Aus einem Schrank holt sie eine runde Schale, die sie in den hinteren Teil des Wagens stellt.

Sie selbst geht nach vorn und wendet mir den Rücken zu. Es folgt ein Titanenkampf. Schwach wie ich bin, habe ich schon Mühe, im Stehen das Gleichgewicht zu halten. Aber in der Hocke ist das ein regelrechtes Akrobatenstück. Bei den Ausweichmanövern dieses fahrenden Sarges kippe ich ständig nach rechts oder links, obwohl ich mich mit beiden Händen krampfhaft festhalte. Und wenn es mir gelingt, eine zwar nicht würdige, aber stabile Position zu halten, dann rutscht das Becken über den Boden, der glatt wie eine Tanzfläche ist. Nachdem ich mich eine Viertelstunde abgemüht habe, gebe ich erschöpft und gedemütigt die Schale leer zurück und lege mich wieder hin. Ich bin am Boden zerstört.

Daraufhin entspinnt sich zwischen der Krankenschwester und mir ein Kampf, der den größten Teil der Fahrt andauern wird. Sie will mich unbedingt dazu bringen, etwas zu trinken, um gegen die Dehydratation anzugehen, unter der ich anscheinend leide. Doch solange ich kein Wasser lassen kann, weigere ich mich strikt. Hinter Erzurum ist die Straße besser in Schuss und es gibt weniger Schlaglöcher. Ab und zu halten wir an, damit die Fahrer einen Tee trinken und sich am Steuer ablösen können. Die Krankenschwester lässt nicht locker, kneift mich immer wieder in den Arm und sagt, ich sei selbst für diesen Teufelskreis verantwortlich. Wenn ich trinke, sagt sie, nimmt der Körper Wasser auf, und dann könne ich auch wieder pinkeln. Mein Durst ist so quälend, dass ich einen Versuch wage. Ich trinke ein paar Gläser Tee und eine Dose Fruchtsaft. Aber nichts tut sich, außer dass der Druck in meinem Bauch noch größer wird.

Ab und zu richte ich mich auf und sehe durch das kleine Fenster des Krankenwagens die Landschaft vorbeifliegen, die ich beim Wandern in aller Ruhe betrachtet habe. Ich erkenne sie, aber es ist nicht mehr dieselbe, sie hat sich verändert. Eine Stadt, ein Dorf lassen sich nicht mit einem Blick erfassen. Man muss sich ihnen behutsam, liebevoll nähern.

Am frühen Nachmittag schlafe ich kurz ein, werde aber von dem Gefühl, dass ich gleich explodiere, bald wieder wach. Jeder Quadratmillimeter Haut auf meinem Bauch ist zum Zerreißen gespannt. Die

Krankenschwester, die wieder auf den Plan tritt und mich zum Trinken bringen will, schicke ich zum Teufel. Dieses Mal gebe ich nicht nach. Sie spricht kein Wort mehr mit mir.

Die Augen auf die Decke geheftet, versuche ich, dieser Welt aus Plastik und verchromtem Stahl zu entfliehen und mich auf die Zukunft zu konzentrieren. Bald bin ich in Istanbul, dann in Paris, und dann zu Hause. Meine Kinder und meine Freunde, die ländliche Ruhe der Normandie werden mich in ein paar Wochen wieder auf die Beine bringen, sodass ich mein Abenteuer fortsetzen kann. Das iranische Visum ist kein Problem, wenn ich mich rechtzeitig darum kümmere. Ein Gedanke hält mich aufrecht: Ich will *genau* von der Stelle aus weiterlaufen, an der ich kurz vor Doğubayazıt aufgeben musste. Die Straße, die kahlen Hügel, die Ebene mit den vereinzelten Pappeln, der halb ausgetrocknete Fluss und sogar das Gras des Seitenstreifens, auf das ich mit dem Gesicht gefallen bin – all das hat sich mir mit fotografischer Genauigkeit ins Gedächtnis geprägt. Ich klammere mich daran wie an eine Verheißung. Sobald ich den ersten Schritt tue, wird der Albtraum, den ich seit vier Tagen erlebe, verblassen.

Aber im Grunde bin ich gar nicht allzu sehr zu bedauern. Die Händler und Karawanenleute, die auf der Seidenstraße krank wurden, konnten nur an Ort und Stelle und unter schwierigen Bedingungen warten, bis sie die Krankheit überstanden hatten. Ich dagegen werde in ein paar Stunden in einer Istanbuler Klinik versorgt.

Doch so weit sind wir noch nicht. Ich werde immer ungeduldiger, finde die Fahrer zu lahm. Als der Schmerz zu heftig wird, verlange ich eine Morphiumspritze. Die Schwester hat keine. »Dann kaufen Sie eine«, brülle ich. Nichts verschafft mir auch nur einen Augenblick Erleichterung. Ich winde mich vor Schmerzen auf meiner Liege. Die Schwester reibt mir den Hintern mit einer beruhigenden Salbe ein. Ich verstehe zwar den Zusammenhang nicht, aber sie könnte mir auch den ganzen Körper eincremen, wenn es dadurch besser würde. Ich lasse sie also machen. Doch die Wundersalbe bringt keinerlei Besserung. Inzwischen ist es Nacht geworden. Ich kann mich also nicht einmal mehr aufrichten und die Landschaft betrachten. Ich habe den Eindruck, dass der Wagen nur so vor sich hin schleicht. Das Rettungsteam hält mich für eine unverbesserliche Nervensäge und antwortet mir nicht einmal mehr. Ich schlage vor, dass wir zu einem Krankenhaus fahren, das auf dem Weg liegt, damit man mir einen Katheter legen kann und das alles endlich aufhört. Sie versichern mir, dass wir fast da sind.

Vor lauter Schmerzen weiß ich nicht mehr, wo wir sind, weiß nicht mehr, wo mir der Kopf steht. Solange es noch hell war, habe ich ab und zu auf die Uhr gesehen, aber jetzt, im Dunkeln und ohne meine Brille, habe ich kein Gefühl für die Zeit. Der Verkehr wird immer dichter, ich kann also hoffen, dass Istanbul nicht mehr weit ist. Ab und zu stellen die Fahrer die Sirene an, um sich einen Weg durch den Verkehr zu bahnen. Mein Bauch ist so gespannt, dass ich einige Male versuche, einfach im Liegen zu pinkeln, so sehr kann die Qual einem jegliche Würde nehmen. Zwei- oder dreimal versinke ich in einen komaähnlichen, erholsamen Schlaf, aber leider immer zu kurz. Nachdem ich mich unendlich oft hin- und hergewälzt und verschiedene Positionen ausprobiert habe, finde ich endlich eine, in der es ein klein bisschen erträglicher ist: auf allen vieren auf der Liege. Dennoch heule ich bei jeder Erschütterung auf. Ich merke nicht mehr, was um mich herum geschieht. Und zu dem Schmerz im Bauch kommt jetzt immer stärker noch ein anderer, ein Brennen und Nässegefühl am Hintern.

Der Krankenwagen hält am Straßenrand. Eine Panne? Nein, die Krankenschwester steigt aus, und einer der Fahrer kommt zu mir nach hinten. Sie geht nach Hause. Ist sie böse auf diesen unangenehmen Kranken, oder glaubt sie, ich sei kaum mehr bei Bewusstsein? Jedenfalls verabschiedet sie sich nicht von mir. Ich bin froh, dass sie geht, denn sie hatte mir erzählt, sie wohne in Istanbul, was bedeutet, dass wir jetzt wirklich da sind. Aber die Stadt ist riesig. Die letzten Minuten ziehen sich endlos hin. Wir fahren über die Bosporusbrücke. Mit heulender Sirene bahnt sich der Wagen einen Weg durch den trotz der fortgeschrittenen Stunde immer noch dichten Verkehr. Endlich biegen wir in den Hof des hell erleuchteten Krankenhauses ein. Eine mollige

Blonde mit schönen dicken Zöpfen lotst das fahrbare Bett, das von einem der Fahrer geschoben wird, bis in ein Zimmer. Ein Arzt, der ein paar Worte Englisch spricht, untersucht mich. Als er meinen Hintern sieht, ruft er aus:

»Was haben Sie denn da?«

Das kann ich nicht sehen – natürlich nicht!

»Das sind Verbrennungen!«

»Ich bin mit einer Salbe eingerieben worden.«

»Das ist eine heftige Allergie. Wissen Sie noch, wie das Mittel hieß? Sieht gar nicht gut aus.«

Mir bleibt wirklich gar nichts erspart. Kurz darauf kommt einer der Ärzte, um mir einen Katheter zu legen. Übel! Und dann kann ich mich endlich in einem Einzelzimmer entspannen. Ich verfalle in einen sanften Dämmerzustand. Das Morphium, das sie mir gegeben haben, macht mich angenehm träge. Nach den ganzen Stößen auf der schmalen Liege kommt mir selbst das harte Krankenhausbett weich und behaglich wie ein Federbett vor. Endlich sinke ich in Schlaf.

Um sechs Uhr werde ich wieder wach. Ich habe nur wenig geschlafen, aber genug, um etwas zu Kräften zu kommen. Ich habe so etwas wie einen Kater und das unangenehme Gefühl, ins Bett gepinkelt zu haben. Von der Allergie ist die Haut angeschwollen und hat unzählige Bläschen gebildet, die eine eklige, hässliche, gelbe Lymphflüssigkeit absondern. Da, wo sie getrocknet ist, sind die Bettlaken steif wie Pappe. Das ist extrem unangenehm, aber nichts im Vergleich zu den Qualen von gestern. Mein Optimismus und ein Hauch von Humor kehren allmählich zurück. Ich bin zwar noch nicht unbedingt vorzeigbar, aber ich lebe, die Sonne scheint, und vielleicht sind die Krankenschwestern ja hübsch. Was für eine Enttäuschung: Als Erstes kommt ein kleiner, rundlicher Mann herein, um zu putzen. Er heißt natürlich Mehmet und nimmt keinerlei Notiz von mir. Im Laufe der Tage taut er auf, denn seine zur Schau getragene Gleichgültigkeit war nur ein Zeichen seiner Schüchternheit.

Gegen acht Uhr kommt ein ganzer Stab von Männern in Weiß und untersucht mich. Einer der Chirurgen, Metin Sayan, spricht recht gut Französisch und übersetzt. Die Ruhr hat eine so heftige und schmerzhafte Reaktion hervorgerufen, dass eine Operation unumgänglich ist. Des Weiteren habe ich eine Harnblockade – was mir nicht neu ist – und eine Allergie gegen die Wundersalbe. Es wird ein paar Tage dauern, bis ich in der Lage bin, nach Paris zu fliegen und mich dort operieren zu lassen. Im Moment bin ich nicht in der Verfassung, die vier Stunden Flug von Istanbul nach Frankreich durchzustehen.

Als die versammelten Wissenschaftler wieder weg sind, leiste ich mir einen Kopfsprung ins Stimmungstief. Eine Operation? Das bedeutet mehrere Wochen Krankenhaus und Ruhe. Nach einer so langen Pause wird viel Wasser den Euphrat hinuntergeflossen sein, und ich werde kaum mehr Kondition haben. Damit steht ein großes Fragezeichen hinter meinem Plan, Ende August von Doğubayazıt aus weiter über die Seidenstraße zu laufen. Doch das, was mich am meisten beunruhigt, ist die Sache mit der Prostata, denn nächstes Jahr muss ich durch die Wüste laufen.

Dr. Günay, der mich besuchen kommt, ist ein unverbesserlicher Optimist.

»Sie haben kein Prostataproblem, aber wahrscheinlich eine Prostatitis, das heißt eine Entzündung, die bald wieder vorbei ist. Wir werden Sie schon wieder auf die Beine bringen. Das *Vatan Hastanesi*, das *Deutsche Krankenhaus*, in dem Sie hier sind, hat sehr gute Kräfte. Ich werde einen Flug für Sie buchen, in vier Tagen fliegen Sie nach Paris.«

Ich möchte gern an seine Diagnose glauben, denn die Aussicht auf dauerhafte Prostataprobleme finde ich nicht sehr berückend. Das Älterwerden ist vor allem wegen dieser ganzen Kleinigkeiten schwierig, von denen jede für sich genommen keineswegs unerträglich ist: die schlechter werdenden Augen, ein Gelenk, das sich nicht mehr richtig beugen lässt, hartnäckige Kreuzschmerzen, die letzten Haare, die weiß werden oder ausfallen, ein bisschen Arthrose.

In meinem abgebrochenen Reisetagebuch skizziere ich meinen Kriegsplan. Ich kehre nach Paris zurück und lasse mich sofort operieren. Nach zwei Monaten bin ich so weit, dass ich weiterlaufen kann. Allerspätestens um den 15. September herum muss ich mich wieder auf den Weg machen, damit ich die Berge hinter mir habe, bevor die Kälte und die ersten Schneefälle einsetzen – was auf 2200 m Höhe sehr früh der Fall ist. Ende Oktober, spätestens um den 15. November, werde ich dann in Teheran sein.

Auch die schöne Rabia, die türkische Freundin aus Istanbul, kommt mich besuchen. Ihre freundliche Art baut mich auf und auch das gute Gefühl, nach zwei Monaten zum ersten Mal mit jemand Vertrautem zu reden, endlich wieder französisch sprechen zu können. Rabia erzählt, dass ihr Großvater Kurde war, Clanchef irgendwo im Osten. Auch sie wünscht sich, dass dieser Krieg aufhört und ein wirtschaftlicher Aufschwung endlich Frieden und Wohlstand nach Anatolien bringt. Vielleicht ist der Prozess gegen Öcalan die Gelegenheit, dem Konflikt ein Ende zu setzen? Aber die Abgeordneten würden viel politischen Verstand und viel Mut brauchen, um gegen die Hinrichtung dieses von den Türken abgrundtief gehassten und von den Kurden vergötterten Mannes zu stimmen.

Da Rabia demnächst heiratet, stelle ich ihr alle möglichen Fragen über eine muslimische Hochzeit (auch wenn sie selbst standesamtlich heiratet). Eine muslimische Hochzeit ist ganz einfach und findet in Anwesenheit von drei Personen statt: dem Paar und einem Dritten, einer Art Zeuge, das kann, muss aber nicht, der Imam sein. Der Zeuge fragt den Zukünftigen: »Wie viel ist diese Frau wert?« Man einigt sich auf einen Preis in Gold. Damit sind sie verheiratet. Wenn der Ehemann später seine Meinung ändert, braucht er nur dreimal den Satz auszusprechen: »Ich verstoße dich!« Dann sind sie geschieden. Der Mann ist lediglich dazu verpflichtet, den Preis zu zahlen, den er bei der Hochzeit festgesetzt hat.

Zwischen Anfällen von Optimismus (ich werde mich ein bisschen zusammenreißen und bald weiterlaufen) und Pessimismus (ich bin jetzt alt und muss mich mit organisierten Reisen zufriedengeben) überlasse ich mich der wohltuenden Atmosphäre des Krankenhauses, skizziere Pläne für die Seidenstraße oder ziehe gnadenlos Bilanz. Die Ruhr kommt natürlich daher, dass ich schmutziges Wasser getrunken oder verdorbenes Essen zu mir genommen habe. Der Gedanke an das schmierige Restaurant in Diyadin lässt mir keine Ruhe. Die Erfahrung dieser letzten Wochen zeigt mir, dass ich in Zukunft noch vorsichtiger sein muss. Erschöpft wie ich war, habe ich wohl auf alle möglichen Viren oder Bakterien, die sich wie ich auf dem anatolischen Hochland herumtrieben, eine unwiderstehliche Anziehungskraft ausgeübt. Ich habe meine Kräfte überschätzt. Warum? Um vor dem Alter davonzulaufen? Um den anderen und vor allem mir selbst zu beweisen, dass ich noch »jung« bin? Durchaus möglich – alles ist möglich –, aber wenn, dann war mir das in keiner Weise bewusst.

Ich gebe zu: Eine Runde habe ich verloren. Aber das Spiel ist noch nicht aus. Schließlich beweisen die 1700 km, die ich gelaufen bin, dass es mir weder an Kraft noch an Ausdauer mangelt. Von beidem habe ich noch genug, um bis nach China zu kommen. Auf diesem langen Marsch, dieser einsamen Reise, herrscht ein Kommen und Gehen von Leben und Tod. Das Leben kann durchaus noch einige Siege erringen, auch wenn der Tod schließlich die Oberhand behält. Aber vorerst bin ich ihm noch einmal von der Schippe gesprungen.

Diese Gedanken erinnern mich an eine beeindruckende Begegnung letztes Jahr auf dem Jakobsweg. Eines Abends hatte ich in einer Herberge kurz hinter Le Puy-en-Velay einen kleinen Mann getroffen. »Ich bin jetzt 76«, hatte er gesagt, »und spüre, wie meine Kräfte allmählich nachlassen. Mit denen, die mir noch bleiben, will ich ein paar Projekte verwirklichen, die mir am Herzen liegen: dieses Jahr den Jakobsweg und nächstes die Besteigung des Mont Blanc. Danach tue ich, was ich kann.«

Ich möchte gern bis nach China laufen. Und wieder zurückkommen. Für all die, die ich liebe, und für meine Penelope, die auf einem kleinen Dorffriedhof auf mich wartet. Danach tue ich, was ich kann. Das Leben geht vorwärts, nicht rückwärts. Die Vorbereitung und die Reise selbst haben meine grauen Zellen ganz schön auf Trab gebracht. Ein neues Leben hat begonnen. Die gesamten 1700 km über, die ich durch die Türkei gelaufen bin, hat mich diese Reise – trotz der Zwangspause – zutiefst beglückt. Überall, in den abgelegensten Dörfern bis hin zur Universität von Erzurum, habe ich so viele gastfreundliche Menschen getroffen. Und auf diesem geschichtsträchtigen Boden haben mich alle möglichen Geister begleitet: die Helden des Trojanischen Krieges, das Goldene Vlies, das Osmanische Reich, die Truppen von Timur Lenk, dieser »Geißel Gottes«, Gordios und sein Sohn, die Erfinder des Gordischen Knotens und Alexander der Große, der ihn durchschlug, Julius Cäsar ... Alle Figuren aus Mythos und Geschichte waren zur Stelle und haben mich auf Schritt und Tritt begleitet. Und die Landschaften, die karge Schönheit der endlosen Ebenen, der Berge und Täler, der Schluchten, der Steppe – sie haben sich mir für immer eingeprägt.

So sehr mich die reiche Vergangenheit dieses Landes begeistert, so kritisch stehe ich der heutigen Türkei gegenüber. Atatürks Revolution ist stecken geblieben, festgefahren in einer Gesellschaft, die von einer großen Kluft zwischen Arm und Reich und einer allgegenwärtigen Religion blockiert ist. Die Reichen im westlichen Landesteil geben sich westlicher als die Europäer. Die Armen im Osten trösten sich mit der Religion oder mit dem Guerillakampf. Dieses Land bräuchte einen neuen Atatürk. Soweit ich es beurteilen kann, ist die Türkei eine starre Gesellschaft, ähnlich wie zur Zeit der Sultane, als die Türkei »der kranke Mann von Europa« war. Aufgrund seiner Starre ist das Regime damals zusammengebrochen, unfähig, seine Widersprüche zu lösen. Heute ist die Türkei hin- und hergerissen zwischen dem Orient, wo sie sich befindet, und dem Westen, wo sie gern wäre. Hin- und hergerissen zwischen 100 gegensätzlichen Kräften – der Hinwendung zu

Europa, einer konservativen Gesellschaft, einem übersteigerten Nationalismus, der brutalen Militärtradition und religiöser Abkapselung – wankt und zaudert die Nation, sucht ihre Orientierung.

Die türkischsprachigen Länder der früheren Sowjetunion bieten der Wirtschaft und der Diplomatie des Landes wunderbare Entfaltungsmöglichkeiten. Doch bevor die Türkei sich im Osten oder im Westen positioniert, steht sie vor einer Zerreißprobe. Asien beginnt nämlich nicht jenseits des Bosporus, wie die Geografen uns weismachen wollen. Durch viele Familien geht ein Riss: Da ist das Leben der westlich orientierten und gebildeten Männer auf der einen Seite und auf der anderen die Existenz der Frauen, die häufig unter das Joch der täglichen Arbeit gezwungen und vom Wissen ferngehalten werden. Es klafft ein Abgrund zwischen den diplomierten Mädchen mit ihren offenen Haaren in Istanbul oder Ankara und den ungebildeten, verschleierten Frauen in den türkischen oder kurdischen Dörfern, in denen das Leben von mittelalterlichen Clanregeln bestimmt wird.

Zwei Ereignisse der letzten Zeit könnten, wenn eine echte Diskussion stattfände, das Land verändern: die wiederholte Ablehnung eines Beitritts der Türkei zur EU sowie der Prozess gegen Öcalan. Sie stellen ganz klar die Frage nach dem äußeren Frieden mit den Griechen und dem inneren Frieden mit den Kurden – zwei historischen Feinden der Türken. Ein Versuch, diese beiden Probleme mit militärischer Gewalt zu lösen – eine Lösung, die von der Armee favorisiert wird –, kann nur zu einer weiteren Isolation, zu einer noch größeren Armut führen. Dass Öcalan nicht hingerichtet wurde, ist ebenso ein Hoffnungsschimmer wie die Annäherung an Griechenland nach dem schrecklichen Erdbeben, das im August 1999 die Gegend um Izmit verwüstete.

Natürlich kann ich als Außenstehender aus dem Westen leicht kategorische Urteile abgeben. Ich vermeide das auch nach Möglichkeit, denn was verstehe ich im Grunde schon? Als ich losgelaufen bin, wollte ich die Welt ergründen. Aber lässt sie sich ergründen? Werde ich am Ende des Weges die Weisheit erlangen? Als durch und durch aktiver Mensch suche ich auf diesem Weg der Langsamkeit Stille, Besinnung und Seelenruhe. Sie stellen sich natürlich nicht auf einen Schlag ein, haben sich nicht im Schatten der Mauern von Xi'an verborgen und warten nur darauf, dass ich sie dort finde. Nein, aber unterwegs, auf den Pfaden und Straßen, in den Städten und bei den Begegnungen, werden sie mir helfen, in aller Ruhe den letzten Stein auf meine Lebensmauer zu setzen.

Vor mir ist noch niemand die ganze Seidenstraße zu Fuß gelaufen. Aber ich glaube nicht, dass es mir um eine Heldentat geht. Ich habe mir eher eine bedächtige Rückschau auf mein Leben auferlegt. Schon lange bin ich auf der Suche nach mir selbst. Habe ich mich auf dieser Reise gefunden? Ich habe das Gefühl, immer noch der Gleiche zu sein, und dennoch meine ich, manchmal einen kurzen Blick in die Ewigkeit getan zu haben. Ein großes Wort! Doch in den endlosen Steppen Anatoliens, in denen der Blick sich verliert, verfällt man leicht in solche Träumereien, in denen man glaubt, an das Göttliche zu rühren. Und noch etwas: Wenn das Ende ins Blickfeld rückt, und wenn man über dieses Ende nachdenkt, dann öffnen sich einem schneller die Tore zur Unendlichkeit.

Nach diesen vielen einsamen Tagen ist mir klar, dass ich nur in der Anstrengung, in der Not, im Außergewöhnlichen wirklich ich selbst bin. Der Stoiker, der ich bin, hat mal wieder die Oberhand gewonnen über den Epikureer, der ich gern wäre. Wirkliche Langsamkeit bedeutet loslassen. Ich habe aber nicht sehr viel losgelassen. Schon vor meinem Start hatte ich alles geplant, die Strecke, die Etappen, die Besichtigungen. Jetzt nehme ich mir fest vor, dass ich mir für den Weg von Doğubayazıt nach Samarkand keinen Zeitplan mache.

Samarkand – allein schon der Name dieser Stadt gibt mir Mut: Seit ich lesen kann, geistert sie durch meine Träume. Um dorthin zu gelangen, werde ich wieder den Bergen Anatoliens und mückenverseuchten Sümpfen trotzen, werde ich durch Teheran laufen und durch kahle und grausame Wüsten, werde ich in Buchara haltmachen, wo noch die Schatten tyrannischer und geistesschwacher Emire herumgeistern.

In einigen Stunden bringt ein Flugzeug mich nach Paris. Doch mein Herz lasse ich an der Straße nach Doğubayazıt zurück, an der Stelle, an der ich zusammengebrochen bin. In einigen Wochen oder in einigen Monaten werden meine guten alten Schuhe dort wieder ihre Spuren hinterlassen. Und den Blick fest nach Osten gerichtet, werde ich meinen Wanderstab nehmen und mich wieder auf den Weg machen – 10 000 km ins Unbekannte.

Weitere spannende Abenteuer

Werner Beck
Auszeit am Baikalsee
Ein Jahr am Limit
208 Seiten, 30 Fotos, Format 14,5 x 21 cm
€ 18,- [D] • ISBN 978-3-7688-3346-2

Im Selbstversuch erkundet Werner Beck, wie man fern jeder Zivilisation überleben kann. Spannend und schonungslos erzählt er von seinem Jahr in einer Jurte, vom gnadenlosen sibirischen Winter, von überall lauernden Gefahren, aber ebenso vom Glück der Stille und der Faszination einer unberührten Natur.

Christopher Many
Hinter dem Horizont links
Acht Jahre mit dem Land Rover um die Welt
310 Seiten, 39 Fotos, Format 14,5 x 21 cm
€ 18,- [D] • ISBN 978-3-7688-3348-6

Der spannende Reisebericht eines vagabundierenden Reisephilosophen. Ohne große Vorplanung und mit wenig Geld macht sich Christopher Many auf den Weg. Insgesamt mehr als acht Jahre reist er in seinem alten umgebauten Land Rover um die Welt, voll Neugier auf Länder, Menschen und Begegnungen.

Erhältlich im Buch- und Fachhandel oder unter www.delius-klasing.de

DELIUS KLASING

Sonia und Alexandre Poussin
Afrika zu Fuß
Vom Kap der Guten Hoffnung
zum Kilimandscharo
352 Seiten, 80 Farbfotos, 7 Karten
Format 12,5 x 21 cm
€ 19,90 [D] • ISBN 978-3-7688-1878-0

Sonia und Alexandre Poussin
Zu Fuß durch Afrika
Vom Kilimandscharo zum See Genezareth
368 Seiten, 59 Farbfotos, 11 Karten
Format 12,5 x 21 cm
€ 19,90 [D] • ISBN 978-3-7688-2426-2

Diese beiden unterhaltsamen und inspirierenden Lesebücher sind jenseits der gängigen Klischees von Afrika. Sie bieten neben zum Teil detaillierten Informationen viele Anstöße für Reflexionen über unser Leben in der Zivilisation und das – uns zunächst so fremde – Leben der Menschen in Afrika. Tag für Tag und Schritt für Schritt mehren sich die Erfahrungen und Einsichten der Wanderer „auf den Spuren der Menschen und der Menschheit".

Erhältlich im Buch- und Fachhandel oder unter www.delius-klasing.de

DELIUS KLASING